西北政法大学自编系列教材

U0756200

行政诉讼实务指导

XINGZHENG SUSONG

SHIWU ZHIDAO

主　编○彭　涛
副主编○王丹红
撰稿人○(以撰写章节先后为序)
　　　　李耀华　禄子文　王丹红
　　　　杨永康　彭　涛　焦玉珍
　　　　周　敏

中国政法大学出版社

2020·北京

图书在版编目（ＣＩＰ）数据

行政诉讼实务指导/彭涛主编. —北京：中国政法大学出版社,2020.1
ISBN 978-7-5620-9455-5

Ⅰ.①行… Ⅱ.①彭… Ⅲ.①行政诉讼法－中国－高等学校－教材 Ⅳ.①D925.3

中国版本图书馆CIP数据核字(2020)第021717号

书　　名	行政诉讼实务指导	
出 版 者	中国政法大学出版社	
地　　址	北京市海淀区西土城路 25 号	
邮　　箱	fadapress@163.com	
网　　址	http://www.cuplpress.com（网络实名：中国政法大学出版社）	
电　　话	010-58908435(第一编辑部) 58908334(邮购部)	
承　　印	固安华明印业有限公司	
开　　本	720mm×960mm 1/16	
印　　张	17.75	
字　　数	309 千字	
版　　次	2020 年 3 月第 1 版	
印　　次	2020 年 3 月第 1 次印刷	
印　　数	1～4000 册	
定　　价	49.00 元	

作者简介

彭涛，西北政法大学行政法学院教授，法学博士，中国行政法学会理事，合伙人律师。法国巴黎第一大学访问学者。曾在蓝田县人民检察院挂职副检察长，担任党组成员1年。主持国家级项目1项，省部级项目3项，厅局级项目约6项，横向项目2项。获得陕西省人民政府奖励一次，发表20余篇CSSCI目录期刊论文，出版专著2部。目前为多家省级政府机构及市政府等行政机关的法律顾问。

王丹红，西北政法大学行政法学院副教授，法学博士。中国人民大学宪政与政府法治研究中心比较行政法研究所研究员，曾在日本国立大阪大学法学院、美国乔治城大学法学院访学。出版专著《日本行政诉讼类型法定化制度研究》，合译《私人行政——法的统制的比较研究》等，参编法学教材、著述多部，发表多篇法学论文、调研报告，参与多项国家社科基金重点项目、中国法学会法学重大研究课题，主持多项横向课题、校级教改课题。

焦玉珍，二级高级法官，法学硕士，曾任陕西省高级人民法院国家赔偿委员会办公室主任、行政审判庭庭长，现任陕西省高级人民法院审判委员会专职委员、陕西女法官协会副会长，首批被授予的全省审判业务专家、省委政法委专家咨询员。从事行政审判与国家赔偿工作30年，在该领域积累了丰富的实践经验和较高的理论素养，多次参加最高法院、省法院重大调研课题，先后发表论文、调研报告、案例评析等40余篇，并有多篇获奖。

杨永康，西北政法大学副教授，法学博士。北京市法学会军事法学研究会特邀理事。曾在西安市雁塔区人民法院行政庭挂职锻炼 1 年。出版学术专著 1 部，参编教材 3 部，发表学术论文 20 余篇。主持国家哲学社会科学基金项目 1 项。参与教育部人文社科基金项目、司法部重点课题各 1 项；主持完成陕西省哲学社会科学课题和陕西省教育厅课题各 1 项；完成委托课题 3 项，校级课题 2 项。博士论文获中国政法大学 2009 届优秀博士学位论文，专著《美国宪法军事条款的渊源与变迁》由西北政法大学学术文库资助出版，并获 2013 年陕西高校人文社会科学研究优秀成果三等奖。

周敏，西北政法大学行政法学院副教授，法学博士。主要研究方向行政程序、行政诉讼制度。先后主持纵向课题 2 项，主持横向课题 5 项，参与国家社科基金、教育部等多个纵向课题研究。参编行政法与行政诉讼法等专业教材 7 部，发表论文 20 余篇。代表作有《法治国家背景下食品安全风险治理中公众参与问题研究》（《中国社会科学院研究生院学报》2016 年第 3 期），《政府职能转变背景下的行政程序走向》（《法律科学》2015 年第 4 期，人大复印资料转载）等。

禄子文，陕西省律师协会政府（企业）法律顾问委员会副主任兼秘书长，陕西省行政法专业律师，共青团中央"青少年维权在线"特邀法律专家。撰写的《十八届三中全会〈决定〉解读与法律服务创新》一文已被《中国律师》《江苏司法》《陕西律师》多家媒体刊载。执业期间担任多家政府及职能部门、知名大型企业、上市公司法律顾问，拥有非常丰富的政府应诉及涉诉涉访纠纷化解经验。

李耀华，律师，法律硕士。执业领域主要为行政诉讼、商事诉讼。代理行政诉讼案件 20 余件，先后为陕西省工商行政管理局、陕西省教育考试院、宝鸡市金台区人民政府、铜川市市场监督管理局等机构代理行政诉讼案件，也多次代理非政府机构当事人提起的行政诉讼案件。

总　序

　　西北政法大学是一所法学特色鲜明，哲学、经济学、管理学、文学等学科相互支撑、协调发展的多科性大学。学校是西北地区法学教育研究中心和人文社会科学研究的重要基地，被誉为政法人才培养国家队的"五院四系"之一，是陕西省重点建设的高水平大学、一流学科建设高校，是全国政法大学"立格联盟"和西安高校"长安联盟"的成员单位。建校82年来，学校扎根祖国西部，形成了"政治坚定、实事求是、勇于创新、艰苦奋斗"的"老延大"优良传统，铸就了"严谨、求实、文明、公正"的校训，凝练了"法治信仰、中国立场、国际视野、平民情怀"的育人理念，培养了15万余名德才兼备、德法兼修的高素质专门人才。这些人才以"专业扎实、工作踏实、作风朴实、为人诚实"的特点深受用人单位和社会各界好评。

　　教材体系建设是育人育才的关键，高水平教材是培养德才兼备、德法兼修高素质专门人才的重要依托。习近平总书记提出："要抓好教材体系建设，形成适应中国特色社会主义发展要求、立足国际学术前沿、门类齐全的哲学社会科学教材体系。"西北政法大学历来高度重视教材建设，在积极推进"马工程"重点教材统一使用的基础上，鼓励和支持专业学术造诣高、教学经验丰富的教师参与教材编写，加强教材研究，创新教材呈现方式和话语体系，大力推进习近平新时代中国特色社会主义思想进教材、进课堂、进头脑。学校自2017年启动新一轮自编系列教材建设，重点编写系列特色教材、实践（实验、技能）类教材、双语教材，力求做到重点难点突出、理论实践结合、深度广度兼容、原理前沿兼顾，确保教材的科学性、前沿性，增强教材的针对性和实效性。

　　系列教材凝结着全体编写人员和出版社编辑的辛勤付出，欢迎选用，同时期望广大师生和实务界同行提出宝贵建议和意见。我们将及时根据使用和评价情况，丰富内容，优化结构，持续打造西北政法大学高水平特色系列教材，为哲学社会科学教材体系建设做出贡献。

西北政法大学
2019 年 8 月

编写说明

　　法学教育的最终目的在于服务社会，实现法制对社会发展的推动作用。因此，法学教育除了传授法学理论之外，还必须重视与"服务社会"的结合，提高学生的法律执业技能，建立规范执业意识，引导他们在个案中将"法律—当事人—社会"相统一，树立"定纷止争、维护当事人合法权益、实现社会法治化发展"的执业追求。这种综合能力所需的实务性培训，是目前法学教育所缺乏的，这正是本教材编写的初衷。

　　本教材以行政诉讼实务为基点，主线按照代理行政诉讼案件的法律服务流程展开。和传统法学教材相比，不追求体系的完整性，只求贴近实践，教授学生了解法律服务中的业务关键点，掌握处理关键点所需的执业规则和实务技巧。同时，本教材还特别增加了法官视角下的行政诉讼、政府视角下的行政纠纷解决路径两部分，希冀能从法律服务者、法院、政府三个不同立场出发，展现行政诉讼实务中各方的专业性职业思维。

　　基于前述考虑，本教材分为行政诉讼的知识准备、会见当事人及接受委托、出庭、案件策略、行政诉讼的法官思维、政府的复议及诉讼六个部分。承担各部分编写任务的人员如下：

　　第一章　行政诉讼的知识准备　李耀华（第一、二节）、禄子文（第三节）

　　第二章　会见当事人及接受委托　王丹红

　　第三章　出庭　杨永康

　　第四章　案件策略　彭涛

　　第五章　行政诉讼的法官思维　焦玉珍

　　第六章　政府的复议及诉讼　周敏

　　虽然启动时有所期望，但由于是初次尝试编写此类教材，且必然受到各位编写者客观经历与主观认识的限制，不足之处甚多，尚需各方不吝斧正，以期今后不断修改、完善。

编　者

2020 年 1 月 10 日

本书名称（简称）	规范性法律文件全称
《立法法》	《中华人民共和国立法法》
《国家赔偿法》	2012 年修正的《中华人民共和国国家赔偿法》
《行政诉讼法》	2014 年修正的《中华人民共和国行政诉讼法》
《行政复议法》	《中华人民共和国行政复议法》
《行政许可法》	《中华人民共和国行政许可法》
《行政强制法》	《中华人民共和国行政强制法》
《税收征收管理法》	《中华人民共和国税收征收管理法》
《土地管理法》	《中华人民共和国土地管理法》
《治安管理处罚法》	《中华人民共和国治安管理处罚法》
《反不正当竞争法》	《中华人民共和国反不正当竞争法》
《反垄断法》	《中华人民共和国反垄断法》
《公司法》	《中华人民共和国公司法》
《物权法》	《中华人民共和国物权法》
《民法总则》	《中华人民共和国民法总则》
《民事诉讼法》	《中华人民共和国民事诉讼法》
《律师法》	《中华人民共和国律师法》
《价格法》	《中华人民共和国价格法》
《教育法》	《中华人民共和国教育法》
《行政复议法实施条例》	《中华人民共和国行政复议法实施条例》
《信息公开条例》	《中华人民共和国政府信息公开条例》
《土地管理法实施条例》	《中华人民共和国政府信息公开条例》
《公司登记管理条例》	《中华人民共和国公司登记管理条例》

部分法律文件全简称对照表

本书名称（简称）	规范性法律文件全称
《企业法人登记管理条例》	《中华人民共和国企业法人登记管理条例》
《电信条例》	《中华人民共和国电信条例》
《适用解释》	《最高人民法院关于适用〈中华人民共和国行政诉讼法〉的解释》（法释〔2018〕1号）
《若干解释》	《最高人民法院关于执行〈中华人民共和国行政诉讼法〉若干问题的解释》（法释〔2000〕第8号，已失效）
《行政诉讼证据规定》	《最高人民法院关于行政诉讼证据若干问题的规定》

目　录

第一章

行政诉讼的知识准备

　　行政诉讼俗称"民告官"，是当事人针对行政机关违法行政行为的重要救济渠道。数据显示，2013 年至 2017 年，全国各级法院审结一审行政案件 91.3 万件，同比上升 46.2%，但从一些地方法院发布的《行政审判工作报告》看，行政诉讼中行政机关的"败诉率"在 10% 左右，且近年来呈现逐步下降的趋势。这既反映出行政诉讼对政府依法行政的监督和指引作用，行政机关在作出行政行为过程中加强了法制审核，也反映出行政诉讼原告对行政诉讼中的程序与实体问题均缺乏应对能力。例如，有大量对行政诉法与诉讼程序一无所知的原告自行出庭，许多原告在起诉时已超过起诉期限，导致最终"败诉"等。

　　提升行政诉讼的应诉能力，对于提起行政诉讼的原告或者被诉的行政机关，都是非常迫切和必要的。无论是行政诉讼的原告、被告，还是第三人，亦或是诉讼代理人，都可以通过下面的学习掌握行政诉讼的特点，行政诉讼案件该从哪些方面准备，诉讼策略的选择，以及法官在行政案件中的思维等。通过知识的准备、诉前准备、出庭、案件策略沟通等阶段，最大程度地促成己方诉讼目的的实现。

第一节　法条检索

　　作为法律职业人，特别是律师，最常遇到的便是当事人的咨询。虽然任何律师、即便是金牌律师，也不可能知晓和掌握所有法律，但是，一些缺乏法律检索思维的律师助理往往未经检索和验证，就径直给出"我认为……"的结论。缺乏充分的资料准备过程以及检索核实，容易导致解答模棱两可，甚至出现偏差和错误。为避免这类不专业的失误，无论是行政案件还是其他民事、刑事案件，在了解基本的案情后，都应首先运用法律工具进行检索，再通过法律思维、结合工作经验等，作出初步的分析、判断。只有这样，才能为当事人准确提供有理有据的法律意见或建议。这其中，法律检索正是每一位法律从业者办理行政诉讼案件应掌握的基本技能。

法律检索，通常包括法条检索和案例检索，更广义的检索还可能涉及法律主体、涉诉信息、某一专门事项的检索等。本书从行政诉讼案件的特点出发，着重从法条检索和案例检索两方面入手，介绍如何利用法条检索和案例检索，拓展行政诉讼的思路，用案例说服法官，提高胜诉率。

一、法条检索目的

（一）查找法律依据

与民事诉讼相比，行政诉讼的特点是被诉对象是行政机关作出的行政行为。行政机关基于职责范围，涉及的管理领域类型较多，行为规范常跨越多个部门法，所适用的法律法规数目庞杂。从《最高人民法院关于规范行政案件案由的通知》确定的案由看，行政管理领域包括公安行政管理、资源行政管理、城乡建设行政管理、工商行政管理、物价行政管理、税务行政管理等。其中，例如公安行政管理中又包括治安管理、消防管理、道路交通管理，每一项案由都对应不同的主管行政机关，每个案由下的行政行为涉及的法律依据各不相同。因此，需要通过法条检索，确定被诉行政行为的法律依据是什么。原告可以根据法律依据，判断行政机关作出的职权行为是否合法；被告可以根据法律依据，判断自己作出的行政行为是否有职权依据，是否合法；人民法院在审理行政案件时，也得以据此做出被诉行政行为是否合法的判断。

（二）寻找诉讼路径和思路

行政诉讼是公民、法人或者其他组织认为行政机关和行政机关工作人员的行政行为侵犯其合法权益，依法提起的诉讼。当事人在起诉时，自然要考虑是否对涉案行政机关作出的所有行为都可以起诉？适合起诉的对象应该是谁？针对某一行政行为的诉讼如何确定诉讼请求等。这些问题的解决，就需要通过法条检索，明确法律对上述问题是如何规定的，并根据法律的规定，逐一验证诉讼是否可行，诉讼路径应如何设定。

以一案为例。2016 年 9 月，甲因结婚，将其户口（非农业）迁至丈夫乙所在村。因乙和父母在一起生活，户籍登记在户主丙（乙的父亲）名下。2017 年 9 月，丙所在村因棚户区改造进行拆迁。区政府在征收通告中明确，户籍的认定日期为 2017 年 9 月，房屋征收安置补偿实施办法明确安置的对象包括村民、户口暂时迁出的大学生等、祖遗户和户内居民。在当年12月签订征收协议时，征收实施单位、丁街道办告知甲，其不符合安置条件，并拿出一份丁街道办制定的《户内居民认定办法》，称甲的迁入时间不满2年，不属于户内居民。甲不服丁街道办的做法，拟通过行政诉讼的方式维护自己的权益。

甲事先没有进行法条检索，向区政府的信访机构提出信访申请，请求安置，信访机构作出了信访答复后，甲又起诉至法院，要求撤销信访答复。因甲所诉行为不属于行政诉讼的受案范围，甲又向法院起诉，要求确认丁街道办制定的《户内居民认定办法》违法，再次被法官告知，该文件不具有可诉性。

假如接到甲的咨询，需要就甲的维权请求提供法律意见，应该依照何种程序操作呢？一般的做法是，在全面了解基本案情后，首先进行法律事实分析，对案情做出细致的梳理；其次，进行法条检索，通过检索，掌握本案中对哪些行政机关的哪些行为可以提起行政诉讼，房屋征收涉及哪些法律条文，特别是当事人所在的省、直辖市、自治区以及所在地市的具体规定。在法条检索过程中，既要查找实体法律依据，又要查找行政程序与诉讼法的相关规定。最后，通过案例检索，拓展办案思路，并选择、确定最佳纠纷解决路径。

（三）为案例检索做铺垫

法条检索和案例检索在实践操作中，有时是同时进行且交叉引用的。目前的主流检索工具中，包含"引用案例"的功能，如检索"行政诉讼法"，行政诉讼法的每一条文后都有"××篇案例引用"。检索时可以点击案例，进入案例检索页面，再设定相应的关键词、检索条件，查找自己想要的内容。当然，也可以进行逆向检索，在查看到某一案例涉及的法律法规等内容，再回到法条检索予以验证。

二、法条检索工具

进行法条检索工作，首先要选择权威的、适合自己的检索工具。目前常用的检索工具，包括网站、法律数据库、手机 App、书籍等。以下简要介绍几种常用的检索工具。

（一）政府网站

中国政府网"法律法规"专区（网址：www. gov. cn）。

中国政府法制信息网"法律法规数据库"（网址：http://search. chinalaw. gov. cn/search2. html）。

最高人民法院"权威发布"栏目（网址：www. court. gov. cn）。

最高人民检察院"法律法规"栏目（网址：www. spp. gov. cn）。

国务院部门网站，各省、自治区、直辖市以及其他地方政府网站"政策法规"栏目。

通过中国政府网、"法律法规数据库"、国务院部门网站等政府网站进行法条检索的目的，是进行真实性验证。政府网站发布的内容具有权威性，有时通过百度、搜狗以及商业网站检索的法条的真伪存在风险，在无法确定法条是否真实有效、最近是否经过修订的情况下，就需要通过官方权威网站进行验证。

通过最高人民法院和最高人民检察院的网站检索，重在检索司法解释和司法文件。

（二）商业网站和数据库

无讼法规（网址：www. itslaw. com）。

聚法案例（网址：www. jufaanli. com）。

北大法宝（网址：www. pkulaw. cn）。

威科先行（网址：http://law. wkinfo. com. cn）。

Alpha 软件（网址：alphalawyer. cn）。

经过注册之后，在无讼法规和聚法案例上就可以使用法规检索。截至 2018 年 8 月 12 日，无讼法规共收录法规 1 546 416 部；聚法案例未显示收录的法规数量。

北大法宝、威科先行是收费的法规数据库。这两个数据库收集的法律法规等比较全面，特别是可以检索到法规是否有效，以及修改（订）后的新版本。

Alpha 软件是主要面向律师等法律服务者打造的文档管理软件，优势在于便捷、安全、专业。它具有文件自动实时同步、共享、备份等功能，实现团队智能文件管理，提供高效办公解决方案。和威科先行等软件相比，Alpha 法条检索的长处在于，能够和使用该软件系统的其他工作有效衔接。

（三）其他工具

百度、搜狗、微信、专业书籍等。

现在，越来越多的法律人会把自己对某一法律问题的分析撰写成专业文章，分享至法律公众号。如何准确高效地检索到他人发布的专业文章，就显得尤为重要。通过搜狗、微信，搜索微信文章以及公众号，可以查找自己需要的文章，寻找相关法条的线索或依据。

就某一法律或司法解释的适用，可以通过查阅，获取该法律或司法解释的立法与适用理解，也即立法者的"立法目的或者立法意图"。对于法律、法规，立法或起草机构常会出版相关的释义，来解释法条适用。关于司法解释等，最高人民法院相关审判庭经常会组织法官撰写"理解与适用"，这些都可以在案件办理过程中进行查询，以发现对自己有利的观点解释。

以一案为例，学生甲在校期间违反了学校规定，旷课、旷考情节严重，还有其他扰乱学校秩序的行为，学校依据教育部《普通高等学校学生管理规定》（修订前）第 54 条第 6 项，对甲作出了开除学籍处分的决定。甲不服学校的处分决定提起行政诉讼。诉讼中，围绕《普通高等学校学生管理规定》第 54 条第 6 项的理解和适用产生分歧，该法条规定："学生有下列情形，学校可以给予开除学籍处分：……⑥违反学校规定，严重影响学校教育教学秩序、生活秩序以及公共场所管理秩序，侵害其他个人、组织合法权益，造成严重后果的……"一种观点认为违反规定影响上述秩序，需要造成严重后果才可以使用该条款；另一种观点认为两个是不同的内容。代理律师最终找到教育部高校学生司组织编写的《〈普通高等学校学生管理规定〉解读》（2005 年 4 月旅游教育出版社出版）一书，该书对上述条文作了详细的解读，"本项是对严重违反学校管理规定和严重侵害其他个人、组织的合法权益者开除学籍的规定"。代理律师将上述依据提交给法官，便于在审理过程中更好地适用法律。这就是查找书籍的好处，可以帮助我们查阅到一些互联网上没有的资料。

三、法条检索方法

（一）体系检索法

我国现行法律已经形成了部门完备、体系清晰的法律体系。《立法法》规定了宪法、法律、法规、规章等立法程序以及效力。从国家层面，有宪法、法律、行政法规、部委规章等规范；从地方层面，各地在贯彻落实法律的同时，会制定符合本地实际情况的地方性法规、地方政府规章或其他规范性文件。因此，做好法条检索，需要对法律体系做到"胸有成竹"，方可通过"体系检索"，最大限度地找到案件的法律依据。

以查询一案的法律依据为例：原告黄某甲诉称，陕西 SA 房地产开发有限公司法定代表人原系该公司股东黄某甲，对此，有该公司营业执照作为证据。2017 年 7 月 21 日，原告在上网查询其他问题时发现，2017 年 5 月 15 日被告陕西省工商行政管理局将陕西 SA 房地产开发有限公司法定代表人由黄某甲变更为第三人黄某乙。为此，原告向被告投诉举报。2017 年 7 月 24 日，被告对原告反映的问题作出书面答复，并给原告复印了变更法定代表人时提交的《陕西 SA 房地产开发有限公司股东会决议》、第三人"申请变更登记内容"、被告作出变更登记行政行为的《有限责任公司变更登记审核表》。该书面答复要求原告提起民事诉讼。上述《陕西 SA 房地产开发有限公司股东会决议》自然人股东签字一栏内，原告的签字明显是伪造的，被告依据伪造签字的虚假材料做出变更登记的行政行为，依法应予撤销。现诉至法院，请求：一是依法撤销 2017 年 5 月 16 日被告对陕西 SA 房地产开发有限公司法定代表人做出变更登记的行政行为；二是案件受理费由被告承担。

该案涉及的是工商变更登记，从体系检索的角度出发，应依次检索《公司法》《公司登记管理条例》《企业法人法定代表人登记管理规定》等规定。

1. 先检索效力最高的法律规定。首先，应查询《公司法》对工商登记的规定，通过威科先行法律信息库查询"公司法"如下：

图 1-1 在检索页面输入"公司法"（检索时间 2018 年 8 月 17 日）

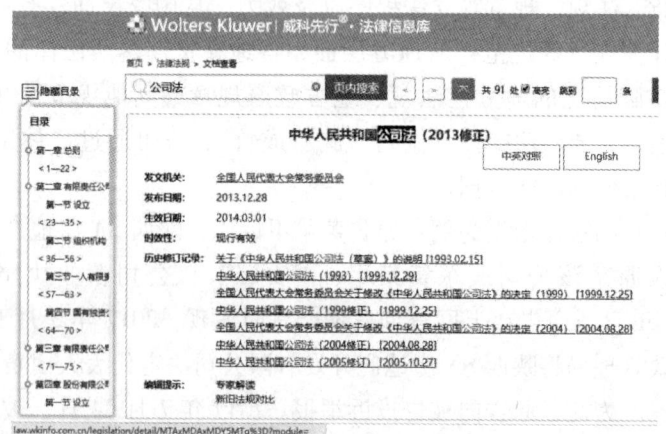

图 1-2 进入最新修订的《公司法》页面

通过检索，找到最新版本的《公司法》，然后点击进入全文页面。首先，核对该条文是否"现行有效"。其次，如果对《公司法》的条文框架比较了解，可以在左侧的章节处选择需要查询的法条；如果对条文不是特别熟悉，可依次浏览查找需要的条文。最后，在找到需要的条文后，可以复制摘录在法条检索的文档。

2. 页面内用关键字索引。进入具体的法律、法规页面后，使用关键词在页内搜索，如在页面搜索"法定代表人"，显示有 19 处命中，点击下一个可迅速显示相关条文。

图 1-3　在页内搜索输入关键词"法定代表人"

有的网站没有页内检索的设置，在显示全部条文的情况下，可以通过使用快捷键"Ctrl + F"的方式进行检索。

本案涉及公司法定代表人的变更登记，法条查询结果如下：

《公司法》第13条：公司法定代表人依照公司章程的规定，由董事长、执行董事或者经理担任，并依法登记。公司法定代表人变更，应当办理变更登记。

3. 巧用相关法规或关联法条。在《公司法》第13条的"相关法规"可以看到其他关于法定代表人规定的法规或其他规范性文件，可从中选取有用的信息进一步检索。

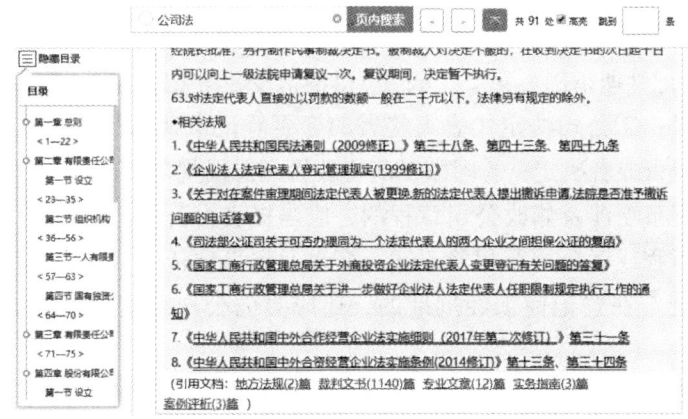

图 1-4　《公司法》第13条的"相关法规"

从相关法规中，可以看到原先准备查询的《企业法人法定代表人登记管理规定》，也可以看到国家工商行政管理总局《关于进一步做好企业法人法定代表人任职限制规定执行工作的通知》等更多规定。这便于在检索时以进一步从中抓取和本案有关的法条。

4. 检索尽可能做到全面。查询过《公司法》的规定后，继续查询《公司登记管理条例》的条文：

图1-5　通过威科先行法律信息库检索的"公司登记管理条例"结果

检索后发现，《公司登记管理条例》于1994年7月1日起生效，2005年12月18日修改，2014年2月19日修正，2016年2月6日修订。此时需要看，涉案的工商行政登记行为在作出时适用的是哪一版本的《公司登记管理条例》。以本案为例，应适用最新的《公司登记管理条例》。法条查询结果如下：

《公司登记管理条例》第4条第1款：工商行政管理机关是公司登记机关。

《公司登记管理条例》第27条：公司申请变更登记，应当向公司登记机关提交下列文件：①公司法定代表人签署的变更登记申请书；②依照《公司法》作出的变更决议或者决定；③国家工商行政管理总局规定要求提交的其他文件。公司变更登记事项涉及修改公司章程的，应当提交由公司法定代表人签署的修改后的公司章程或者公司章程修正案。变更登记事项依照法律、行政法规或者国务院决定规定在登记前须经批准的，还应当向公司登记机关提交有关批准文件。

《公司登记管理条例》第30条：公司变更法定代表人的，应当自变更决议或者决定作出之日起30日内申请变更登记。

接下来继续检索《企业法人法定代表人登记管理规定》，重要的法条检索结果如下：《企业法人法定代表人登记管理规定》第 6 条：企业法人申请办理法定代表人变更登记，应当向原企业登记机关提交下列文件：①对企业原法定代表人的免职文件；②对企业新任法定代表人的任职文件；③由原法定代表人或者拟任法定代表人签署的变更登记申请书。

以上是通过体系检索法，检索到法定代表人变更登记的主要法律依据。有关变更登记的程序在《公司登记管理条例》以及《企业登记程序规定》中均有详细的规定，在此不再赘述。

（二）关键词检索法

1. 从案件事实中提取关键词。找准"关键词"，是关键词检索法的关键所在。每一位法律工作者在不断的实践过程中，都有自己的思维方式和经验积累，也都形成了自己独有的选取方式。

一种方法是从案件事实中提取"关键词"。以黄某诉陕西省工商行政管理局，要求撤销 2017 年 5 月 16 日被告对陕西 SA 房地产开发有限公司法定代表人作出变更登记的行政行为一案为例。原告在起诉状中要求撤销变更登记，从起诉状中可以提取出"变更登记""法定代表人"等关键词，以这两个关键词检索可以看到（为了更多展示不同检索平台，本次通过"无讼"进行检索）：

图 1 - 6　通过无讼法条检索"变更登记"的结果
（检索时间 2018 年 8 月 26 日）

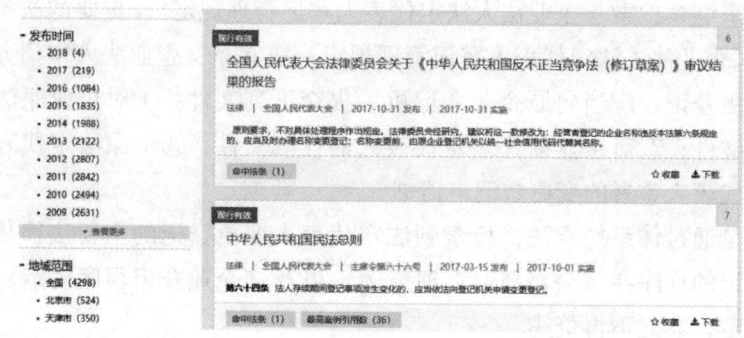

图1-7 通过无讼法条检索"变更登记"的结果

检索中靠前的法条，是《物权法》第155条"已经登记的宅基地使用权转让或者消灭的，应当及时办理变更登记或者注销登记"。后面有《农民专业合作社法》《民法总则》等。显然，这一关键词检索出的结果，和预想的结果不完全一致，或者说检索到的结果范围太广。不仅有法人的变更登记，还有宅基地使用权的变更登记。此时就需要对检索中的关键词进行调整。

当检索的结果过多，无法进行人工筛选时，就需要对检索口径进行调整。方式一是增加关键词的长度，如将"变更登记"调整为"工商变更登记"，进行"工商变更登记"检索的结果如下：

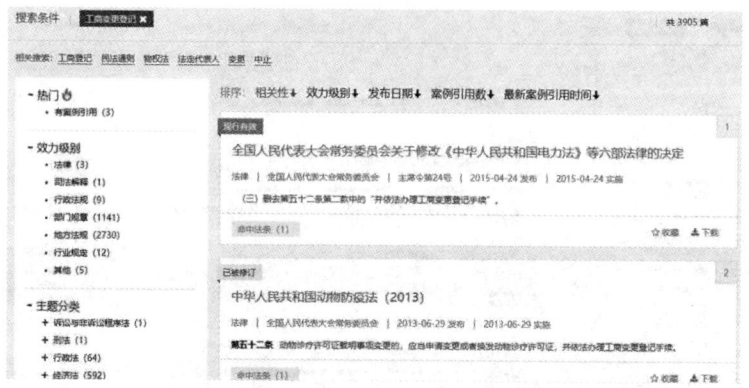

图1-8 通过无讼法条检索"工商变更登记"的结果

检索关键词设定为"工商变更登记"后，检索结果基本命中涉及工商变更登记的法条，但仍然与法定代表人变更登记的规定不完全相符，此时可以尝试变换关键词进行检索。方法二是增加关键词，如尝试对"法定代表人"+"变更登记"两个关键词进行检索，中间保留空格即可。

图 1-9 通过无讼法条检索"法定代表人""变更登记"的结果

通过使用"法定代表人"+"变更登记"的关键词,已经检索到《公司法》《公司登记管理条例》和《企业法人登记管理条例》,这时可以点击进入法条进行详细的检索。

2. 从案由选取关键词。无论是行政诉讼案件,还是民事诉讼案件,人民法院在立案时会确定该案的案由。掌握了解案件的案由,将案由及其相关的关键词作为"关键词"进行检索,是关键词提取的重要途径。

以行政诉讼案件为例,《最高人民法院关于规范行政案件案由的通知》将行政诉讼案件分为三类:作为类案件、不作为类案件、行政赔偿类案件。作为类行政案件案由的结构应当具备以下两个要素:"行政管理范围"和"具体行政行为种类"。行政管理范围是指,行政主体代表国家管理行政事务的领域。以行政管理范围作为行政案件案由的第一个要素,将行政案件初步分为"公安""工商""税务"等行政纠纷。以具体行政行为的种类或性质,如"行政处罚""行政许可""行政确认"等,作为案由的第二个构成要素。而对于具体行政行为的表现形式,如行政处罚中的罚款、拘留等,不以构成要素出现。

了解了案由的规则后,以诉公安机关所作的行政拘留处罚为例。案由应确定为:"治安行政处罚"。"治安"为公安行政管理范围之下具体的治安管理,"行政处罚"则是具体行政行为的种类,不用具体的处罚形式"拘留"进行表述。

回到黄某诉陕西省工商行政管理局,要求撤销 2017 年 5 月 16 日被告变更登记的行政行为一案。根据案由的规则,该案属于"工商行政管理"。可以此为关键词进行检索,实践中有的法院将工商行政管理的案件根据具体行政行为的种类还会进一步划分，如"工商行政登记""工商行政处罚"等，这样更加精细的划分，可以达到较好的检索效果。

3. 从日常术语到法律术语的转化。法条检索提取关键词，还需要注意将日常用语转化为法律术语，才能够较为准确地检索到关联法条。有的时候，甚至还需要将具体的术语转化为某一类事物的术语，通过对同义词、同类词等关键词的归纳梳理，找到合适的关键词。

以许某诉广东省通信管理局投诉举报处理答复纠纷一案为例。2016 年 7 月 25 日，许某通过电子邮箱方式，向广东省通信管理局发送了标题为"依法对中国电信违法收取选号费的违法行为进行全面查处"的邮件，内容为："……请依法对我在此之前多次要求你局对湛江电信与全省内的中国电信违法收取选号费的行为进行重新全面查处（包括多次提供录音等证据），没收其违法所得并罚款，并责令湛江电信返还其收取我 200 元选号费，同时履行对我进行奖励的职责。雷州市人民法院作出该裁判已生效，请依法重新全面查处"，并于 8 月 1 日补充了投诉材料。2016 年 7 月 26 日，广东省通信管理局作出〔2016〕196 号《受理告知书》，并于次日，通过电子邮件方式送达许某。2016 年 7 月 27 日，广东省通信管理局向中国电信股份有限公司广东分公司（以下简称电信广东分公司）发出《投诉处理调查通知书》。2016 年 8 月 3 日，电信广东分公司向广东省通信管理局提交了《电信用户举报处理反馈单》及相关材料。2016 年 9 月 20 日，广东省通信管理局作出〔2016〕196 号《处理回复书》，回复称："关于您要求我局'依法对湛江电信公司与全省内的中国电信违法收取选号费的行为进行重新全面查处'等问题，根据前期调查情况，电信公司所收取的 200 元是作为相关话费抵扣使用的，不属于《电信网码号资源管理办法》规定的收取选号费的违法行为，如您有进一步的证据，请向我局提供，以便我局进行相关处理。鉴于您已就我局对此项问题的前期回复'不履行对中国电信收取选号费违规行为进行处罚的职责'为由提起行政诉讼，该案正在审理中，我局届时将依法执行法院的生效判决。对于您要求我局'责令湛江电信返还其收取我 200 元选号费'事宜，经向电信公司调查了解，其公司已根据广东省雷州市人民法院民事判决〔（2014）湛雷法民二初字第 369 号〕赔偿您 600 元及应您要求再赔偿 200 元，相关费用已于 2016 年 8 月 2 日存入您提供的银行账号。关于您要求我局'履行对您进行奖励的职责'，由于我局经费中暂无此奖励专项款项，因此无法进行。"广东省通信管理局于 2016 年 9 月 22 日将上述复函送达给许某。许某不服，诉至法院。

该案中，许某对电信企业选号费进行投诉举报，如果使用"选号费"进行检索，检索的结果过于宽泛，无法锁定可以适用的法条。这就需要将日常用语"电话号码"转化为法律术语"码号资源"，再进一步检索。

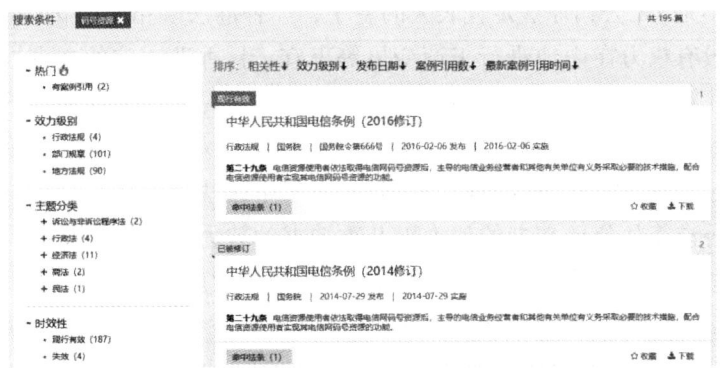

图 1 - 10 通过无讼法条检索"码号资源"的结果

经过检索"码号资源"，可以检索到《电信条例》《电信网码号资源管理办法》等。《电信网码号资源管理办法》中针对什么是"码号资源"作了规定，码号资源是指由数字、符号组成的用于实现电信功能的用户编号和网络编号。《电信网码号资源管理办法》对违法行为作了罗列，可以和案例中的选号费的行为做一对比，判断是否属于《电信网码号资源管理办法》规定的违法行为，是否应予以查处。

那么，如果检索人不知道"电话号码"还有一个"码号资源"的法律术语怎么办？在正式进入检索数据库进行检索前，可以通过在百度或搜狗等网站进行模糊化检索，以查找可能涉及的关键词。

以谢某诉陕西省工商行政管理局工商行政登记案为例，CLB 公司是 2005 年1 月在榆林市工商局登记的中外合资企业。中方股东榆林市 CL 工贸有限责任公司（以下简称 CL 公司）持股 30%，外方股东香港 ZX 集团有限公司（以下简称 ZX 公司）持股 70%。2017 年 7 月 28 日，CLB 公司向被告陕西省工商行政管理局提交变更登记申请材料，申请变更法定代表人及董事备案（申请法定代表人由谢某变更为梁某；外方董事由谢某等 5 人变更为梁某等 5 人；中方董事的 2 人也进行了变更），之后于 2017 年 11 月 24 日提交了补正材料，陕西省工商行政管理局于 2017 年 11 月 27 日核准了 CLB 公司的变更登记。之后谢某因不服陕西省工商行政管理局的变更登记，向法院提起诉讼，要求撤销 CLB 公司 2017 年 11月 27 日的变更登记。

　　根据 CLB 公司章程，董事会设董事长一名，董事长由乙方（ZX 公司）委派，任期 4 年。《中外合资经营企业法实施条例》第 34 条规定，董事长是合营企业的法定代表人。诉讼中，原告认为 CLB 公司提交的外方股东 ZX 公司的委派书的签名不是 ZX 公司原法定代表人的签字，经香港法院指定的 ZX 公司接管人兼经理人没有权力在内地进行工商变更等事宜，且香港法院的文书在内地需要经过认证；被告则认为该委派书符合工商变更登记提交材料的法定形式，委派书有 ZX 公司印章以及有权签字人的签字，有权签字人的香港法院的命令以及委派书等经过司法部委托香港律师公证且加盖了中国法律服务公司的转递章，合法有效。香港律师公证文书的效力以及委派书的效力，成为案件的一个焦点问题，查找这一问题的法律依据，就需要进行法条检索。

　　就该案的关键词选取，能提取的关键词如"香港""公证""裁判文书""效力"等，首先在百度等平台进行检索，检索结果如下：

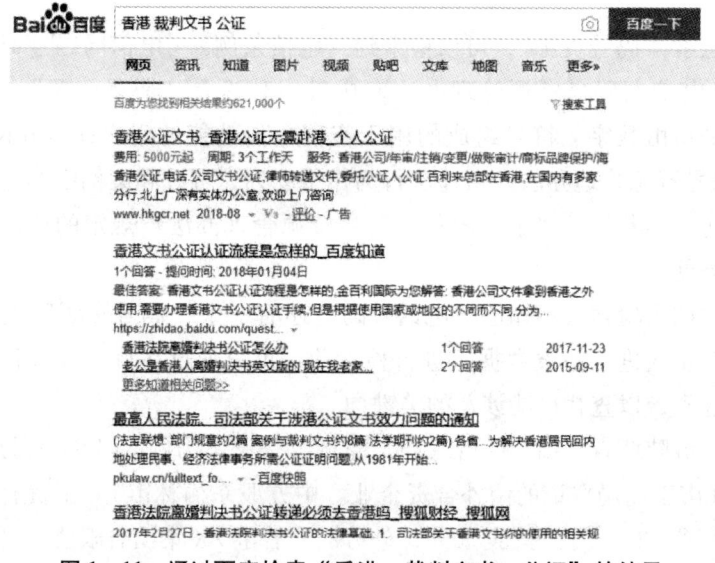

图 1-11　通过百度检索"香港　裁判文书　公证"的结果

　　从百度检索结果看，里面有一个非常重要的法律依据，就是最高人民法院、司法部《关于涉港公证文书效力问题的通知》（司发通〔1996〕026 号）。知道这一法律依据后，一是可以从该通知中找到相关规定；二是得知法律专业术语是"涉港公证文书"。

　　（1）看最高人民法院、司法部《关于涉港公证文书效力问题的通知》的规定："为解决香港居民回内地处理民事、经济法律事务所需公证证明问题，从

1981 年开始，司法部经商中央有关主管部门同意，建立了委托公证人制度，即由司法部考核后委托部分香港律师作为委托公证人，负责出具有关公证文书，经司法部在香港设立的中国法律服务（香港）有限公司审核并加章转递后，送回内地使用。十多年来的实践证明，该项制度维护了当事人的合法权益，为人民法院和内地其他机关处理涉港案件提供了真实合法有效的证明文件。1997 年 7 月 1 日中国政府恢复对香港行使主权后，这一制度仍将继续实行。……在办理涉港案件中，对于发生在香港地区的有法律意义的事件和文书，均应要求当事人提交上述委托公证人出具并经司法部中国法律服务（香港）有限公司审核加章转递的公证证明。"

（2）输入"涉港公证文书"进行法律检索，可以检索到更多的命中法条，其中就包括国家工商行政管理总局《关于涉港企业登记文书证明效力问题的通知》，该通知对"涉港企业登记文书证明效力问题"规定："香港投资者提交上述有关文件，可提供原件，并须对文件的真实性、合法性负责；或由香港的中国委托公证人出具证明，经中国法律服务（香港）有限公司审核签章转递，并附以附件确认本，对此，工商机关可免予核对原件。"

图 1 - 12 通过无讼检索"涉港公证文书"的结果

上述两个规定，可以查找到涉港公证文书是在工商行政登记中的运用，由香港的中国委托公证人出具证明、经中国法律服务（香港）有限公司审核签章转递并附以附件确认材料，至少形式要件是符合工商变更提交材料规范的要求的，因工商行政机关在注册登记的审核中以形式审查为主，通过法律检索为诉讼提供了相应的法律支撑。

（三）案例倒查法

随着最高人民法院裁判文书的公开，学会在案例中查找法条，也是法条检索的重要方法。特别是最高人民法院的公报案例或指导案例，具有一定的裁判指引功能。

学会案例倒查法，首先要熟悉裁判文书的体例。一般的裁判文书由"当事人信息""案件概述""本院认为""裁判结果""审判人员"等组成，案例倒查法要紧盯"本院认为"部分。一般法官会在"本院认为"部分，对案件焦点问题予以说理阐述，会引用法律法规等规范性文件，法官在某一类案件中引用的"法条"，就是在案例倒查法中倒查的法条。

以前述黄某诉陕西省工商行政管理局变更登记一案为例。以工商行政登记的案由为检索关键词，检索到全部案例后，可以先查看高频法条，通过高频法条进一步查找需要的法条。以下是通过 Alpha 数据库查询的关于"工商行政登记"的案例，查询后可以通过可视化的界面查找高频法条。

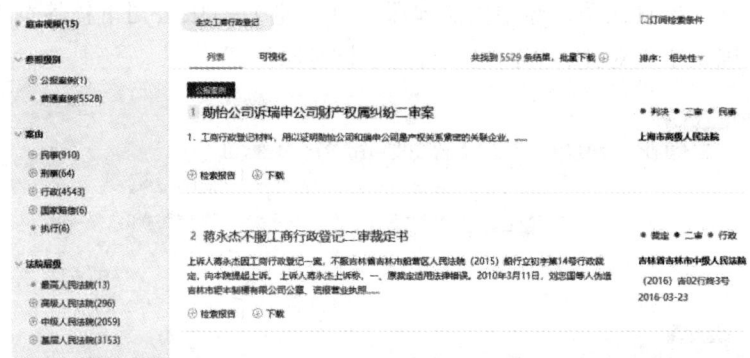

图 1-13　通过 Alpha 数据库查询的"工商行政登记"案例

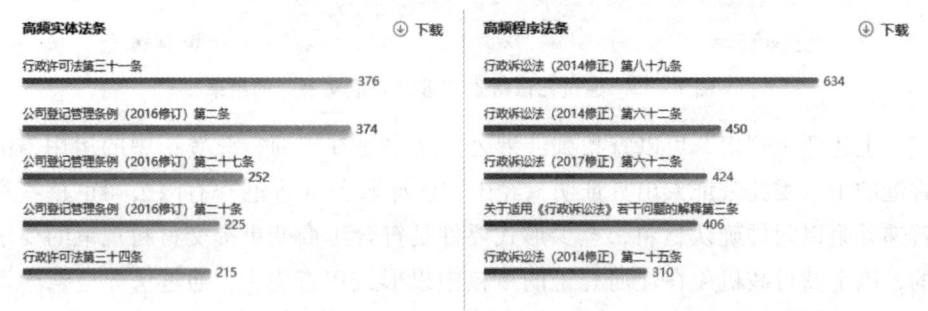

图 1-14　点击可视化按钮，可以看到高频实体法条和高频程序法条

点击高频法条，可以看到具体的规定。如《行政许可法》第 31 条第 1 款规定："申请人申请行政许可，应当如实向行政机关提交有关材料和反映真实情况，并对其申请材料实质内容的真实性负责。行政机关不得要求申请人提交与其申请的行政许可事项无关的技术资料和其他材料。"

《公司登记管理条例》第 27 条规定："公司申请变更登记，应当向公司登记机关提交下列文件：① 公司法定代表人签署的变更登记申请书；②依照《公司法》作出的变更决议或者决定；③国家工商行政管理总局规定要求提交的其他文件。公司变更登记事项涉及修改公司章程的，应当提交由公司法定代表人签署的修改后的公司章程或者公司章程修正案。变更登记事项依照法律、行政法规或者国务院决定规定在登记前须经批准的，还应当向公司登记机关提交有关批准文件。"

这两个法条均是工商行政机关在工商行政登记过程中要求提交的材料依据和审查材料的标准。

（四）交叉检索法

实践过程中，经常会将前面介绍的三种检索方法交叉使用，以检索到需要的法条。

以前述黄某诉陕西省工商行政管理局变更登记一案为例。在前面进行了"工商行政登记"的检索的基础上，如何进一步检索，可以在检索的条件上限定"行政案件"，法院层级限定"最高人民法院"，随着检索条件的增多，检索的结果就会减少。

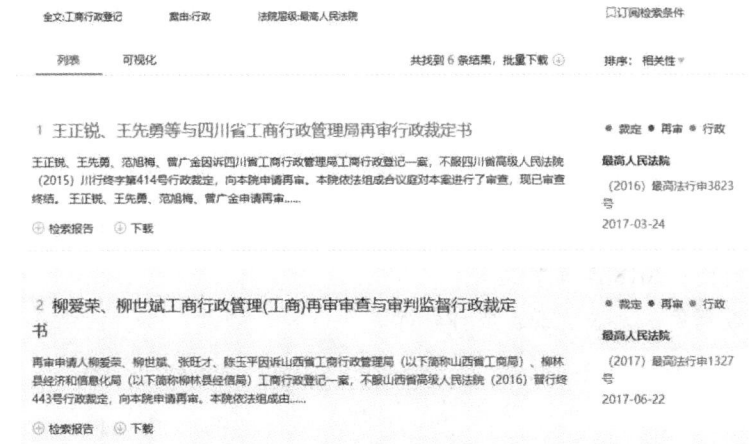

图 1-15 通过 Alpha 数据库查询最高人民法院有关"工商行政登记"的行政案例

通过查找高频法条，涉及最多的是《行政诉讼法》第 91 条关于再审的程序法条，这也符合最高人民法院对再审案件的审理。实践中，还可以选择某一省、市、自治区的法院，甚至可以限定到所在地人民法院。通过查询过往法院作出的裁判文书，从中查找关联的法条。

四、检索报告制作

（一）检索报告要素

掌握法条检索的方法后，就需要整理在检索过程中检索到的法条等与案件有关的内容，制作检索报告，为案件诉讼提供相应的法律依据。

一般而言，法条检索报告应包括法条名称、文号、类别、发文部门、法条内容、检索数据库等内容。检索人在每次检索法条时，应制作相应的检索表格。通过法条名称、文号、发文部门可以判断法条的类别，是法律、法规还是规章等。法条内容应具体到哪一条、哪一款、哪一项，法条是否准确关系到法律适用是否准确。

根据《行政诉讼法》第 63 条之规定："人民法院审理行政案件，以法律和行政法规、地方性法规为依据。地方性法规适用于本行政区域内发生的行政案件。人民法院审理民族自治地方的行政案件，并以该民族自治地方的自治条例和单行条例为依据。人民法院审理行政案件，参照规章。"据此，在进行法条检索的过程中，应优先选择效力级别高的法条。

具体到行政诉讼案件，在行政诉讼的审判实践中，法官一般会针对行政行为审查职权依据、法律依据、程序依据等内容。进行法条检索也应围绕具体行政行为的上述内容进行法条筛选。

以前述黄某诉陕西省工商行政管理局变更登记一案为例，法律检索报告如下（篇幅有限，仅摘录部分法条）：

黄某诉陕西省工商行政管理局工商行政登记案法条检索报告

检索人：某某

检索时间：2018 年某月某日

检索数据库：无讼法条、威科先行

表1-1 黄某诉陕西省工商行政登记案法条检索报告

项目	名称	文号	类别	发文部门	法条	内容	备注
职权依据	《中华人民共和国公司登记管理条例》	国务院令第666号	行政法规	国务院	第4条第1款	工商行政管理机关是公司登记机关。	1994年6月24日发布……根据2016年2月6日国务院令第666号《国务院关于修改部分行政法规的决定》修正
法律依据	《中华人民共和国公司登记管理条例》	国务院令第666号	行政法规	国务院	第27条第1款、第2款	公司申请变更登记，应当向公司登记机关提交下列文件：①公司法定代表人签署的变更登记申请书；②依照《公司法》作出的变更决议或者决定；③国家工商行政管理总局规定要求提交的其他文件。公司变更登记事项涉及修改公司章程或者公司章程的修改后的公司章程修正案。	同上
程序依据	《中华人民共和国公司登记管理条例》	国务院令第666号	行政法规	国务院	第51条	公司登记机关应当根据下列情况分别作出是否受理的决定：①申请文件、材料齐全，符合法定形式的，或者申请人按照公司登记机关的要求提交全部补正申请文件、材料的，应当决定予以受理。②申请文件、材料齐全，符合法定形式，但公司登记机关认为申请文件、材料需要核实的，应当决定予以受理，同时书面告知申请人需要核实的事项、理由以及时间。③申请文件、材料存在可以当场更正的错误的，应当允许申请人当场予以更正，由申请人在更正处签名或者盖章，注明更正日期；经确认申请文件、材料不齐全或者不符合法定形式的，应当当场或者在5日内一次告知如申请人需要补正的全部或者不符合法定形式的，应当当场或者在5日内一次告知申请人需要补正的全部内容；当场告知的，应当将申请文件、材料退回申请人；属于5日内告知的，应当收取申请文件、材料并出具书面凭据，自收到申请文件、材料之日起即为受理。④申请文件、材料不属于本机关登记范围的事项，应当即时决定不予受理，并告知申请人向有关行政机关申请。⑤不属于公司登记范畴或者不属于本机关登记管辖范围的，应当即时作出不予受理的决定。公司登记机关对通过信函、电报、电传、传真、电子数据交换和电子邮件等方式提出申请的，应当自收到申请文件、材料之日起5日内作出是否受理的决定。	同上

（二）检索报告完善

在上述法条检索报告中，是针对某一工商行政登记案件涉及的法律依据、职权依据和程序依据进行的全案的法条检索。实践中，还需要对某一具体问题进行法条检索，如起诉期限、是否是利害关系人等具体的事项。同时，也需要通过法条检索或案例检索，查找法律依据，促使案件向有利于本方当事人的方向发展。

如行政诉讼的起诉期限问题，还是以前述黄某诉工商局变更登记一案为例。将登记时间调整为 2011 年 5 月 16 日，起诉时间为 2018 年 5 月 15 日。该案就涉及起诉期限是否超过法定期限的问题。

通过法条检索得出：

《行政诉讼法》第 46 条第 1 款规定："公民、法人或者其他组织直接向人民法院提起诉讼的，应当自知道或者应当知道作出行政行为之日起 6 个月内提出。法律另有规定的除外。"第 46 条第 2 款规定："因不动产提起诉讼的案件自行政行为作出之日起超过 20 年，其他案件自行政行为作出之日起超过 5 年提起诉讼的，人民法院不予受理。"

首先要判断工商行政登记属于哪一类行政案件，《行政诉讼法》第 46 条第 2 款规定了不动产诉讼案件和其他案件，工商行政登记显然属于其他案件。其他案件自行为作出之日起超过 5 年的，人民法院不受理。本案行政行为作出的时间是 2011 年 5 月 16 日，至起诉之日早已超过 5 年的期限。

如把该案的变更登记时间调整为 2015 年 5 月 16 日，起诉时间不变，这时原告起诉的期限在 5 年之内。但此时就需要审查"原告知道或者应当知道作出行政行为之日"以及被告在作出行政行为时是否告知原告诉权。根据《适用解释》第 64 条第 1 款，行政机关作出行政行为时，未告知公民、法人或者其他组织起诉期限的，起诉期限从公民、法人或者其他组织知道或者应当知道起诉期限之日起计算，但从知道或者应当知道行政行为内容之日起最长不得超过一年。根据《若干解释》，未告知诉权和起诉期限的，从知道或者应当知道具体行政行为内容之日起最长不得超过 2 年。判断原告的起诉是否超过起诉期限，应结合原告知道或应当知道具体行政行为的日期、是否告知诉权或起诉期限及上述司法解释等因素综合判断原告的起诉是否超过起诉期限。

除了针对某一事项的法条检索、通过法律数据库进行法条检索，还应拓宽法条检索的渠道和范围，如通过微信、检索相关案例、寻找关键法条；通过专业书籍，检索查找自己不熟悉领域的法律规定、程序规定等。

如某企业诉某县政府行政征收一案。在法条检索时，首先要熟悉行政征收的程序流程等，通过基本的法条检索得知，主要的法律依据是《国有土地上房屋征收与补偿条例》，但通过该条例对程序的梳理依然不够。通过查阅蔡小雪、郭修江著的《房屋征收案件审理指引》（人民法院出版社）一书，"市、县级人民政府应当按照《征收条例》规定实施征收行为，一般经过以下步骤：建设项目立项、建设用地规划许可、国有土地使用权批准、建设工程规划许可、拟房屋征收补偿方案、组织对征收补偿方案进行论证和征求被征收人意见、公布征求征收补偿方案的意见情况和修改情况、社会风险评估、政府常务会议讨论、拨付征收补偿费用、房屋征收决定公告、收回国有土地使用权。这12个步骤是有关法律法规规定的必经步骤"。

通过专业书籍的检索和学习，可以进一步熟悉和了解相关法律依据与程序。不仅仅是检索到法条，而且更能理解法条的适用以及其中的关键点。因此，在法条检索过程中，对重大疑难案件应尽可能多地通过各种检索渠道，查找法律依据，拓展办案思维。

第二节　案例检索

2013年7月1日，全国统一的裁判文书公开平台——中国裁判文书网第一次在公众面前亮相。同日，《最高人民法院裁判文书上网公布暂行办法》生效实施。2015年12月15日，中国裁判文书网全新改版上线。次年8月，修订后的《最高人民法院关于人民法院在互联网公布裁判文书的规定》正式发布。

裁判文书的公开，标志着案例检索成为律师办理案件的重要工具之一。律师在诉讼过程中是运用法律工具和法律思维说服法官的过程，最高人民法院的裁判案例、上级法院的裁判案例就成为律师说服法官的重要"材料"。2017年7月25日，最高人民法院印发的《司法责任制实施意见（试行）》，更是明确要求"承办法官在审理案件时，均应依托办案平台、档案系统、中国裁判文书网、法信、智审等，对本院已审结或正在审理的类案和关联案件进行全面检索，制作类案与关联案件检索报告。"可见，案例检索在具体个案办理过程中至关重要，代理律师拿着案例检索报告和法官沟通时，就会增加说服法官的可能性，如果有类似案例支持了代理方当事人的相同或相似的诉请，案件获得法官支持的可能性就越大。

一、案例检索目的

（一）寻找诉讼路径和思路

律师接触每个案件多数从接待当事人开始，在接待当事人过程中，经常会听到当事人对自身遭遇的事情或烦恼——陈述。在听完当事人对案件的陈述后，律师会运用法律思维对案件事实剥茧抽丝，梳理案件涉及的法律关系，进而寻找诉讼途径或思路。在裁判文书没有在互联网公开的情况下，律师梳理法律关系后寻找诉讼思路的过程，多数是靠知识和经验的积累来完成的。对于法院能否支持诉讼的请求，存在很大的不确定性。

随着裁判文书上网的数量越来越多，通过案例检索可以查找类似案件的裁判文书。上至最高人民法院的公报案例、指导案例，下至各地方法院的裁判文书。特别是没有办理过的案件，亦或是不熟悉的领域，都可以通过案例检索，获得此类案件的争议焦点、法院的裁判思路、确定诉讼请求的方法、证据的举证等。

以"当事人对房屋征收决定不服拟提起行政诉讼"为例，律师在接到当事人的咨询后，对房屋征收决定的程序以及法院审查的重点并不熟悉，就可以通过案例检索寻求思路。

在案例搜索页输入"房屋征收决定"进行检索，再进一步选定陕西省的案件，再选定"判决"的文书，检索结果如下：

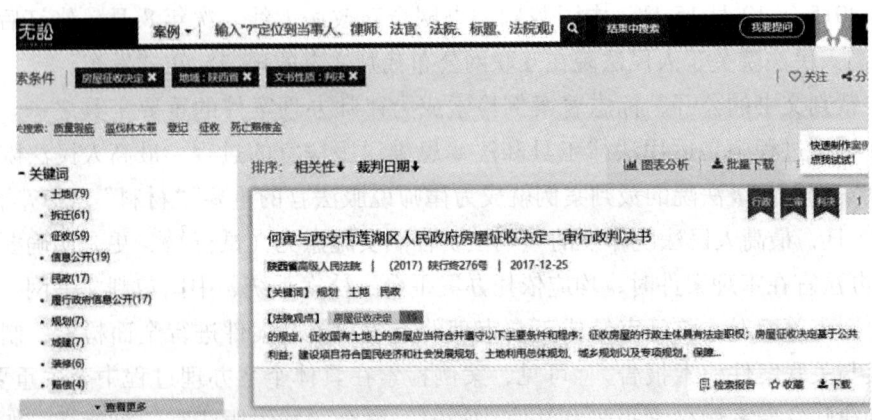

图 1-16　通过无讼检索"房屋征收决定"和进一步筛选的结果（检索时间 2018 年 9 月 29 日）

选择其中一篇陕西省高级人民法院的裁判文书，刘某与西安市莲湖区人民政府房屋征收决定、西安市人民政府行政复议二审行政判决书。刘某系西安市

莲湖区劳动路草阳小区草阳中区 4 幢 3 单元某号房屋的购买者，房屋建筑面积
58 平方米。莲湖区政府于 2017 年 8 月 4 日作出莲房征决字［2017］8 号《关于
对莲湖区劳动路草阳小区棚户区改造项目涉及的国有土地上房屋予以征收的决
定》，对莲湖区劳动路草阳小区棚户区改造项目涉及的国有土地上房屋予以征
收，刘某房屋在莲房征决字［2017］8 号房屋征收决定确定的征收范围之内。其
对该房屋征收决定不服，于 2017 年 9 月 18 日向西安市政府申请行政复议。西安
市政府作出复议决定，维持莲湖区政府莲房征决字［2017］8 号房屋征收决定。
刘某不服莲房征决字［2017］8 号房屋征收决定及复议决定，提起行政诉讼。一
审法院在审查莲湖区政府作出的莲房征决字［2017］8 号房屋征收决定是否合法
时，主要审查以下几方面：一是征收主体；二是征收目的；三是主要证据；四
是征收程序。二审法院认为，《国有土地上房屋征收与补偿条例》是地方人民政
府作出房屋征收决定的依据，征收决定是否合法应从以下四个方面进行审查：
一是征收决定的主体资格；二是征收决定是否符合法定目的；三是征收决定是
否符合相关规划要求；四是将征收决定进行公告。

通过这一案例检索，如果是原告律师，就可以从这四个方面入手，判断被
告作出征收决定时是否符合这四个要件，案例中还会引用相应的法律依据，律
师可以进一步检索，对房屋征收决定案的程序内容有明确的了解，结合案件事
实，就可以确定起诉的思路。

（二）用案例说服客户和法官

虽然我国的法律体系是成文法体系，但近年来，裁判案例在审判过程中发
挥的指引作用越来越大，最高院发布的多批典型案例和指导案例，起到了一定
的指引作用。

近年来，各地的征地拆迁案件较多。一些地方政府作为被告时，称自己并
没有实施拆除行为，甚至有公司称自己实施了拆除行为，这对于行政诉讼的原
告以及法院审理案件都带来了诉讼难题。最高人民法院公布的典型案例"许某
某诉金华市婺城区人民政府行政强制及行政赔偿案"，就对此类案件的认定形成
了指导性的裁判观点。该案案情为，2001 年 7 月，因浙江省金华市婺城区后溪
街西区地块改造及"两街"整合区块改造项目建设需要，原金华市房地产管理
局向金华市城建开发有限公司颁发了房屋拆迁许可证，许某位于金华市婺城区
五一路迎宾巷 8 号、9 号的房屋被纳入上述拆迁许可证的拆迁红线范围。但拆迁
人在拆迁许可证规定的期限内一直未实施拆迁。2014 年 10 月 26 日，婺城区政
府发布了房屋征收决定，案涉房屋被纳入征收决定范围。但该房屋于婺城区政

府作出征收决定前的 2014 年 9 月 26 日即被拆除。许某提起行政诉讼，请求确认婺城区政府强制拆除其房屋的行政行为违法，同时提出包括房屋损失、停产停业损失、物品损失在内的三项行政赔偿请求。最高人民法院再审认为，本案虽然有婺城建筑公司主动承认"误拆"，但许某提供的现场照片等证据均能证实，强制拆除系在政府主导下进行的，婺城区政府主张强拆系民事侵权的理由不能成立，其应承担相应的赔偿责任。

如果行政强制案件的原告代理律师，遇到同样的情形，即被告否认实施了强制拆除的行为，系其他民事主体实施的"误拆"，律师就可以将该典型案例提交给法官，只要证明强制拆除是在政府主导下进行的，提供初步证据就可以避免诉讼主体不适格的败诉风险。

案例检索还可以帮助律师进行案件结果预判，让当事人对案件的结果有一定的心理预期。以一案为例，2016 年 4 月，王某在乘坐西安至北京的高铁时，不慎将身份证遗失，随后在西安市公安局某派出所补办了身份证。2017 年 7 月，王某发现在自己不知情的情况下，被登记为 B 公司的法定代表人，经过工商档案查询，王某发现 B 公司在 2016 年 9 月进行了法定代表人变更，其中王某的签字均不是自己所签。2018 年 3 月，王某提起行政诉讼，要求撤销 B 公司 2016 年 9 月法定代表人变更的工商登记。通过在无讼案例检索陕西地域的"身份证丢失"和"工商登记"案件，此类案件的裁判观点展现了以下几种可能性：一是当事人未提交其身份证丢失的有效证据，被裁定驳回起诉；二是申请材料虚假而致使该登记结果错误，依法撤销。根据上诉裁判思路，当事人在充分搜集相关证据的情况下，可以提起行政诉讼。

二、案例检索工具

根据数据库的类型以及检索介质的不同，案例检索的工具包括政府性网站、案例数据库、微信检索、书籍资料等。

（一）政府性网站

1. "中国裁判文书网"。案例检索之所以能够有效进行，是因为最大的数据来源就是最高人民法院的"中国裁判文书网"（wenshu. court. gov. cn）。截至 2018 年 10 月，已经上网的裁判文书达到 5419 万余份，该检索工具是案例检索最权威、数据最全的工具。案例检索时，首先应在中国裁判文书网检索。在别的检索网站检索的，应在中国裁判文书网予以核实。如果通过其他检索工具、无法检索到相应案例时，可以通过"中国裁判文书网"进一步检验核实。

图 1 – 17　"中国裁判文书网"首页

图 1 – 18　"中国裁判文书网"高级检索选项

2. "最高人民法院网站"和"最高人民检察院网站"。最高人民法院的网站公布了指导案例、典型案例等数据，经常阅读学习可以熟悉某一类案件的裁判思路；最高人民检察院网站也公布了指导性案例，也可以予以查询借鉴。

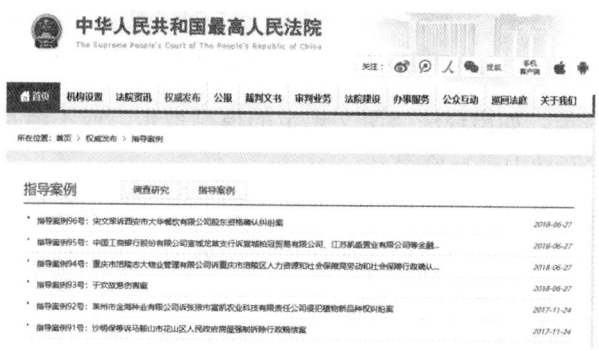

图 1 – 19　最高人民法院网站"指导案例"栏目

（二）商业网站和数据库

面对浩如烟海的法律条文，多渠道的搜索途径，熟练掌握法规数据库的使用方法和技巧将能大大提升检索效率。目前网络上具有可靠数据来源的法规数据库主要有三类：

1. 专业类网站。各类信息的国家级门户网站，权威性高。

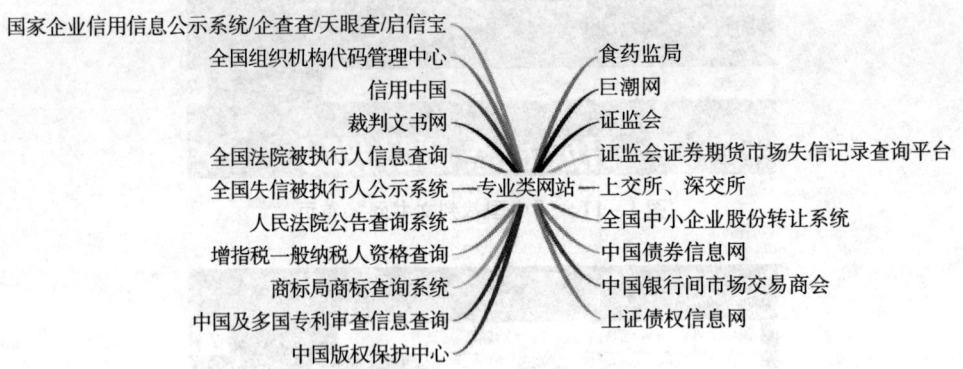

图1-20 专业类信息平台网站

2. 门户类网站。了解案件所涉及行业和地区的特殊性，可在相关的门户类网站进行检索。

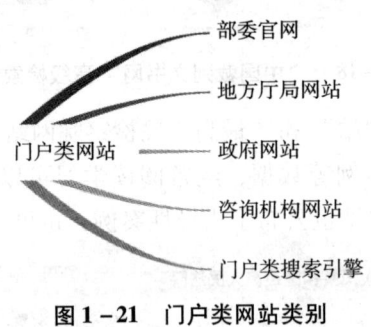

图1-21 门户类网站类别

3. 学习工具类。如出现法律明文规定的模糊地带，或不清楚实践中的具体操作，可在此类网站中进行检索。

除了上述较为单一的数据库外，现在市面上还有很多数据库对于上述数据库的部分内容进行整理，为了提高法律检索的效率，可选择该类数据库进行检索工作。对该类数据库做部分列举：

表1-2 法律检索部分数据库分类指引

案例检索	无讼案例、威科先行、北大法宝、Openlaw、政府官网、裁判文书网等

续表

法律法规检索	无讼、威科先行、北大法宝、Openlaw、政府官网等
观点检索	知网、北大法宝期刊、威科先行实务库等

（三）微信公众号

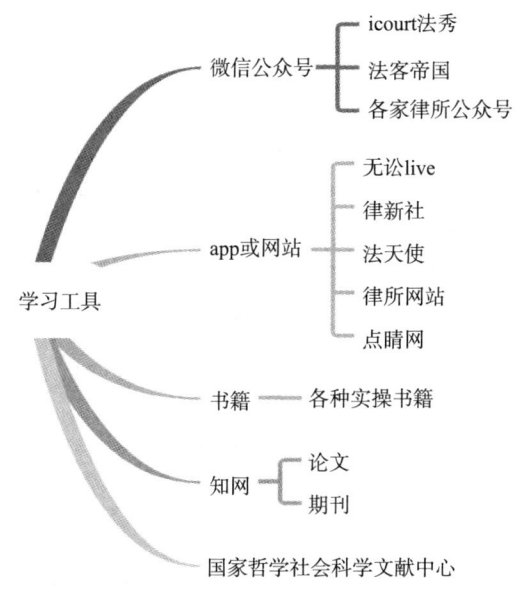

图1－22　部分微信公众号及检索学习网站

随着微信应用的普及，越来越多的律师、法官、专家学者等，通过微信公众号，发表自己的研究文章，其中有不少法律实务文章，包括对某一案件的分析，某类案件的裁判观点梳理等。

如果对某一类案件的检索或实务操作不熟悉，或者没有确定案例检索的方向或关键词，可以通过微信公众号检索的方式进行检索，查找相关的案例，为进一步的案例检索做铺垫。

搜狗微信搜索（网址：weixin. sogou. com）可以检索微信文章和微信公众号，可以借此为进一步的案例检索寻找线索。

（四）书籍

中国裁判文书网公布的案例，多为近几年的生效法律文书，较早的案例无法通过网络检索获取。最高人民法院公报、由最高人民法院各业务庭编写的诸如《行政执法与行政审判》《民事审判指导与参考》等书籍也收录了许多典型案例，还包括办案法官对案例的点评，这都是案例检索的渠道之一。

此外，公开出版的法律类图书，有不少案例选编，或裁判观点集合，或者某一类专业图书，都有相关的案例可以参考。利用图书进行检索重在平时对案例的学习，做到有印象，在遇到具体案件时可以检索到即可。

三、案例检索方法

在进行案例检索之前，首先应掌握两点内容：一是案例检索的方向和目的是什么，二是了解一份判决或裁定的内容构成。

1. 案例检索往往是为案件代理服务的，检索者在进行案例检索前必须要了解检索的目的是什么，是为了找到其他法院有利于己方的裁判观点，还是为了案件的某一认定寻找案例支持，还是用别的法院的裁判说服法官作出对己方有利的裁判。如案例检索的目的是查找和自己代理的案件相似的胜诉的判决，那检索的重点就要放在案件事实相似以及案件结果上；如案例检索的目的是查找人民法院对某一事实或法律问题的认识，那就要在法院裁判文书中寻找裁判观点。

2. 要带有检索目的去检索，首先需要掌握法官裁判文书的内容构成。一般而言，一份判决往往会包括案件当事人信息、案件概述、法院查明、法院认为、法院判决和审判人员信息这几部分。如果是二审案件或再审案件，会根据审理的级别略有不同。"法院认为"是法院对某一法律问题或事实的分析，特别是最高人民法院或高级人民法院的裁判文书对裁判理由会展开充分的阐述，检索时应将法院认为部分作为查找的关键点。"法院查明"是对案件事实的查证，即使是案由相同的案件也会在事实部分有很大的差异。所以，在法律检索的时候应尽量寻找与自己案件相类似的案件，这样对法官的说服力才更强。

掌握了前面两点，就开始进入案例检索的方法，案例检索主要有案由检索法、关键词检索法、法条倒查法等。

（一）案由检索法

案由是指人民法院对诉讼案件所涉及的法律关系的性质进行概括后形成的案件名称。关于行政诉讼，最高人民法院于 2004 年 1 月 14 日发布《关于规范行政案件案由的通知》（法发〔2004〕2 号），对行政案例的案由作了明确规定。根据行政管理的范围，分为公安行政管理、资源行政管理等 42 大项；根据行政行为的种类，分为行政处罚、行政强制等 27 项。关于民事诉讼，最高人民法院也印发了《民事案件案由规定》，对民事案件的案由作了详尽的规定。

案由检索法主要适用于检索者对某一类案件的裁判思路和结果的检索。检索者可以通过案由将查找案例的范围缩小，也可以通过案例检索制作某一区域相关案由的大数据报告。

以"治安管理"案由为关键词，检索陕西地域的行政诉讼案件。

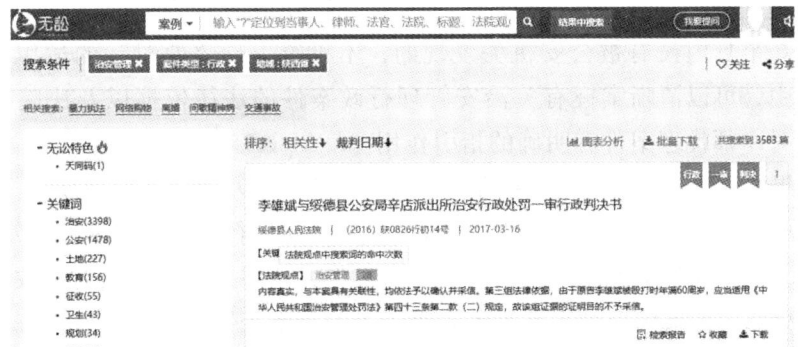

图 1 - 23　通过无讼案例检索到 3583 篇涉及治安管理行政案件

地域范围限定在陕西，检索到的案件数量有三千多件，为了查找到更加具体的地域，检索西安的此类案件，选定西安铁路运输中级法院，进一步缩小了范围，锁定直接相关的案件。

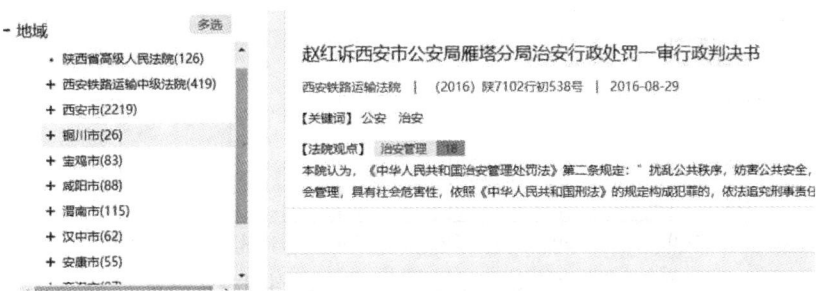

图 1 - 24　选择跟自己的案件相关的地域查找裁判文书

如果检索者是通过案例检索来熟悉治安管理行政案件的审查重点和法律适用，可以在案件中选择"判决"类案件，查找和了解裁判文书。以检索到的"路某与西安市公安局莲湖分局治安行政处罚案"二审判决为例。基本案情为，2014 年 7 月 19 日 1 时许，路某在西安市莲湖区沣惠南路牡丹会所大厅，和马某发生碰撞，路某踢马某一脚。2016 年 3 月 18 日，西安市公安局莲湖分局根据受害人陈述、路某的陈述以及视频资料等相关证据，依据《治安管理处罚法》第 43 条之规定，决定对路某行政拘留 5 日。路某后提起行政诉讼，要求撤销西安市公安局莲湖分局的行政处罚决定书。从法院的裁判文书可以看出，此案适用的法律包括：《治安管理处罚法》第 43 条、第 22 条第 1 款，《公安机关办理行政案件程序规定》第 130 条第 1 款。从案件的判决结果看，一审法院确认行政处罚决定书违法，二审法院撤销了一审判决，改判撤销行政处罚决定书，其中关键之处，是《治安管理处罚法》关于"违反治安管理行为在 6 个月内没有被公安机关发现的，不再给予行政处罚"的适用。从这一案例中，可以清晰掌握有关治安管理行政案件的法律依据以及法院审查的重点，对律师代理案件有明确的指引作用。

如果对上述检索到的西安铁路运输中级法院的 195 篇"治安管理"行政案件进行可视化分析，还可以看到其他统计信息。按照行政行为的种类划分，"行政处罚"案件高达 155 件，这也表明此类案件大多涉及公安机关对行政相对人的行政处罚。如果代理的案件是治安管理类的行政处罚案件，可以多查看相关的案例，也可以进一步采用关键词检索缩小检索范围。

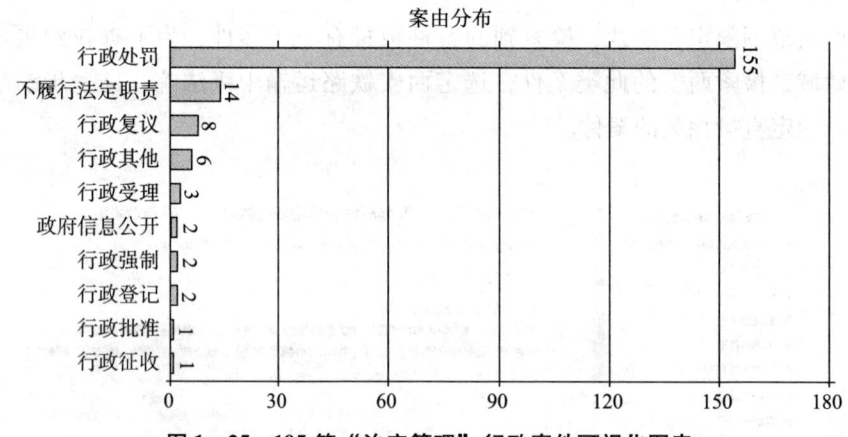

图 1-25   195 篇"治安管理"行政案件可视化图表

（二）关键词检索法

关键词检索法，顾名思义就是使用案件事实或法律关系的关键词进行案例检索，查找同类案件的裁判以及法院对某一法律概念和事实的裁判观点。

筛选合适的关键词，对于案例检索结果的准确性非常重要。如何提取关键词，已经在本书的法条检索中作了说明。案例检索的关键词提取可以从以下方面进行：

1. 从案件事实中提取关键词。比如某公司涉嫌发布虚假广告，被工商行政管理机关处以罚款 30 万元，从这一案件事实中可以提取"虚假广告""罚款"

"工商"等关键词，从而进行案例检索。

2. 从当事人信息中提取关键词。比如，当事人是因为对西安市国土资源局的行政处罚不服提起行政诉讼，检索时可以根据案件事实检索相关案例，也可以直接以"西安市国土资源局"这一关键词进行检索，得到初步的检索结果后，可以根据案由、审理的时间、裁判文书的类型等进一步缩小检索结果的内容。

3. 从某一法律条文中提取关键词。比如，《行政诉讼法》第25条第1款规定，行政行为的相对人以及其他与行政行为有利害关系的公民、法人或者其他组织，有权提起诉讼。人民法院如何认定原告的主体资格，有无相关案例，可以通过案例检索查找相关裁判观点和依据。

4. 从律师、法院及法官名录中提取关键词。诉讼是一种法律的角逐，知己知彼才能在诉讼中掌握先机。随着裁判文书的公开，可以通过案例检索的方式得知对方律师代理过的案件，以及审理法院和主办法官的裁判案例。如果检索到对方代理律师的相关案例，可以提前准备做出预案。同样，如果检索到主办法官对此类案件的裁判文书，可以在准备诉讼文书时予以参考借鉴。

以西安甲新能源科技有限公司（以下简称甲新能源公司）与西安某开发区管理委员会其他行政行为一案为例。原告甲新能源公司起诉被告西安某开发区管理委员会，要求撤销被告给第三人西安乙新能源科技有限公司（以下简称乙新能源）《屋顶分布式光伏电站项目备案通知》。原告起诉的理由是被告已经在同一项目地点上给原告作出了屋顶分布式光伏电站项目备案，备案期限2年，在备案期限有效的情况下，被告又给第三人乙新能源公司作出《屋顶分布式光伏电站项目备案通知》，被诉备案通知侵害了原告的合法权益。一审法院审理后认为，该备案通知系对建设项目的备案行为，是职权机关就申请人申请备案的项目是否符合备案条件依法进行审查后作出的行政行为，原告并非该行政行为的相对人，被告对第三人作出的备案行为对原告的权利义务并不产生实际影响，裁定驳回原告的起诉。

在案件二审过程中，通过对"利害关系"进行案例检索，检索到最高人民法院的裁判案例以及审理所在地西安铁路运输中级法院的案例。最高人民法院（2016）最高法行申2560号案例（臧金凤与安徽省宿州市砀山县人民政府、臧作兰再审案）对行政行为的利害关系人认定标准作了释明："为了保证直接相对人以外的公民、法人或者其他组织的诉权，而又不使这种诉权的行使'失控'，法律才限定了一个'利害关系'的标准。所谓'利害关系'，就是当事人享有的权利受到行政行为的不利影响。具体要考虑以下三个要素：是否存在一项权利；该权利是否属于原告的主观权利；该权利是否可能受到了被诉行政行为的侵害。"西安铁路运输中级法院（2017）陕 71 行终 521 号行政裁定书写明："当直接相对人以外的其他公民、法人或者其他组织提起诉讼时，并不当然地具有原告资格，他必须与被诉行政行为有利害关系，也就是有可能受到被诉行政行为的不利影响。具体须考量以下三个要素：一是是否存在一项权利。有权利即有救济，如果提起行政诉讼根本不具有任何权利基础，就难说有'利害关系'。二是该权利是否属于原告的主观权利。行政诉讼旨在对每一个其自身权利受到侵害的个人提供法律保护。因此，原告所主张的权利必须是他自己的权利，而不是他人的权利或公众的权利，更不能把自己的要求建立在他人的权利或利益之上。三是该权利是否可能受到了被诉行政行为的侵害，且这种侵害必须具有现实性和特定性。所谓受到侵害的现实性，是指损害已经发生或者发生的可能性极大，不是基于推测可能发生的侵害，也不是申诉人对于某一问题的关注、好恶、愿望；受到侵害的特定性，是指能够起诉的损害必须是特定的损害，只是一个人或一部分人受到的损害。此外，损害和行政行为之间必须存在因果关系，即这种损害必须是由被诉行政行为所产生。"利用最高法院等的裁判观点，将法院的裁判观点和诉讼案件的事实相结合，就能够在二审中说服法官，最终该案被二审法院发回重新审理。

（三）法条倒查法

法条倒查，顾名思义就是先查找到拟起诉法律文书的法律依据，然后查找适用该法条的案例，进一步查询相关裁判文书的检索方法。

以一案为例，甲公司是西安市雁塔区的一家建材加工企业，公司利用污泥回收制作建筑材料，但甲公司的生产企业超出厂区存放污泥，占用了周边 10 余亩农田，被西安市国土资源局以《土地管理法》第 74 条、第 75 条等规定，作出行政处罚决定：责令甲公司对非法占用的 10 余亩土地复垦，同时对甲公司处以 30 万元的罚款。

甲公司接到上述行政处罚决定后不服，拟提起行政诉讼。通过法条倒查法，就需要先查找《土地管理法》。

通过法条检索，共有 986 篇案例引用了《土地管理法》第 74 条，进一步限定案件的类型"行政案件"中的"行政处罚"，结果如下：

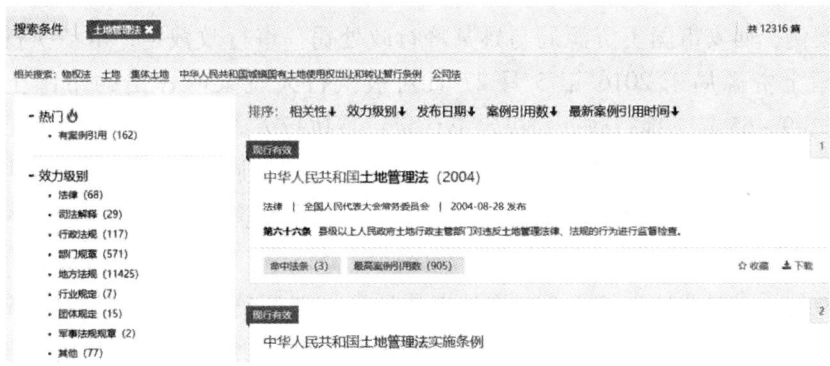

图 1－26　通过无讼网站检索土地管理法

中华人民共和国土地管理法（2004）

第七十四条　被986篇案例引用　收藏

违反本法规定，占用耕地建窑、建坟或者擅自在耕地上建房、挖砂、采石、采矿、取土等，破坏种植条件的，或者因开发土地造成土地荒漠化、盐渍化的，由县级以上人民政府土地行政主管部门责令限期改正或者治理，可以并处罚款；构成犯罪的，依法追究刑事责任。

第七十五条

违反本法规定，拒不履行土地复垦义务的，由县级以上人民政府土地行政主管部门责令限期改正；逾期不改正的，责令缴纳复垦费，专项用于土地复垦，可以处以罚款。

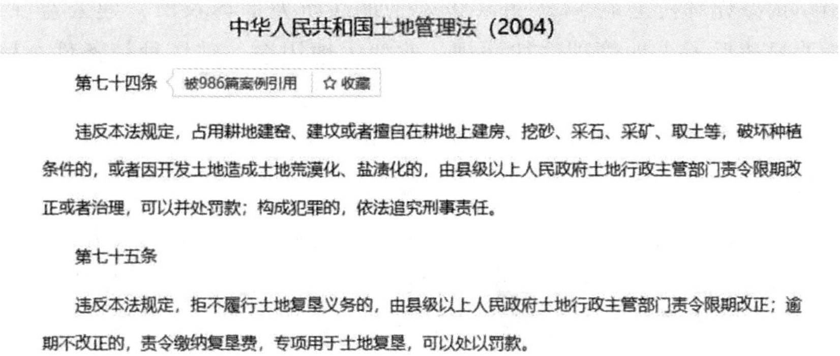

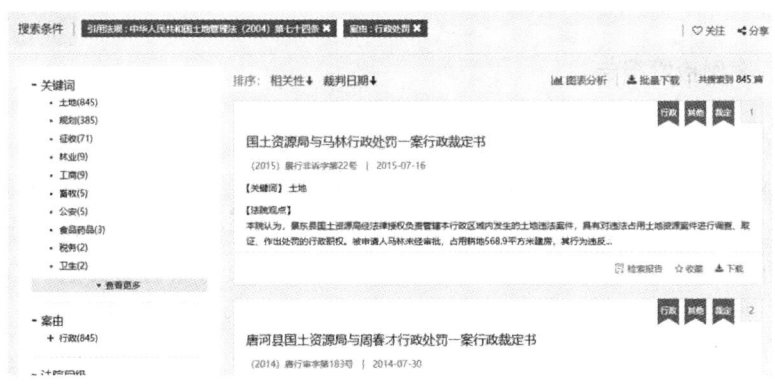

图 1－27　《土地管理法》第 74 条被 986 篇案例引用

图 1－28　将案件类型限定到行政处罚检索到 845 篇文书

　　将案例设定为"陕西"区域，共检索到 14 篇案例，全部为裁定。选取其中一篇案例，西安市国土资源局与姚某峰行政处罚一审行政裁定，申请执行人西安市国土资源局于 2016 年 5 月 27 日对被执行人姚某峰作出的市国土监字（2016）9-65 号土地行政处罚决定书认定：被执行人未经批准占用西安市长安区引镇街办光辉村土地 52.7 亩建公益性墓地，此行为属土地违法行为，决定处罚如下：①限接到处罚决定书之日起 15 日内，自行拆除非法占地上新建的接待大厅一栋，建筑面积 822 平方米，安葬区面积 4513.33 平方米及其他设施，恢复土地原貌；②对非法占地 7.543 亩处以耕地开垦费两倍罚款，共计 150 860 元。被执行人于 2016 年 5 月 30 日收到该处罚决定后，在法定期限内未申请行政复议或者提起行政诉讼，在申请执行人送达履行义务催告书后仍不履行处罚决定，申请执行人遂申请法院强制执行。法院认为，被执行人未经批准占用西安市长安区引镇街办光辉村土地 52.7 亩（该宗土地性质为基本农田）建公益性墓地，该行为明显违反了土地管理法律法规，改变土地用途，破坏种植条件。根据上述规定，被执行人的违法行为涉嫌刑事犯罪。依照《土地管理法》第 74 条和第 76 条及《国土资源行政处罚办法》第 26 条第 4 项之规定，本案应移交相关部门先行处理。

　　限定到陕西区域的案例发现，没有法院判决类文书，对此类诉讼的程序及审查要点并无法获知，就需要将检索的范围扩大，取消区域范围的限制。

　　实践中，案由检索、关键词检索和法条倒查经常是交叉使用的。有时，法条检索和案例检索甚至是同时进行的。关键词的选取、案例限定范围的划定以及交叉使用的先后顺序，需要不断地进行实践总结找到适合自己的检索思维和方法。

四、案例检索报告

　　案例检索报告是检索人将自己的检索结果进行可视化展现的报告。制作案例检索报告，首先，要明确报告呈现给谁看。一般律师助理会进行案例检索，报告的呈现对象，首先是律师或合伙人。其次，律师会制作案例检索报告，提交给案件的主审法官，这时案例检索报告的阅读对象为法官。最后，有时律师在接洽案件过程中也会制作同类案件的检索报告，这时对象就是案件当事人。不可否认，身份不同针对案例的侧重点也不同。当事人关心的是同类案件法院会怎么裁判，结果对自己是否有利，而法官关注的点是对某一法律问题及事实的认定，即裁判文书中的"本院认为"。

　　明确了案例检索报告的阅读对象，还需要明确检索的目的。如果仅是检索同类案件法院的裁判思路和结果，只需要重点检索受案地法院同类案件的裁判结果、事实与本案的重合度即可；如果就案件中的某一焦点问题进行检索，需要制作检索报告说服法官，那检索的侧重点应为裁判要旨以及案例所在地法院。对于案例的选取应遵循一项基本原则，即尽可能选取被诉案件所在法院及其上级法院的裁判案例。简单而言，提供给法官的案例检索报告应优先从最高人民法院的案例中选取。

　　（一）检索报告要素

　　一份案例记录了当事人信息、案件诉讼过程、裁判理由、判决结果、合议庭成员等内容。而案例检索报告不可能面面俱到，包含案例的所有内容。那么，如何截取案例要点成为案例检索报告的关键。

　　《〈最高人民法院关于案例指导工作的规定〉实施细则》（法〔2015〕130号）第 3 条明确，指导性案例由标题、关键词、裁判要点、相关法条、基本案情、裁判结果、裁判理由以及包括生效裁判审判人员姓名的附注等组成。据此，我们在写案例检索报告时，可将上述规定作为参考。但需谨记有关具体的案例检索报告，应根据每个案件的阅读对象以及重点呈现的内容而定。

　　一般而言，案件名称、案号、基本案情和裁判要旨是案例检索报告必不可少的要素。

　　案件名称包括案件当事人的名称、案由、审级等信息，是识别一个案件最简洁的途径；案号是每个案件在法院立案后产生的案件编号，是有效识别验证案例真伪的要素，因此，它是案例检索报告中不可或缺的要素；基本案情是对某一案件事实的概述，判断一个案例是否可以借鉴参考，就需要对案件的案情进行比对，查看基本案情的重合度，重合度越高的案件，案例的参考性就越高；裁判要旨是人民法院对案件的裁判理由，这也是案例检索报告的关键。最高人民法院的裁判观点特别是指导案例、公报案例的裁判观点具有很高的指导意义，提供给法官的案例检索报告必须将裁判要旨列入检索报告，否则案例检索报告就失去其作用。

　　案例检索报告还应包括检索人、检索时间、检索数据库、审理法院等要素。检索时间可以锁定案例检索的截止日期。检索数据库是案例的来源，检索到的案例要进行验证，确保案例的真实性。最高人民法院的中国裁判文书网，是检索案例的权威网站，如果相关案例是通过无讼等平台检索获取的，或者案例的时间较早，必须要在中国裁判文书网上进行验证，确保准确无误。审理法院有时体现了与本案的关联度，如需要进行案例检索的审理法院为西安铁路运输法院，检索到的案例也是西安铁路运输法院或西安铁路运输中级法院的案例，就非常实用。当然，检索到陕西省高级人民法院和最高人民法院的案例，将更具有参考性。

（二）检索报告形式

案例检索报告的形式没有固定格式，一是要包括上述要素；二是简洁明了；三是让阅读者较大程度地接受检索报告的观点和内容。符合这些要求，就是一份合格的案例检索报告。以下展示两种案例检索报告的形式，以供参考。

1. 图表式检索报告。图表式检索报告的优点是要素内容清晰明了，可以使阅读者迅速找到案例的关键信息，是案例检索报告常见的形式。

以上述西安甲新能源公司与西安某开发区管理委员会其他行政行为一案为例，检索法院对利害关系的裁判观点，制作检索报告，该图表仅提取了部分要素内容，实践中，检索人可以根据展示内容的多少予以增减，亦可使用 Excel 表格制作。如表 1 – 3。

关于行政诉讼利害关系的案例检索报告

检索人：甲

检索时间：2018 年 10 月 31 日

检索数据库：威科先行、无讼

2. 罗列式检索报告。罗列式检索报告的形式较为自由，可以将案例检索报告的要素依次罗列，也可以根据需求随意增加要素内容。罗列式检索报告主要应用于给当事人的法律意见书以及专门的案例检索报告，特别是对案件事实部分可以较大篇幅地呈现。

以西安甲新能源公司与西安某开发区管理委员会其他行政行为一案为例，省去检索人信息等，罗列式检索报告如下：

案件名称：臧某某与安徽省宿州市砀山县人民政府、臧某某再审案

案号：（2016）最高法行申 2560 号

审理法院：最高人民法院

裁判观点：所谓"利害关系"，也就是有可能受到行政行为的不利影响。具体要考虑以下三个要素：是否存在一项权利；该权利是否属于原告的主观权利；该权利是否可能受到了被诉行政行为的侵害。

表 1－3　行政诉讼类关系例检察报告

案件名称	案号	法院	基本案情	裁判观点	备注
藏某某与安徽省宿州市砀山县人民政府、藏某某再审案	（2016）最高法行申2560号	最高人民法院	藏某某与藏某某系邻居。2010年7月20日，藏某某提交了《土地登记申请审批表》等。砀山县政府进行了地籍调查，查明了土地权属及宗地四至。2010年8月20日，砀山县政府向藏某某颁发砀集建（2010）字第001571号土地使用证，将该宗土地登记为藏某某土地使用。同日，砀山县政府向藏某某颁发砀集建（2010）字第001570号土地使用证，载明土地座落在砀山镇北郊村藏屯村，东至藏某某，南北17.80米，四至为西12.70米，南北……东至藏某某，东至坑，南至空地，北至空地，面积为226.06平方米。2015年5月15日，藏某某向安徽省宿州市中级人民法院提起行政诉讼，认为砀山县政府在其不知情的情况下，将其房屋西山下的1.10米宅基地错误登记到藏某某土地证之中，侵害了其合法权益。请求撤销砀山县政府作出的砀集建（2010）字第001571号土地使用证。	对于原告资格，《行政诉讼法》第25条第1款进一步作出具体规定："行政行为的相对人以及其他与行政行为有利害关系的公民、法人或者其他组织，有权提起诉讼。"该条虽然看似将适格原告区分为两大类，但事实上适用了一个相同的标准，也就是"利害关系"。通常情况下，行政行为可能显而易见。因而，有人把行政相对人称为"明显的当事人"。但是，可能受到行政行为侵害的绝不仅限于行政相对人。为了保证其他组织的诉权，而又不使这种诉权绝对地"失控"，法律才规定了一个"利害关系"标准。所谓"利害关系"，也就是有可能受到行政行为的不利影响。具体应考虑以下三个要素：是否存在一项权利；该权利是否属于原告的主观射程；该权利是否可能受到诉行政行为的侵害。	

续表

案件名称	案号	法院	基本案情	裁判观点	备注
陕西某供水有限公司与西安市公安局长安分局其他行政行为二审	（2017）陕71行终290号	西安铁路运输中级法院	被上诉人公安长安分局答辩称：公安机关向西安青波供水有限公司作出许可，准许其采购剧毒化学品液氯，该行政行为与上诉人没有法律上的利害关系，没有侵害上诉人的合法权益，原告的主体资格不合法。	当直接相对人以外的其他公民、法人或者其他组织提起诉讼时，并不当然地具有原告资格，他必须与被诉行政行为有利害关系，也就是有可能受到被诉行政行为的不利影响。具体要考量以下三个要素：一是各存在一项权利。有权利即有救济，如果提起诉讼根本不具有任何权利基础，就难说有"利害关系"。二是该权利是否属于原告的主观权利。行政诉讼旨在对每一个自身权利受到侵害的个人提供法律保护，因此，原告所主张的权利必须是他自己的权利，而不能把他人的权利或要求建立在其他公众的权利之上。三是该权利是否受到了被诉行政行为的侵害，且这种权利或利益之受侵害必须具有现实性和特定性。	

　　制作案例检索报告时，为了让阅读者能够快速抓取案例检索报告的重点，对检索报告中案号、裁判要点等重点内容以加粗、下划线等形式标注，以便最大程度减轻阅读者的负担。在提供给法官的检索报告中，检索人可以增加检索结论或检索分析的项目，通过案例引导出对代理方有利的裁判观点。

　　法律检索是法律执业者的基础技能，通过法条检索或案例检索可以有效地推动案件代理工作，拓展思路，寻找到案件的突破点。因此，作为初入法律职业的人来说，养成法律检索的思维比掌握检索方法更为重要，养成检索的习惯后，才能在日常检索工作中提高自己的"搜商"，更好地完成法律检索，帮助自己更好地胜任这份工作。

　　同时，法律检索随着检索工具、审判形势的变化，也需要不断学习、更新检索思维和方法，可以在微信中检索相关文章学习，也要多检索，这样才能提高检索能力。

第三节　行政诉讼中的大数据工具

　　如今，大数据已成为时代的一个热点。但是，很多人并不清楚大数据究竟是什么概念。互联网数据中心在报告中将大数据描述为："大数据是一个看起来似乎来路不明的大的动态过程。但实际上，大数据并不是一个新生事物，虽然它确确实实正在走向主流和引起广泛的注意。大数据并不是一个实体，而是一个横跨很多IT边界的动态活动。"

　　互联网已经革命性地改变了人们的生活方式，信息的积累足以引发新的变革，信息总量的剧增必然会导致信息形态的变化。信息大爆炸的背景下，"大数据"应运而生，它蕴含着巨大能量，拥有改造世界的无限潜能。

　　最早预言大数据时代到来的是全球知名咨询公司麦肯锡，它们认为："数据，已经渗透到当今每一个行业和业务职能领域，成为重要的生产因素。人们对于海量数据的挖掘和运用，预示着新一波生产率增长和消费者盈余浪潮的到来。"这个观点，在英国教授维克托·迈尔—舍恩伯格（Viktor Mayer—Schnberger）《大数据时代：生活、工作与思维的大变革》一书中得以详细阐述，并在全球引发了关于大数据的热议。

一、大数据时代法律领域的机遇与挑战

　　时至今日，这场大数据变革引发社会中的行业重整，运作模式发生颠覆性

的改变，日常生活的方方面面也发生了翻天覆地的变化。传统正在接受挑战，法律领域同样面临着机遇与挑战。法律行业以及作为法律行业参与者的我们怎样应对以信息、数据为核心的这场变革？

（一）机遇

最高人民法院院长周强在 2013 年 11 月 27 日召开的全国法院司法公开工作推进会上指出，为贯彻中央关于进一步深化司法体制改革的总体部署，推进阳光司法，最高人民法院提出建立完善审判流程公开、裁判文书公开、执行信息公开三大平台，并选择部分法院开展试点工作。这是人民法院深化司法公开的一项重大举措。与此同时，中国裁判文书网与各高院裁判文书传送平台举行了联网仪式，这意味着全国各级法院的裁判文书将集中上传到指定的网络平台上予以公开。按照审判公开原则的要求，裁判文书记载了法官认定案件事实的经过以及适用法律的依据。其不仅能反映案件的处理结果，更能反映法官基于判断证据是否采信的理由以及每一份证据证明的事实而作出裁判。因此，无论是案件的参与者还是社会大众，都可以轻松获取裁判文书的内容。不仅有利于社会对司法的监督，而且有利于法官认真对待每一案件，公正审理案件。另外，除了中国裁判文书网，某些网站也进行了裁判文书的收录，并在此基础上开发出检索、分析等功能。由此可见，大数据时代的到来可谓是一石激起千层浪，法律领域必将利用大数据进行一次伟大的变革。

（二）挑战

从目前来看，数据总量的增长速度是前所未有的，我们可以从各种渠道轻松获得大量数据，但数据只是一种原材料，数据体量大不一定就是大数据，大数据的本质是对数据进行分析、加工进而实现信息价值的增值，是一个从量变到质变的过程。因此，如何有效利用数据才是关键所在。我国大数据的研发实践，主要集中在商业领域和社会管理领域。法律大数据的研发与运用尚且处在初级阶段。

法律专业人士面对新技术通常是相对保守的人群，外加大数据分析本身无法揭示案件背后复杂的社会关系，容易抹平地区差异，盲目地依赖数据分析做出判断。在大数据时代，如何尽快利用大数据技术产生有利价值显得尤为重要。

如何检索数据？如何分析数据？如何将数据进行可视化表达？这些关键的步骤都值得细细研究。

二、数据的可视化

大数据检索能够大幅度降低信息处理的时间成本，而将检索数据进行可视化，则可以使检索出的庞杂信息更加直观。可视化及其技术的开发应用，已经从根本上改变了我们表征和理解复杂数据的方式。方便自己使用的同时，也能使他人更加清晰快速地了解自己的观点，直观、说服力极强。

（一）可视化的含义

"可视化"一词源于英文"Visualization"，译为"形象化""成就展现"等。可视化是一个将数据、信息和知识转化为一种形象化的视觉表达形式的过程，充分利用了人们对可视模式快速识别的自然能力，以形象化的姿态接受大众的解读。简而言之，将任何抽象的事物、过程变成图形图像等形象化的形式都可以被称为可视化。可视化并非新生事物，洞穴中古人的绘画、地图的使用等都是信息的可视化。而可视化研究却是一个新兴学科，它展现了一个迄今为止高度非结构化的研究领域，其中包括从事各个其他领域的学者，如人机交互、平面设计、管理、建筑等。

下面这幅图是由尼康公司创建的令人印象深刻的例子，展示了从电子等微小物体到星系等庞然大物在同一刻度尺上物体的相对大小。通过标尺的滑动，可以非常直观地感受到不同物体之间的大小差距，比枯燥的数据更容易让人理解，记忆更加深刻。这就是数据可视化的魅力（由于书面的限制，请到以下网址观看：https：//www. nikon. com/about/sp/universcale/scale. htm#）。

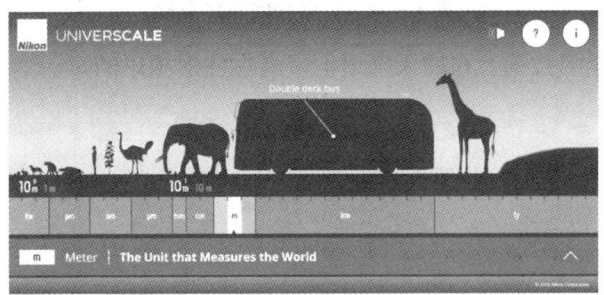

图 1 - 29　数据可视化

（二）数据可视化的应用

通过上面的例子，是否能感受到数据可视化的重要性？那么在法律行业，如何将检索到的信息进行可视化呢？

1. 最传统的可视化工具就是 Excel 表格，接下来我们一起制作一个关于行政补偿案件数量的柱状图加折线图。

（1）在诉讼网案例搜索中输入"行政补偿"，可查到 2008 年至 2018 年行政补偿案件的数量（查询时间为 2018 年 8 月 23 日 15 时）。

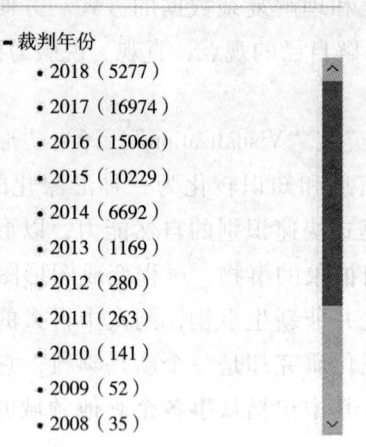

图 1 - 30　行政补偿案件数量

（2）接下来在 Excel 表格中将上图数据录入。

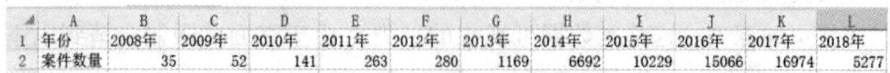

图 1 - 31　行政补偿案件数量

（3）选择全部数据，在插入选项卡里选择柱形图里的第一个簇状柱形图。

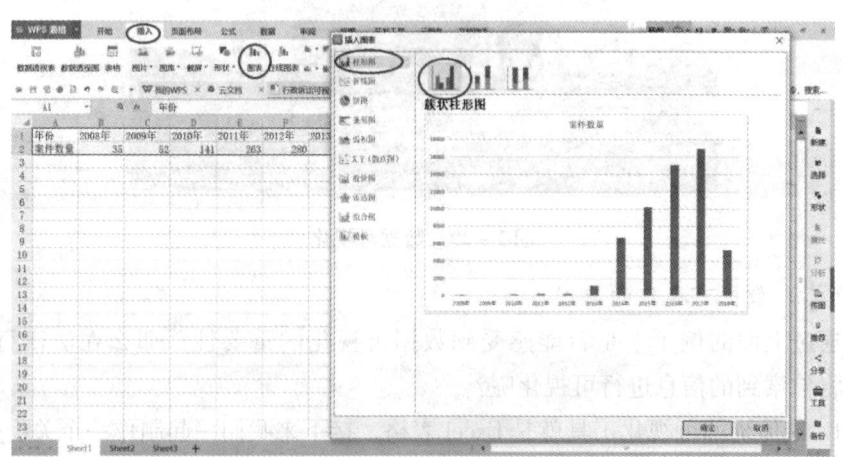

图 1 - 32　插入柱形图

（4）关于 2008 年至 2018 年行政补偿案件数量的柱形图制作完成。

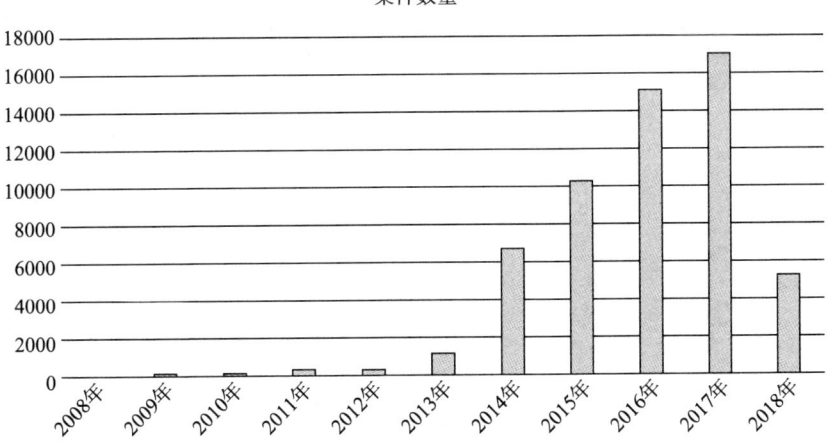

图 1 - 33 补偿案件数量柱形图

柱状图是实践中最基本、最常用的一个可视化形式，制作简单，能直观地表现出数据的变化情况。另外，我们还可以根据数据特点，选择饼状图、折线图、条形图、面积图等图表。

2. 目前比较主流的检索工具也具有一定的图表分析功能，例如 Alpha、无讼网等。接下来我们以无讼网为例进行分析。

（1）打开无讼网，在搜索框中输入"案由：行政补偿"，点击搜索图标。

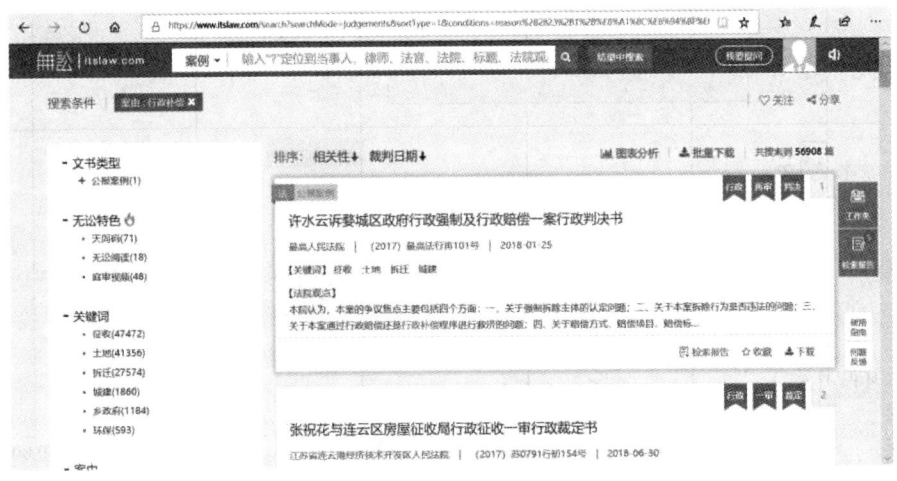

图 1 - 34 无讼网搜索网页

（2）点击"图表分析"，如有需要，可在左侧选定检索条件。

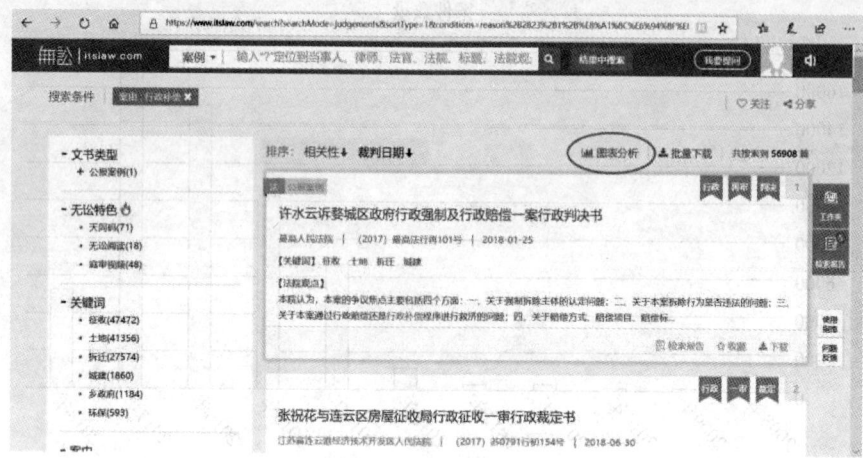

图 1-35　无讼网搜索网页

（3）之后会自动分析出一系列相关图表，我们可以根据需要下载使用。

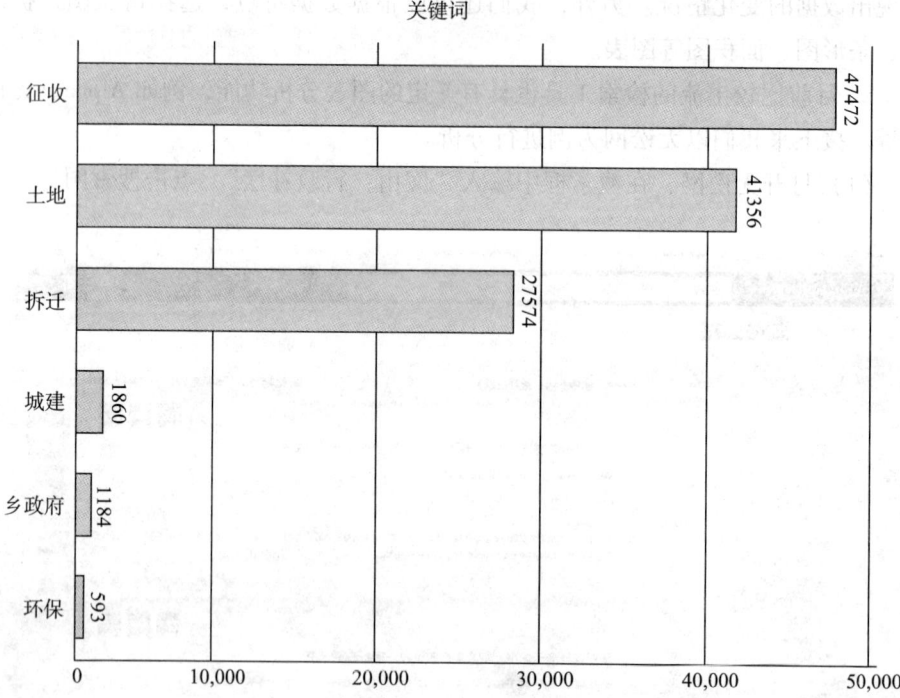

图 1-36　关键词柱形图

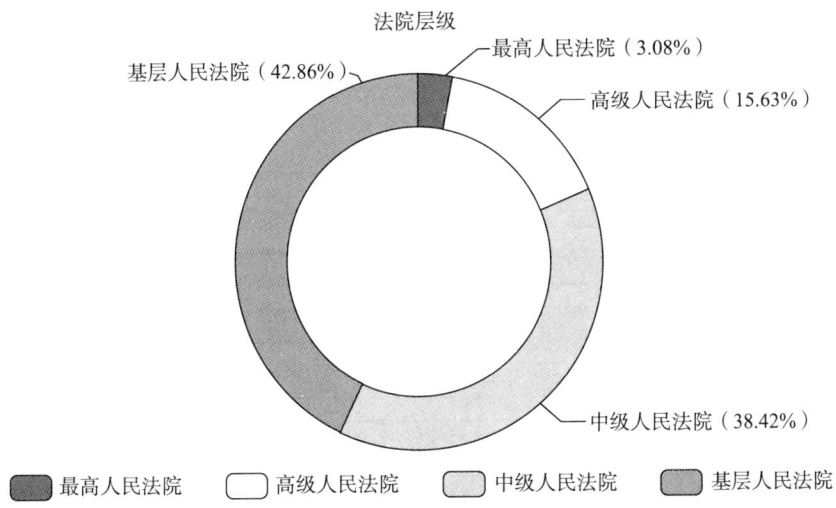

图 1 - 37　法院层级扇形图

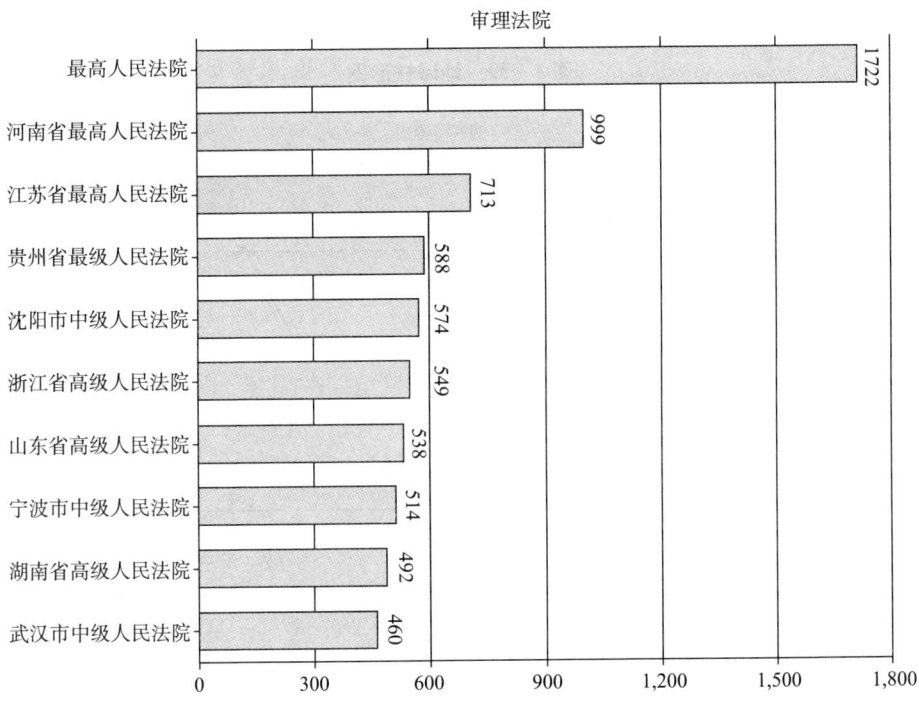

图 1 - 38　审理法院柱形图

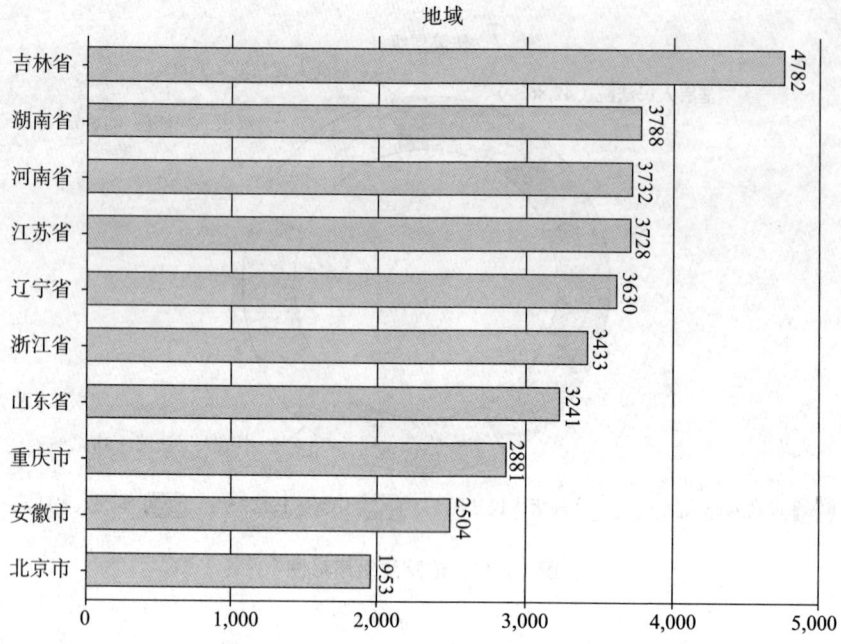

图1-39　地域柱形图

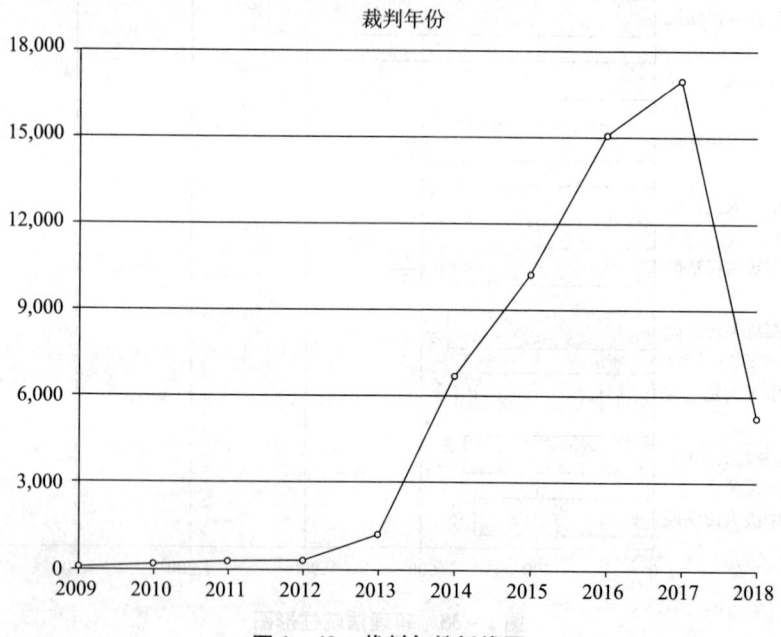

图1-40　裁判年份折线图

审理程序

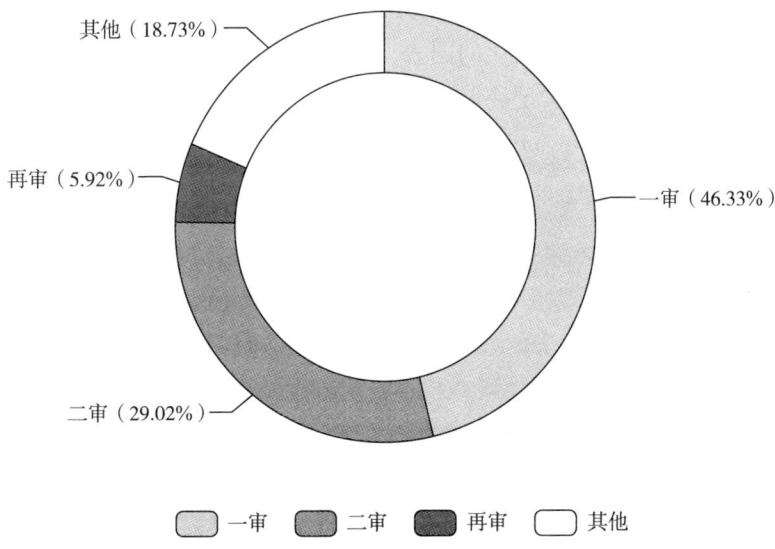

图 1 -41　审理程序扇形图

文书性质

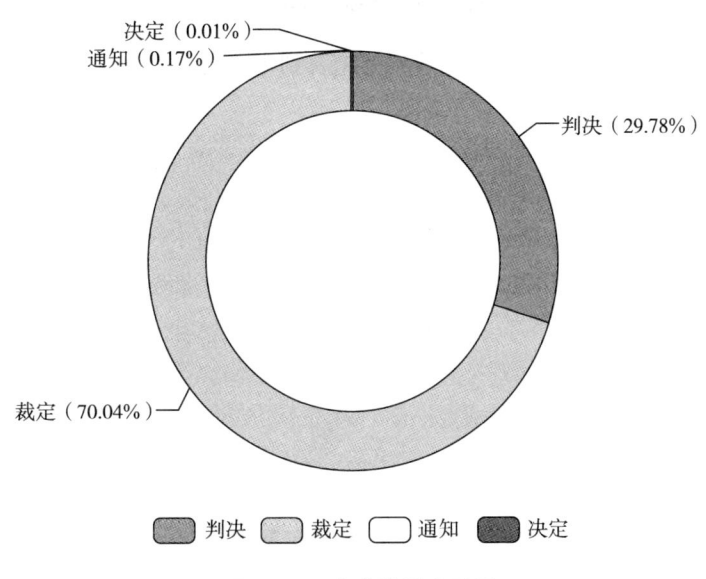

图 1 -42　文书性质扇形图

无讼网分析结果包含法院层级、审理法院、地域、裁判年份、审理程序、文书性质等内容。图表简单明了，而且可供下载，可以很好地利用。

3. 除了上述比较简单的可视化工具外，还可以根据自己的需求利用其他工具来制作相对复杂、更加个性化的图表。下面以 PrecessOn 为例来制作关于某市农村幼儿园举办、停办时登记注册的流程图。

（1）打开 https：//www. processon. com 网页。点击"新建"——"流程图"。

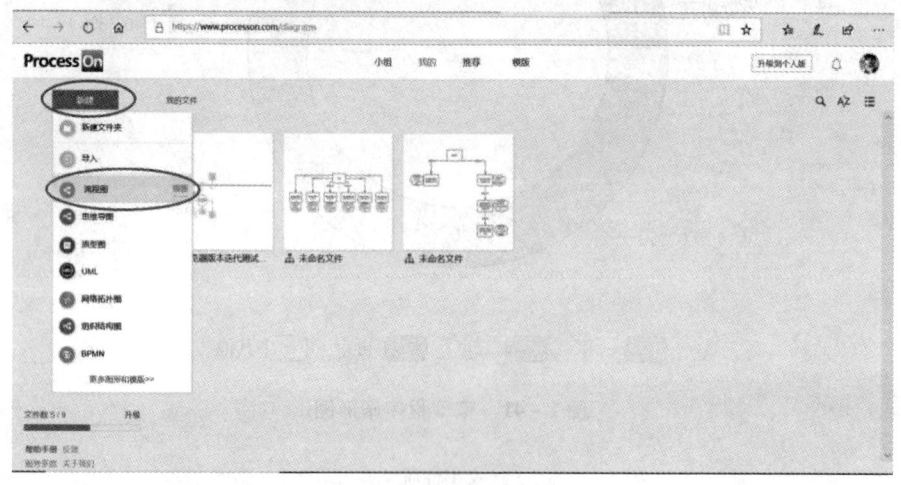

图 1 - 43　PrecessOn 网页

（2）点击左侧图形，长按鼠标左键，拖移到相应位置，点击图形可以添加文字。

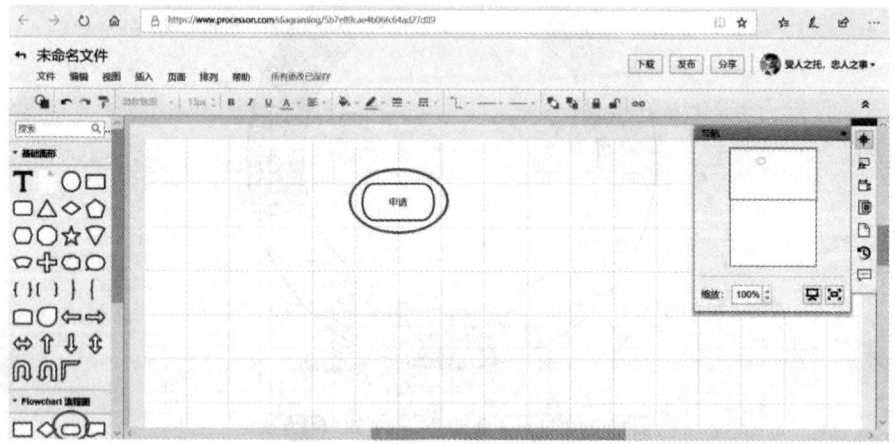

图 1 - 44　PrecessOn 网页

（3）接下来拖移第二个图形并添加文字，将光标放置在第一个图形底部中间，长按左键向下拉出箭头，指向第二个图形。

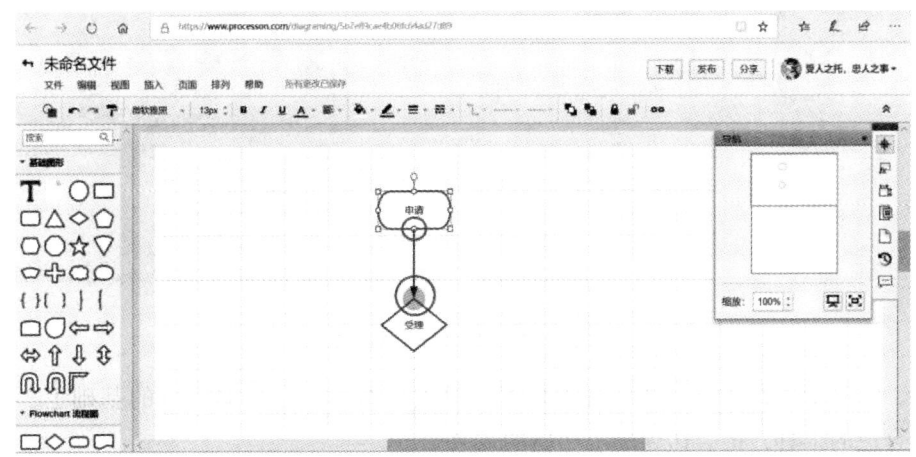

图 1-45　PrecessOn 网页

（4）在箭头上点击右键，选择"编辑文本"，可以在箭头上添加文字。

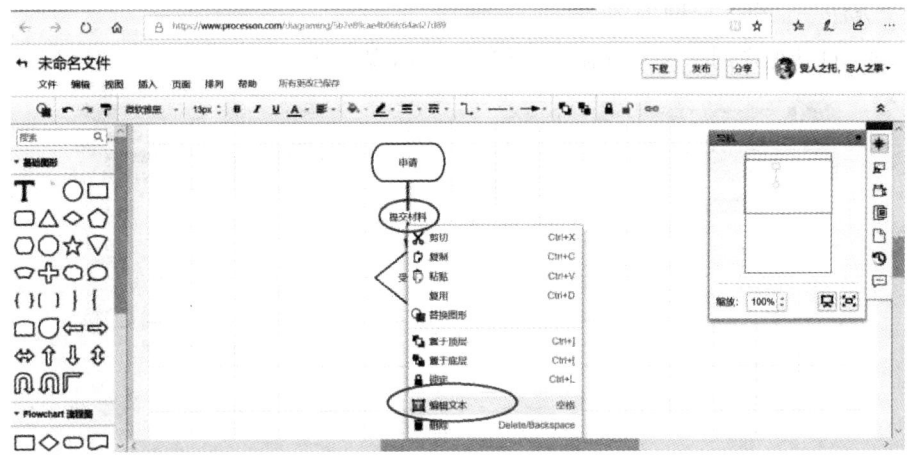

图 1-46　PrecessOn 网页

（5）按照上述步骤，将流程图制作完成，如下图。

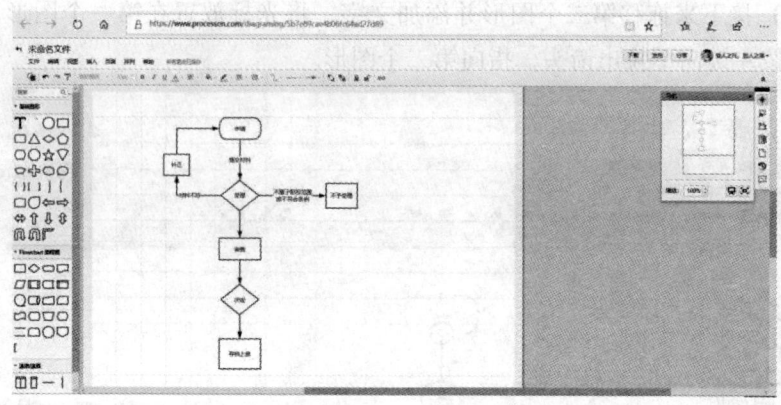

图 1-47 PrecessOn 网页

综上所述，目前有许多可视化工具供大家选择，在数据分析的基础上，选用合适的工具，将会达到事半功倍的效果。

（三）示例

在实践中，我们通常会关注某类行政诉讼的赢面会有多大。接下来就以陕西省 2017 年行政诉讼驳回情况为例进行分析。

方法一：以无讼网为例。

1. 打开无讼网，搜索框输入"驳回"，出现如下界面：

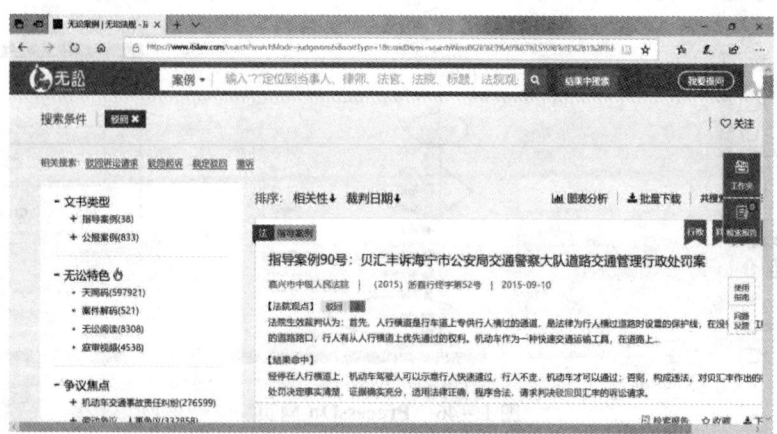

图 1-48 无讼网搜索页面

2. 然后在左侧的筛选条件中分别选择"案由：行政""地域：陕西省""裁判年份：2017"。最终筛选页面如下：

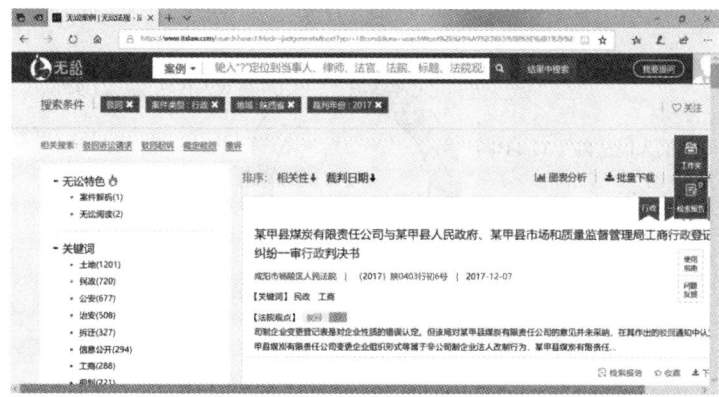

图 1 – 49　无讼网搜索页面

3. 这些数据看起来很枯燥，试着点击"图表分析"看看有没有我们需要的图表。

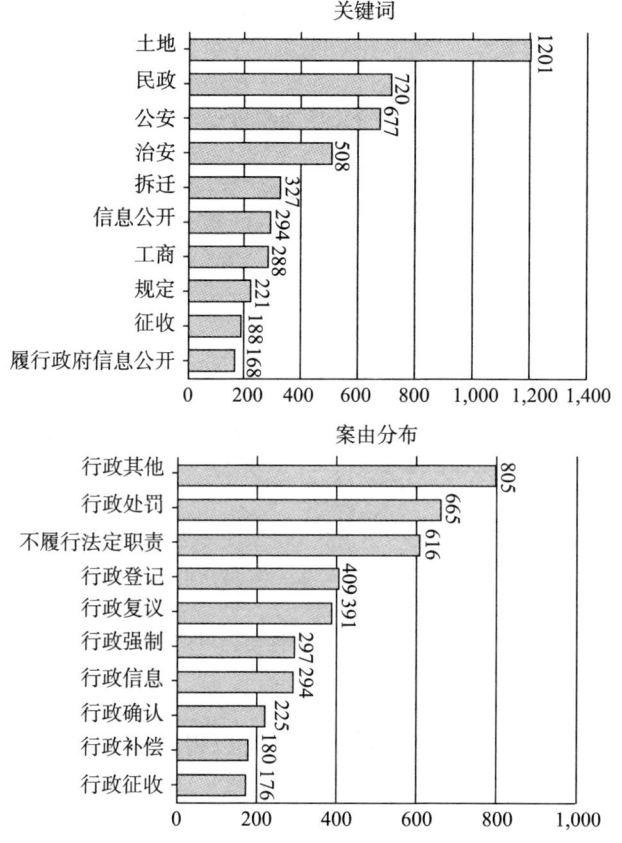

图 1 – 50　关键词、案由分布柱形图

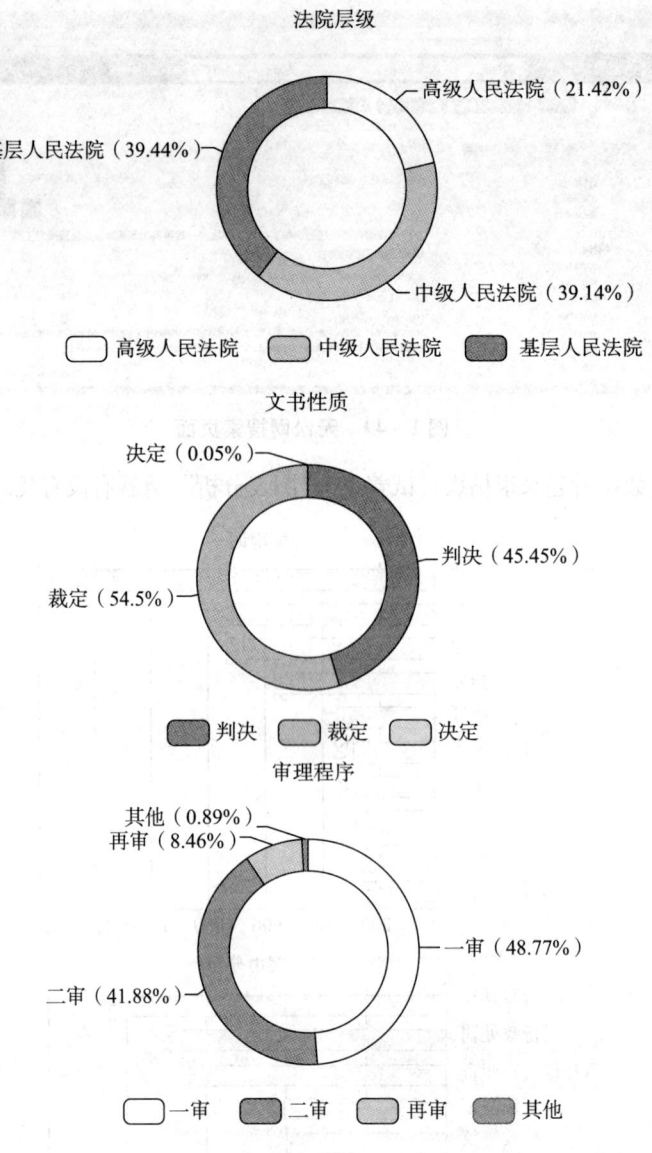

图 1-51　法院层级、文书性质、审理程序扇形图

　　4. 上述图表虽然可以提供大量信息，但是并没有我们要找的驳回率。那么我们只能自己手动制作了。从以上筛选结果可以得知 2017 年陕西省行政诉讼的驳回案件总量为 4374 件，接下来在"筛选条件"中将"驳回"条件删除，结果如下：

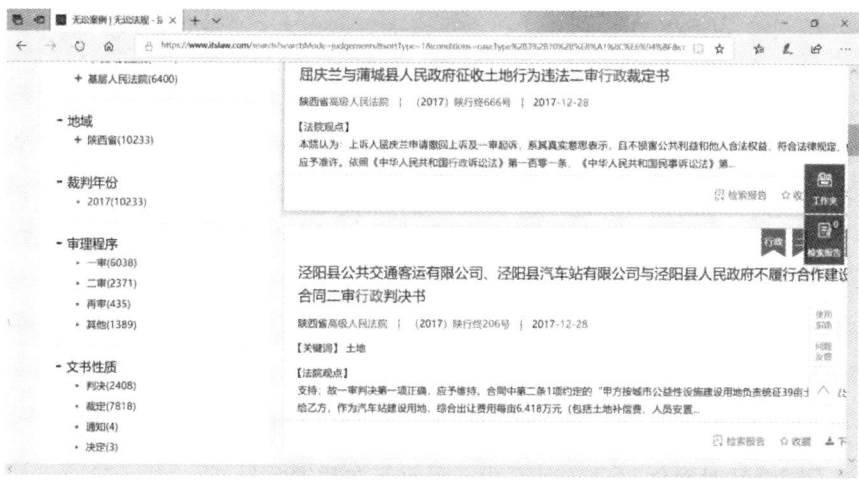

图 1-52 无讼网检索页面

可以看出，2017 年陕西省行政诉讼的总案件量是 10 233 件，那么驳回率就是 42.7%。按照相同的方法，我们可以检索出 2017 年陕西省行政诉讼撤诉的案件数量为 1618 件，撤诉率为 15.8%。有了数据，我们就可以使用前文讲述的在 Excel 表格中插入图表的方法制作图表，柱状图示例如下：

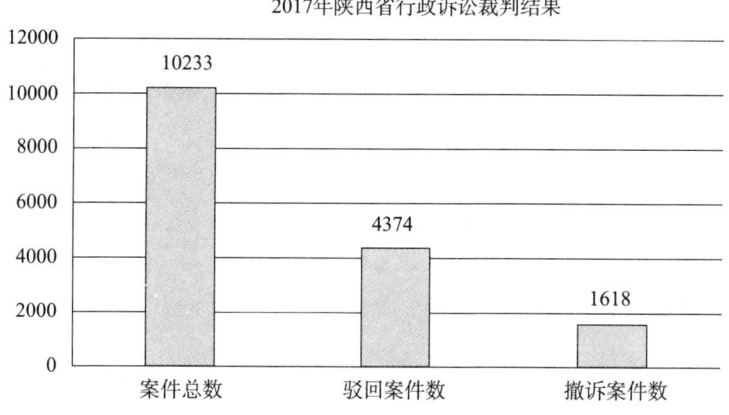

图 1-53 2017 年陕西省行政诉讼裁判结果柱形图

方法二：以 Alpha 为例。

1. 打开 Alpha，在搜索框中输入筛选条件。

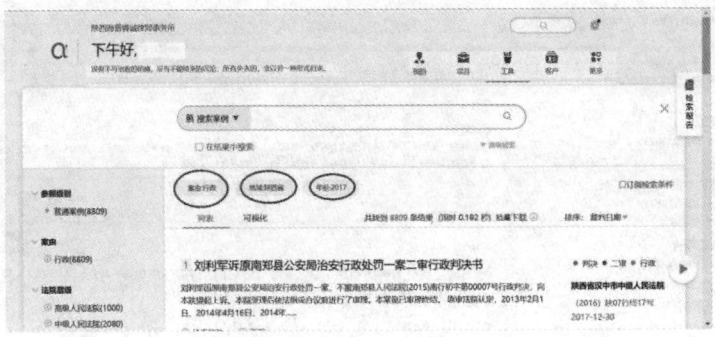

图 1 – 54 Alpha 检索页面

2. 点击"可视化",往下浏览,可以直接找到"裁判结果"这一图表。(注:不同网站对案件收录情况不一,因此存在数据差异)

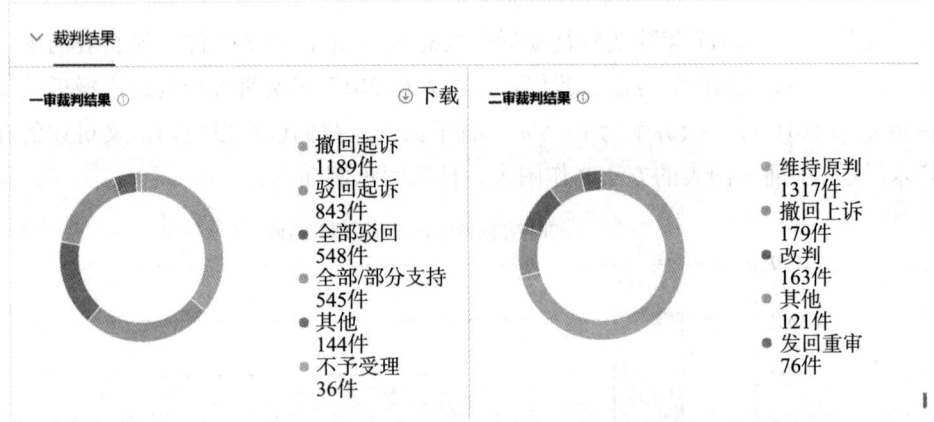

图 1 – 55 裁判结果扇形图

三、大数据报告示例

结合前文所讲述的方法,以 2018 年陕西省行政诉讼大数据检索为例,完成大数据检索分析报告:

1. 数据的检索:时间范围选定 2018 年 1 月 1 日至 2018 年 12 月 31 日,以"陕西省""行政诉讼"为关键词,检索陕西省内发生的行政诉讼案件,得到案件数量为 10626 件。

2. 数据的可视化:通过对检索结果的分析,完成可视化工作。

3. 在完成分析、整理之后,书写完成大数据报告。

2018 年陕西省行政诉讼案件大数据报告

一、检索结果

本次检索获取了陕西省内 2018 年期间行政诉讼裁判文书共 10 626 篇。

（一）整体情况分析

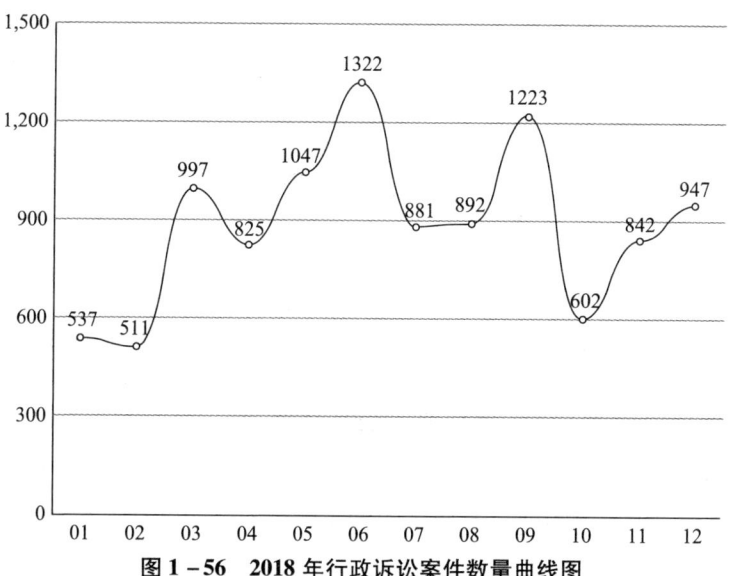

图 1 - 56　2018 年行政诉讼案件数量曲线图

从上方的图表中可以看到，1～12 月中不同月份行政诉讼案例数量的变化趋势。

（二）案由分布

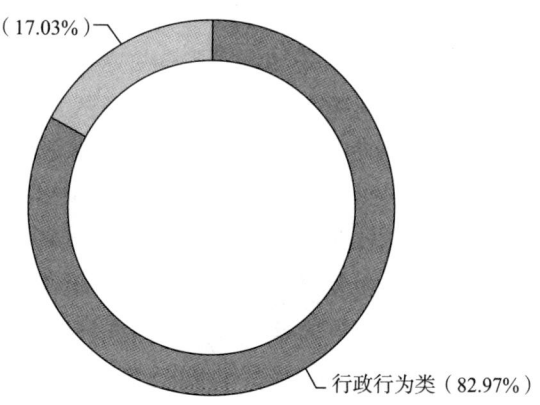

图 1 - 57　案由分布扇形图

从案由分类情况可以看到，行政诉讼当前的案由分为行政行为类和行政管理范围类。

（三）行业分布

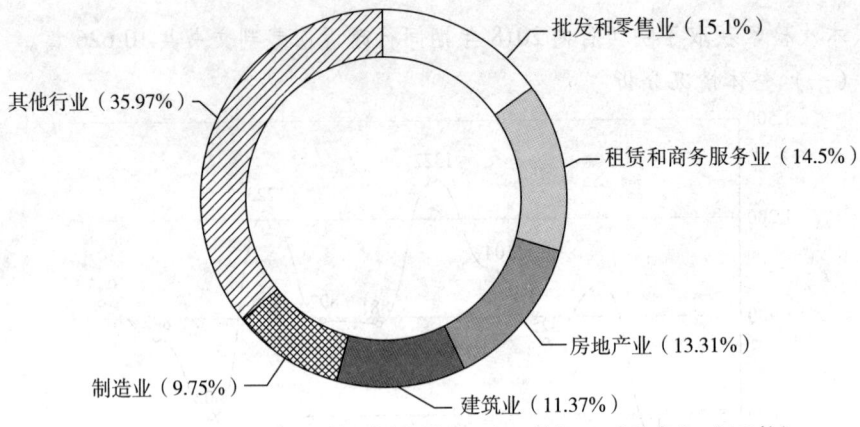

批发和零售业（15.1%）
其他行业（35.97%）
租赁和商务服务业（14.5%）
房地产业（13.31%）
制造业（9.75%）
建筑业（11.37%）

○ 批发和零售业 （522件）　◉ 租赁和商务服务业 （501件）　◍ 房地产业 （460件）
● 建筑业 （393件）　⊗ 制造业 （337件）　⊘ 其他行业 （1243件）

图 1-58　行业分布扇形图

从行业分类情况可以看到，行政诉讼的行业分布集中在批发和零售业，租赁和商务服务业，房地产业，建筑业，制造业。

二、程序分类

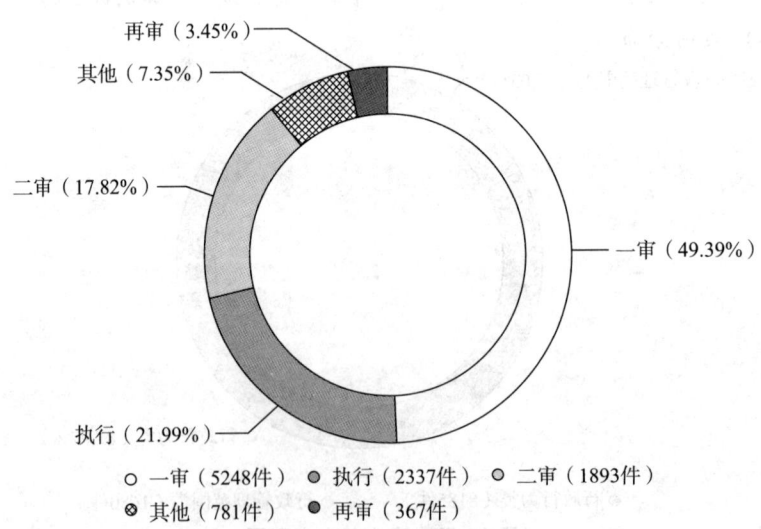

再审（3.45%）
其他（7.35%）
二审（17.82%）
一审（49.39%）
执行（21.99%）

○ 一审（5248件）　◉ 执行（2337件）　○ 二审（1893件）
⊗ 其他（781件）　● 再审（367件）

图 1-59　程序分类扇形图

从程序分类统计可以看到行政案件的审理程序分布状况。2018年陕西省行政诉讼一审案件占比为49.39%，二审案件占比为17.82%，再审案件占比为3.45%，执行案件占比为21.99%。

三、裁判结果

1. 一审裁判结果：通过对一审裁判结果分析，我们可以看到在一审中撤回起诉的，占比为24.85%；驳回起诉的，占比为18.94%；其他的，占比为31.14%。

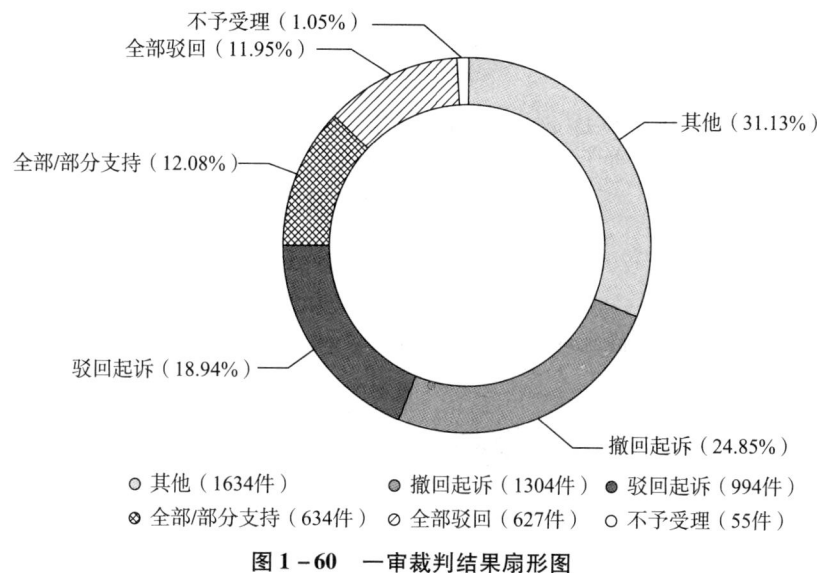

图1-60 一审裁判结果扇形图

2. 二审裁判结果：通过对二审裁判结果的分析，我们可以看到在二审中维持原判的，占比为69.52%；撤回上诉的，占比为8.93%；改判的，占比为7.71%，发回重审的，占比为4.01%；其他的，占比为9.83%。

3. 再审裁判结果：通过对再审裁判结果的分析，我们可以看到在再审中维持原判的，占比为84.74%；提审/指令审理的，占比为3.54%；其他的，占比为4.90%。

4. 执行裁判结果：通过对执行裁判结果的分析，我们可以看到在执行中终结执行的，占比为7.88%；撤回申请的，占比为5.22%；其他的，占比为77.83%；

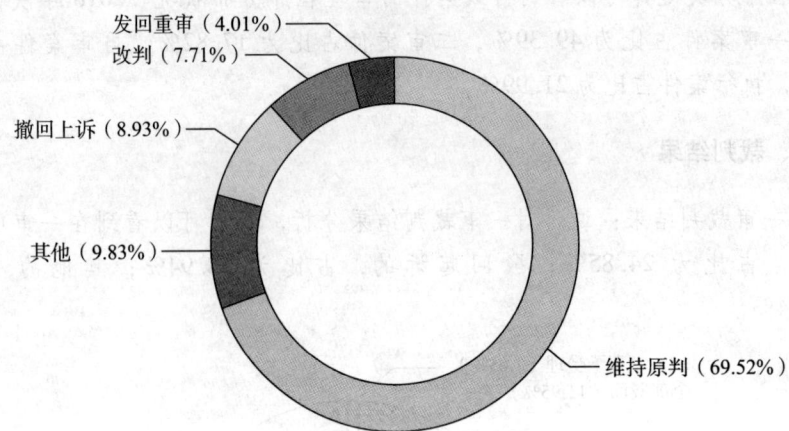

图 1 –61 二审裁判结果扇形图

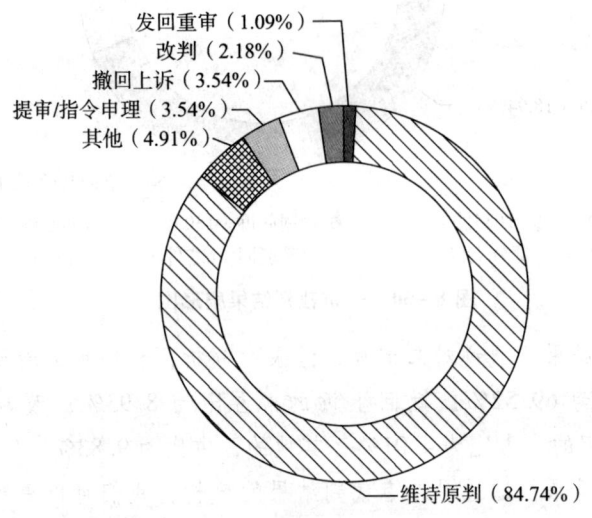

图 1 –62 再审裁判结果扇形图

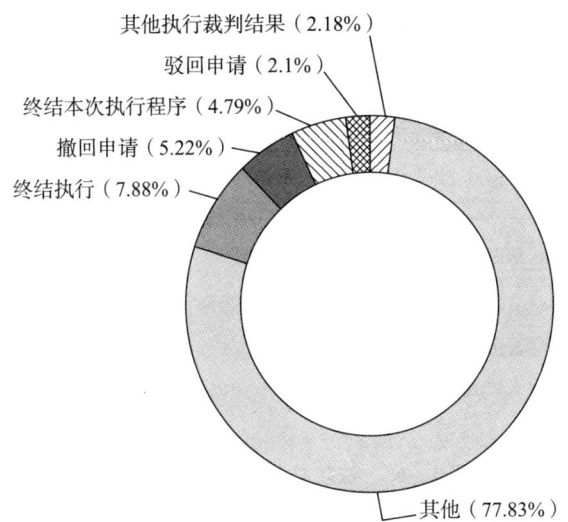

图 1-63 执行裁判结果扇形图

5. 审理期限：通过对审理期限的可视化分析，我们可以看到行政诉讼案件的审理时间多在 30 天以内，平均时间为 72 天。

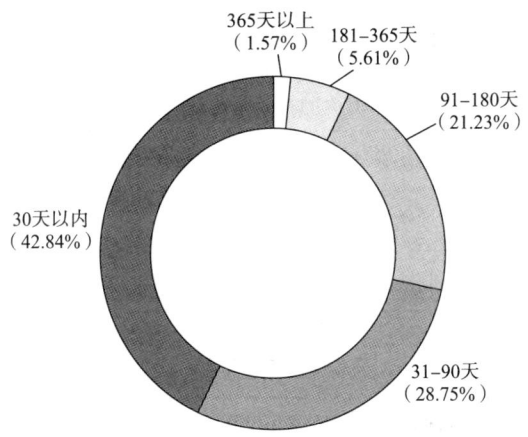

图 1-64 审理期限扇形图

6. 法院：从受理案件法院的分布情况我们可以看到，审理行政案件由多至少的法院分别为西安铁路运输法院、西安铁路运输中级法院、西安市未央区人民法院、陕西省高级人民法院、陕西省汉中市中级人民法院。

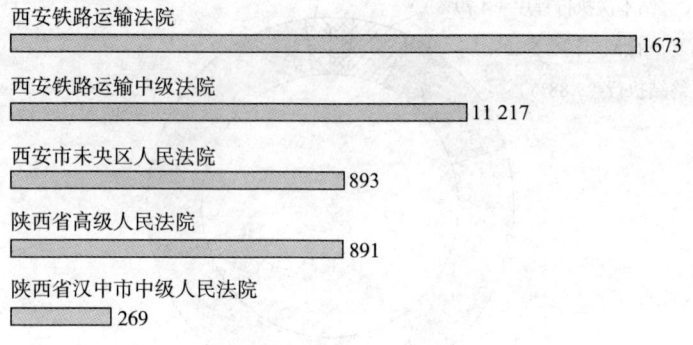

图 1-65   法院柱形图

【高频法条】

此处统计了行政案件中所有被援引的高频法条的前五位，见下表：

高频实体法条

序号	法规名称	条目数	引用频次
1	《中华人民共和国土地管理法》（2004 修正）	第 76 条	1062
2	《中华人民共和国土地管理法实施条例》（2014 修订）	第 42 条	965
3	《中华人民共和国行政强制法》	第 57 条	946
4	《中华人民共和国土地管理法》（2004 修正）	第 43 条	841
5	《中华人民共和国行政强制法》	第 53 条	585

高频程序法条

序号	法规名称	条目数	引用频次
1	《中华人民共和国行政诉讼法》（2017 修正）	第 97 条	1861
2	《中华人民共和国行政诉讼法》（2017 修正）	第 62 条	1417
3	《中华人民共和国行政诉讼法》（2017 修正）	第 89 条第 1 款第 1 项	1346

序号	法规名称	条目数	引用频次
4	《中华人民共和国行政诉讼法》（2017 修正）	第 69 条	1143
5	《最高人民法院关于适用〈中华人民共和国行政诉讼法〉的解释》	第 160 条	702

第
二
章

会见当事人及接受委托

行政诉讼具有很强的专业性，不仅在起诉条件、审理与裁判、法律适用等方面要适用不同于民事诉讼的特殊规则——行政诉讼程序规则，且需要结合行政法律法规以及国家政策，进行综合判断。这些都要求当事人具有较高的行政法与行政诉讼法专业素养与实务技能。为此，有的国家规定，在行政诉讼中实行强制代理制度，以更好实现解决纠纷、救济权益的制度目的。我国虽然没有设立强制代理制度，但是，委托更为专业的律师事务所、法律援助机构代理诉讼，已经成为许多当事人提起行政诉讼时的首选。在这一行政诉讼代理法律关系中，一方是熟知案情却缺乏法律专业知识的当事人，一方是对案情全无了解但具有专业性、必须最大程度达成当事人意愿的委托代理人。对他们双方而言，沟通良好而有效的会见环节，就成为案件代理成功的关键。

第一节 谈判

一、确定委托代理人

我国对诉讼代理人的资格有明文要求，并非任何组织、机构或者个人都可以代理当事人的诉讼。对当事人而言，首先要做的，就是依照法律，结合自己的需求（例如，是不计成本地找最好的律师，还是经济条件有限希望通过法律援助寻求专业帮助；是要找专业最强的律师，还是和自己沟通最好的律师等），确定合适的代理人。根据我国《行政诉讼法》《民事诉讼法》《律师法》《法律援助条例》等法律法规的规定，经当事人委托，有资格为当事人提供法律服务的组织、人员包括下列五类：

（一）律师

律师是持有律师执业证书，因接受委托或者指定，为当事人提供法律服务的专业性执业人员。在五类诉讼代理人之中，我国对律师职业有相当严格的准入门槛，只有通过国家统一法律职业资格考试，在律师事务所经过实习期的，才有资格执业。因此，律师的业务素质整体最高，执业行为受到的法律与行业规制最多。律师通常是当事人选择诉讼代理人时的首选。

当事人在选择律师时，需要考虑多方面因素。这些因素主要包括：律师所在律师事务所的整体影响、业务能力和业务倾向性；律师个人及其团队的专业能力和擅长领域、职业操守记录、费用等级、对本案投入精力的预估等问题。这些因素乍看和案件代理无关，实际上会直接影响案件代理的质量和工作效率，需要当事人综合考虑、慎重选择。

另外，我国的国情喜欢找熟人办事，在找律师时，也习惯性地想找和自己有关系的律师。但是，根据《律师法》等相关法律规定，律师代理案件适用回避原则，若律师与案件之间存在利益冲突，则不得代理。根据法律、法规规定，存在下列情形时，律师不得担任委托代理人：

1. 律师在同一案件中为双方当事人担任代理人，或代理与本人或者其近亲属有利益冲突的法律事务的；

2. 律师的近亲属是对方当事人的法定代表人或者代理人的；

3. 同一律师事务所的不同律师同时担任争议双方当事人的代理人，或者本所或其工作人员为一方当事人，本所其他律师担任对方当事人的代理人的；

4. 曾经亲自处理或者审理过某一事项或者案件的行政机关工作人员、审判人员、检察人员、仲裁员，成为律师后又办理该事项或者案件的；

5. 在委托关系终止后，同一律师事务所或同一律师在同一案件后续审理或者处理中又接受对方当事人委托的；

6. 其他利益冲突的情形。

当事人通过事前了解或者会见当事人环节，发现存在上述情况的，应及时更换代理律师。

（二）基层法律服务工作者

除了商业性的律师事务所外，为了给公民等提供快捷、便利的法律服务，我国还在乡镇和街道设立基层法律服务所。基层法律服务工作者就是具有法定执业条件，经司法行政机关核准取得《基层法律服务工作者执业证》，在基层法律服务所执业，为社会提供法律服务的人员。

和律师相比，基础法律服务工作者的执业门槛较低，其诉讼代理业务也存在执业区域限制。需满足下列条件之一：

1. 至少有一方当事人的住所位于其执业的基层法律服务所所在的县级行政区划辖区或者直辖市的区（县）行政区划辖区内。

2. 案件由其执业的基层法律服务所所在的县级行政区划辖区或者直辖市的区（县）行政区划辖区内的基层人民法院审理；该案进入二审、审判监督程序的，可以继续接受原当事人的委托，担任诉讼代理人。

（三）当事人的近亲属或者工作人员

这指的是当事人可以委托其近亲属或者其工作单位的工作人员代理行政诉讼。其优势在于和当事人之间存在更为紧密的身份关系，沟通更为顺畅。不足在于专业性参差不齐，难以保障代理质量。

（四）当事人所在社区、单位以及有关社会团体推荐的公民

这类代理人既没有前两类的职业资格要求，也不具有第三类的亲密的身份关系，而是基于其职业（如法学院校或者研究机构人员）或者特殊身份（如在所居住的村庄中具有威望者）等原因，获得当事人的信任，当事人因之愿意委托其代为参加诉讼。对这类诉讼代理人，我国过去没有条件限制，结果在实践中衍生出不少问题。因此，修改后的《民事诉讼法》删除了这类"公民代理"制度，在第 58 条规定，公民必须经过社区、单位以及有关社会团体推荐，方可成为诉讼代理人。近年来，社会上出现了许多诉讼代理专业户，多是通过这种方式获得代理身份。这类代理人情况较为复杂多样，其中不乏违法执业的情况，因此，当事人需认真甄别其专业性、责任心、执业规范性等，慎重选择。

（五）法律援助人员

法律援助是我国专门为经济条件困难的人群提供的无偿的法律服务。《法律援助条例》第 2 条规定："符合本条例规定的公民，可以依照本条例获得法律咨询、代理、刑事辩护等无偿法律服务。"法律援助机构由直辖市、设区的市或者县级人民政府司法行政部门根据需要确定，负责受理、审查法律援助申请，指派或者安排人员为符合援助条件的公民提供法律援助。而承担法律援助职责的，既包括专门设立的法律援助机构（主要是各地的法律援助中心）中的工作人员，也包括律师事务所、基层法律服务所和依法设立的其他法律服务组织中被指派实施法律援助的律师、基层法律工作者及其他法律专业人员。所以，法律援助人员和其他各类诉讼代理人员的差别只在收费与否上，其他并无不同。

上述五类委托代理人各具优势，当事人在选择时，可以根据案件的难易程度、诉讼标的所涉利益的大小，结合自己的实际情况（如紧迫性、支付能力等）进行选择。

二、会见准备

(一) 确定会见目的

当事人和律师、基层法律服务工作者等（以下简称律师等）一方掌握案件事实，一方熟知法律，如何实现信息资讯与意向充分、有效的沟通交流，有赖于会见当事人这一环节。成功的会面应以实现下列四项要求为目标：

1. 明确案件事实。法律规范建立在事实认定的基础之上。作为非亲历者，律师等首先需要了解的是案件事实。证明案件事实的证据材料有两大来源：一是当事人自己提供的证据材料，二是律师等调查取证获得的证据材料（实际上还包括法官调取的证据材料，从会见当事人环节的考虑出发，暂且略去）。不论是哪种形式的证据材料，其基础来源都是当事人，很难单靠律师自己完成。

对案件事实的掌握与了解，最重要的是全面、客观。全面指的是，不能仅局限在当事人自己的陈述与提供的材料之中，也不能仅仅着眼于当事人所欲提起诉讼的行政行为之中，而是需要通过会见引导当事人不断拓宽、深入事实，明晰争议产生的来龙去脉，包括相关的民事争议的前因后果、行政机关从介入到矛盾激化过程中的各类活动方式及其内容、利害关系人的各类行为等，从而勾勒出一幅尽量完整的法律关系图谱。客观指的是，律师必须站在为当事人提供最好的法律服务的立场，但不能为其表述，特别是为其感情取向所左右，要站在客观的立场上，全面收集整理涉及各方主体的材料，逐步理清各方的权利义务关系，这才有利于律师发挥其理性和专业的特长，真正实现当事人利益的最大化。因此，在事实层面，会见当事人主要起到提供基本案件事实和为律师进一步的调查取证提供线索的作用，律师只有在会见当事人的基础之上，才能确立方向、展开进一步的调查取证。至于案情重点、争议焦点等问题的总结归纳，则是律师自己在会见当事人之后应下的功夫。

2. 了解当事人及其诉求。法律是理性、中立的，而当事人性格、能力、需求千差万别，律师等提供的法律服务无所谓最好，但须符合当事人个人及其需要。而当事人也需要将自己的要求准确地传递给律师。因此，所谓合理的诉讼代理策略，应该是当事人自己的主观愿望和律师专业判断的综合体。这也是在会见当事人阶段必须确定的。

3. 获得基础证据材料。和第一点相比，这一要求强调在了解案件事实过程中，要注意要求当事人提供客观的证据材料。有些当事人在会谈中，基于各方面原因，只有口头陈述、不提供证据，这种情况下，其陈述的客观性就大打折扣。律师等必须养成的基本职业习惯之一，就是"一切靠证据说话"。对于能否缔结代理关系，案件应如何代理，必须建立在证据材料的基础之上，尤其忌讳因当事人的口头陈述，草率认定案情，确立诉讼策略，这很容易在法庭上被对方当事人打得猝不及防、落花流水。因此，在律师对案情还没有什么了解的情况下，必须要求当事人提供基础的案件事实材料，而当事人提供证据的情况、提供证据的真实性程度（现实中经常会碰到当事人提供伪造的证据的情形，这构成律师执业的一大风险，需谨慎判断），也是律师等判断诉讼代理风险的直接依据。

4. 达成基本信任关系。成功的委托关系建立在双方信任的基础上，这一信任关系要通过会见当事人环节，通过当事人与律师等理性、诚信的言行达成。而律师等为了获得当事人的信任关系，不能只靠会面时的机智反应，必须事前进行充分准备，从环境准备、接待准备、法律准备、团队分工等几方面做好计划。

（二）会见前的准备工作

会见当事人要达成上述四项目的，律师等需要在事前做好下列准备工作：

1. 与当事人电话沟通，明确拟委托代理的相关法律事务的类型及初步的案件争议焦点，以便于选择适合的律师参与接待。负责接待的业务律师等应提前进行初步的法规检索与案例检索，做好各项准备。

2. 确定一名团队成员，负责与当事人进行前期对接，安排会面。主要是根据双方当事人的时间，由其与当事人具体约定首次会面的时间、地点以及双方参加会面的人员。会面时间起码应当提前不少于 1 天确定，以便双方进行必要的准备。会面地点一般为律所或者基层法律服务所（以下二者简称律所等）的会议室。会议室确定后，应详细告知当事人具体的会面地点、行车路线、停车地点等。

3. 参加首次接待的人员原则上包括案源律师、业务律师和联络人员。

4. 将首次会面的基本要求告知律师事务所负责接待的行政人员，并要求其做好会面会议室的必要布置和准备。

5. 正式会面前，负责联络的团队成员应当再次和当事人或当事人指定的联络人员核实和确定会面的时间、地点及参加人员等。

6. 提前准备好录音、录像设备、打印设备、律所印章等。会面时需要使用展示工具的，应当提前做好调试，保证正式会面时能够顺利使用。

就当事人一方而言，会见前应做好下列准备，律师也可在约定会见时，提醒当事人做好下列准备工作：

1. 提前与律所等联系，简要陈诉拟委托处理的争议案件和自己的诉求。

2. 整理、补充与案件相关的所有证据材料。

3. 若案件发生时间已经较长，应在与律所等联系时提前告知，防止错过起诉期限或者诉讼时效。

三、会见当事人环节的具体工作要求

（一）了解当事人的情况

这是会见的首要任务，这一工作贯穿于代理的全过程。当事人的情况包括以下主要内容：

1. 当事人的基本信息。主要包括姓名、职业、地址、具体工作、联系方式、公司情况等基本信息。

2. 当事人与案件的关系。一般情况下，委托的当事人就是案件的利害关系人，是诉讼当事人之一。但由于有的当事人不了解法律，自己实为代理人，并非所欲委托的诉讼服务的权利主体。这种情况需要特别注意。

例如，在一次与当事人李某的访谈中，李某称自己为残疾人，之前一直享受农村最低生活保障。但在 2017 年再一次申请低保时，却被驳回申请。为此，欲提起行政诉讼，请求法院判决撤销行政机关作出的驳回低保申请的决定。在谈话过程中，李某一直自称是行政行为的相对人。但接待律师在翻阅李某带来的案件材料过程中，发现该案中存在多个行政法律关系、多个当事人、多个行政行为。其中既有行政机关驳回李某本人低保申请的，也有行政机关针对李某已成年儿子的低保申请所作出的驳回通知。对于行政机关针对李某本人做出的驳回通知，李某已经提起行政复议，并被驳回。而此次李某欲起诉的，是民政部门针对其儿子做出的驳回申请通知书。李某经常打官司，对于民事、行政诉讼的一般过程都很熟悉，因此，他认为自己在打官司方面的能力远胜其子，且时间、精力充足，这才决定由自己出面，代替儿子打这场官司，以自己的名义起诉并与律所签订诉讼委托代理合同。现实中这种情况经常出现，例如，认为本单位、本小区等的利益受损，自己作为单位成员、小区住户，欲以自己名义起诉的情况。

遇到这种情况，关键需要认真甄别来访者的身份信息及其与案件的法律关系，确定正确的权利主体。对于非本案利害关系人而到律所洽谈诉讼委托事宜的，应首先确认他是否已经取得本案当事人的授权。若其是基于本案当事人的

委托前来治谈诉讼委托事项的，则与律所之间形成诉讼委托代理关系的当事人，仍应是行政争议中的利害关系人本人。当然，在法律有明确规定的情况下，也可能出现对组织中个人起诉权利的肯定，这种情况下，该个人即成为本案中的适格原告，也就具有了以自己名义提起行政诉讼的权利。例如，根据《适用解释》的规定，联营企业、中外合资或者合作企业的联营、合资、合作各方，认为联营、合资、合作企业权益或者自己一方合法权益受行政行为侵害的，可以自己的名义提起诉讼。业主委员会对于行政机关作出的涉及业主共有利益的行政行为，可以自己的名义提起诉讼。业主委员会不起诉的，专有部分占建筑物总面积过半数或者占总户数过半数的业主可以提起诉讼。这种情况下，联营、合资、合作各方，业主委员会，部分业主均可以自己的名义签订委托代理协议，以自己的名义提起诉讼。

3. 当事人的性格、文化素质。律师等提供的法律服务的终点是人，了解当事人的性格与文化素质等是成功代理的重要保障。性格、职业、受教育程度等个性化因素，会折射出当事人的行为与思考方式，对当事人个性的把握，不仅有利于律师确立与当事人更为有效的沟通方式，从而获得当事人更大的信任和协助，更有助于律师挑出个案，站在更高层面，对案件争议的衍生发展原因做出更为客观、理性的判断，还有助于律师穿透当事人言语的表层，判断其提起诉讼或者提出某一诉求的真实原因，从而根据其真正诉求，结合法律，制定更为合理、更有助于实现当事人需求的代理方案。

例如，近年来，许多当事人动辄提起不作为诉讼、信息公开诉讼、信访、申诉、控诉，而其起诉、信访、控诉的目的，大多是因为听从一些"有经验者"的建议，给政府施压。先不论这种方式能否实现施压功能，单论盲目放弃实体权益之诉而提起这类申诉或者不作为诉讼，不但会增加当事人的诉讼成本，有时也会错过真正欲提起的诉讼的时效，更勿论因之和政府机关、法院之间造成的紧张关系。而选择这类诉讼的当事人，往往存在对诉讼制度不了解、个性较软、容易左右摇摆的个性情况。因此，在遇到这类当事人欲跟风提起这类诉讼时，律师需要根据案件情况、当事人真实诉求等，选择真正有利于当事人权益实现的诉讼策略，并做好沟通说服工作。

4. 当事人的财产状况。当事人的财产状况也是会见当事人时需要了解的一个重要事项。在一般法律服务中，它决定了当事人能否以及能承担什么层级的法律服务，在法律援助案件中，则直接决定了当事人能否享受法律援助。

根据法律规定，在依法请求国家赔偿，请求给予社会保险待遇或者最低生活保障待遇的，请求发给抚恤金、救济金等行政诉讼中，当事人如果经济困难，可以申请法律援助。而公民经济困难的标准，是授权省级市人民政府根据本行政区域经济发展状况和法律援助事业的需要规定的。例如，《陕西省法律援助条例》规定，法律援助中的"经济困难标准"，参照当地人民政府规定的最低生活保障标准执行。申请人需提供城乡居民最低生活保障证或者所在工作单位、乡（镇）人民政府、街道办事处出具的申请人及家庭经济状况的证明予以证明。

（二）了解和掌握案件情况

对案情的了解源于三个渠道：一是当事人陈述；二是当事人提供的证据材料；三是律师等的调查取证。

了解案件情况是会见当事人最重要、最基础的任务。主要包括：

1. 案件的整个发展过程。许多当事人在寻求法律服务时，往往只着眼于最刺激自己的一个问题，例如，行政机关最初或者最后做出的某一行政行为。但是，不论是从行政活动本身的过程性角度考虑，还是从诉讼规则、胜诉率等角度考虑，律师都需要对案件做全程了解。这其中包括争议发生的最初起点及其争议的性质、行政机关历次处理的行为形式、行为内容与时间、争议期间当事人曾经采取过的其他救济方式、结果与内容（如是否曾经提起过民事诉讼及其判决结果）等。这其中既涉及法律关系与权利义务内容的变化，涉及不同行政行为与当事人权益实现之间的关系，也涉及诉讼时效或者起诉期限的问题。例如，甲建筑企业与乙单位签订关于建设乙单位宿舍楼的《建设工程施工合同》，约定由甲企业在一年时间内完成乙单位职工宿舍楼建设，并约定乙单位在当月15日前支付上月工程进度款，五层以下部分在混凝土主体结构工程封顶完成后支付工程款70%，五层以上部分，按照实际完成工程量的月进度支付工程款的80%，工程竣工验收后，支付给乙方工程款至已完成工程量的85%，工程竣工备案合格，2个月内支付给乙方工程款至已完成工程量的97%，剩余3%作为质量保修金。然而，在主体工程完成后，乙方始终未按约定支付相关款项，并将剩余的装饰装修工程交给另一家丙公司承建。甲企业认为丙公司并未获得施工许可，且无从事建筑装修的相关资质，属于无照强行施工，因此，欲起诉当地工商部门与住建部门不作为。律所通过与甲企业沟通、收集相关证据材料，认为该案的解决有三种途径：一是提起民事诉讼，要求乙单位履行协议，支付应付工程款，并协助甲企业完成剩余的工程任务。二是若已经不可能和乙单位继续履行协议，则建议甲企业考虑终止合同，要求乙公司支付已完成工程款，并支付违约金。三是申请行政机关查处丙公司无照违法施工的行为，以此给乙单位施加压力，督促其尽快进行工程验收，支付工程款。而甲企业最初的想法，一方面缺乏基本证据支撑，难以实施。另一方面此案的根源还是民事纠纷，即使行政机关确实存在不作为的情况，也不能从根本上解决问题。因此，最好是以民事诉讼为主，以申请行政机关履行职责为辅，依据法律法规和中央政策，明确行政机关在解决这类工程纠纷中的法定职责，由其出面督促、协调。最后，甲企业接纳了第二、三种方法并行的代理建议，而行政机关在被诉的压力之下，也对该民事纠纷进行了积极协调，促成了该工程纠纷的解决。

2. 被诉行政行为的情况。行政诉讼是行为之诉，被诉行政行为是整个行政诉讼的核心。在会见中，应明确被诉行政行为的基本情况，为之后的法律分析、调查取证、确定代理策略奠定基础。被诉行政行为的基本情况包括：

行为的表现形态：这是指该行为的外在表现形态，是文书形式，还是不作为状况。这是确定被诉行为是否存在的基础。

被诉行政行为的内容：包括实体性内容（如是否是涉及确定权利义务的决定，还是一般性的告知、通知书或涉及具体的行为内容等）、程序性内容（如该行政行为的做出过程、程序性义务的履行情况，如是否告知了听证权利、救济权利等）。

被诉行政行为涉及的当事人：包括做出该行政行为的主体、该行政行为所针对的名义人、该行政行为所涉权益涉及的第三人等。

3. 案件涉及的所有相关人。主要包括当事人一方的相关主体、相对一方的当事人、第三人等。在行政案件中，要特别注意对相对一方的行政机关身份的了解。由于当事人接触到的多为行政机关的工作人员，甚至是行政机关委托的其他人员，因此，要结合书证、物证等各种证据，把握行政机关工作人员、具体执法人员、具体执法机关（机构）等与被诉行政行为之间的关系，行政行为做出过程中涉及的内部审批环节与主体，区分内部行政关系与对外承担责任的主体等，以便在确定了被诉行政行为的基础上，确定适格的被告。例如，在腾飞园艺场、高某民诉邹城市政府行政强制案中，山东省高级人民法院在裁判书〔（2018）鲁行终2889号〕中认为，"由于实施强制拆除行为是政府及其职能部门的法定职权，属于事实行为，在没有行政主体自认该行为的情况下，通常可以根据行为目的、职能分工及举证责任等推定由相应的行政主体对行为后果负责。如果村（居）委会、用地单位、拆迁公司等非行政主体认可实施了强制拆除行为，则应当判断其与行政主体是否存在行政委托关系，以进一步明确行为的责任主体。本案中，根据李官庄村委会向高某民下达的通知以及时任邹城市副市长孔某某的通话录音等证据，并结合邹城市政府的自认事实，能够证明邹城市政府因修建成功路需要占用腾飞园艺场的土地，李官庄村委会为政府修建成功路对腾飞园艺场实施了强制拆除行为，因李官庄村委会不具有实施强制拆除的法定职权，邹城市政府亦无反驳证据证实腾飞园艺场确系在其不知情的情况下由李官庄村委会违法强拆，故应当推定强制拆除系邹城市政府委托实施。根据《适用解释》第 24 条第 2 款的规定，当事人对村民委员会受行政机关委托作出的行为不服提起诉讼的，以委托的行政机关为被告。据此，上诉人以邹城市政府为被告提起本案诉讼，具有事实及法律依据，符合法定起诉条件"。

4. 证据材料与证人。当事人要尽可能提供各类材料，包括书证、物证、视频资料、证人证言等。对于当事人未搜集或者保存的情况，律师要提醒当事人及时搜集或者在签订委托合同后自行搜集。

对于上述案件相关内容与证据材料，当事人在会面之前，应先行整理。在和律师交谈中，力求全面、不遗漏地陈述所有直接或者间接的案情。律师等则要在谈话中做好引导，防止遗漏相关情况。

（三）确定当事人真实诉求

这是首次会谈应完成的任务。行政诉讼的一个特点是原则上只审查行政行为，不直接裁判当事人的权利义务。所以，往往难以直接实现当事人权益。加之行政诉讼类型多样，确定正确的诉求对于实现当事人利益最大化关系重大。而除了行政诉讼自身的专业复杂性外，近年来各种原因引发的行政诉讼滥诉现象也很突出，误导了许多当事人的判断。因此，在接待当事人时，首先要明确当事人要实现的最终目的是什么？当事人选择的诉讼方式能否实现其目的？在该行政争议之外、之前，是否还存在其他的相关争议，否定行政行为的合法性是否只是阶段性的工具性手段等。要保证通过接待当事人确定其真实需求，以为后续制定正确的服务方案奠定基础，真正实现当事人利益的最大化。

例如，当事人杜某向某市国土资源局某分局申请信息公开，要求公开某村违法用地 400 亩由谁承担具体法律责任，申请人应向哪一国土资源部门申请查处及主管部门电话、住址、邮编等事项的信息。该国土分局答复申请事项已经公开，不属于依申请公开的信息内容。当事人不服，到律所要求代理提起政府信息公开诉讼，请求法院撤销该国土分局答复，责令其重新作出答复。经过与当事人的会谈，业务律师了解到，该当事人为本村村民，其承包的土地被侵权人租赁后违法采砂，导致目前土地完全丧失耕种条件。针对这一违法用地情况，市国土局虽发现并作出行政处罚决定书，但至今土地尚未恢复原状。当事人和其他村民多次和国土部门沟通没有结果。经人点拨，村民们欲通过提起信息公开诉讼的方式，给国土分局施加压力，督促其尽快督促侵权人恢复土地原状。当事人提起的诉讼仅是众多同类诉讼中的一个。掌握这一事实后，律师向当事人提出如下分析意见：

1. 该案中，对违法用地情况进行监督查处的责任主体是市国土局，而非国土分局。而不论是市国土局的相关职权职责信息，还是国土分局的相关信息，均属于主动公开的范围，且两行政机关均已履行了主动公开的义务。提起信息公开诉讼不能给当事人带来直接的利益，反而会增加当事人的成本。

2. 当事人的真正目的在于尽快恢复自己土地的耕种能力，而从市国土局做出的行政处罚决定书看，其处罚内容包括两部分：一是要求侵权主体对土地进行复耕，恢复土地原貌；二是对侵权主体处以开垦费。该处罚决定书做出后，侵权人并未履行，导致土地目前仍处于被破坏状态。这属于被处罚人未在法定的履行期限内履行其行政法上的义务，依法应强制执行。不过，根据法律规定，国土部门只有行政处罚权，没有行政强制权。要实现处罚决定书的内容，国土部门应申请法院强制执行。对于处罚决定中的两项内容，有关开垦费，法院可以直接对被处罚人的银行账号和其他财产进行查封、冻结、追缴。对于复垦义务，虽然对于该强制执行应该由行政机关还是法院具体执行，法律没有明确规定。但是，从可能性看，由法院具体执行不现实。因此，应该是由法院审查、裁定执行后，由行政机关代为履行。如果按照这样一种思路和国土部门进行协商，可能会更为直接、快速地实现当事人的权益。如果经过协商，国土部门仍不作为的，当事人还可以向检察机关申请、提起公益诉讼。

在另一案件中，当事人向区政府申请土地确权登记，区政府不予登记，当事人欲委托律所提起行政诉讼，督促区政府履行登记颁证义务。经过交谈，律师了解到，当事人申请登记的宅基地最初为其爷爷所有，当事人与其堂兄弟多人都住在该祖宅之中。其爷爷过世后，由于对祖宅的分配存在争议，在1990年村委会给全村村民办理宅基地使用权证时，便未给当事人颁发宅基地使用权证书，只是在登记簿上标注了其当时实际住房的四至。后当事人又多次与同村村民调换住宅，且调换签有书面协议。但就祖宅部分，当事人与其堂兄弟之间仍存在地界争议。2008年起，当事人多次向区政府申请对其现有的宅基地进行确权登记，颁发宅基地使用权证，均被驳回。2012年，当事人委托律所提起不作为之诉，请求法院判令区政府履行颁证义务。经过分析论证，对于当事人的这一请求，业务律师向其提出如下意见：

1. 根据《土地登记办法》（当时依然有效）的规定，土地登记的前提条件是不存在权属争议。根据当事人的陈述，申请登记的该宅基地四至问题，当事人与其堂兄之间仍存在争议，不符合土地登记的条件。

2. 从彻底解决宅基地争议的角度看，该案的关键在于对当事人宅基地权属状况的确认。基于这一情况，结合宅基地取得方式，可考虑采取的策略包括：其一，通过与堂兄的协商，在村集体组织层面解决宅基地争议，之后再申请确权登记。其二，申请县级土地管理部门或者乡政府解决该土地争议。行政机关不予处理或者对处理不服时，再提起行政诉讼。

当事人采纳了第二种方法，并和律所签订了代理协议。

当然，上述两个案例都是建立在中立性分析的基础上，有的情况下，当事人打官司就是为了讨个说法，例如，对于经过复议的行政案件，复议机关未在法定期限内答复的，虽然直接起诉原行政行为更有利于彻底解决行政争议，但是，如果当事人坚持追究复议机关的不作为责任，对原行政行为的不满反而不再考虑，这时，由于当事人的诉求在合法、合理的范围内，律师等应尊重当事人本人的意愿，在充分分析和说明各类案件策略的优劣后，由当事人自己作出最终的选择。

（四）明确委托范围

委托目的确定后，就需进一步明确委托范围。委托范围可以分为事项范围和权限范围。

1. 事项范围。就事项范围而言，行政诉讼是一个过程性活动，当事人既可以委托律师等作为代理人，全程参加诉讼，也可以委托其提供某一专项法律服务。具体而言，委托的事项包括但不限于以下五类：

（1）代为参加诉讼。包括一审、二审、再审或执行程序。当事人既可以委托代为参加某一审级，也可概括委托代为参加有关该行政案件的所有诉讼程序。

（2）代写诉讼文书，如起诉状、答辩状、上诉状、再审申请书等。

（3）就相关法律问题出具法律意见书。

（4）就相关事实进行调查取证，出具调查报告。

（5）就案件或案件进展过程中遇到的问题提供法律咨询服务。

2. 代理权限范围。就代理权限范围而言，根据当事人的授权，分为一般授权与特别授权。一般授权包括代为起诉、代写法律文书、代为调查取证、代为出庭等权限。而特别授权，是针对实体性处分权的授权。根据《民事诉讼法》的规定，委托代理人代为承认、放弃、变更诉讼请求，进行和解，提起反诉或者上诉，必须有委托人的特别授权。参照这一规定，在行政诉讼中，特别授权的范围包括：代为承认、放弃、变更诉讼请求，决定调解、参与调解，提起上诉。实践中，对于律师等能否代为签收法律文书，一般也需要明确的授权。

四、会见时应注意的细节

会见当事人时，为完成会见任务，建立信任关系，需要双方主体，特别是律师、基层法律服务工作者一方，注意言行的规范、专业性。

在言行方面，需要注意以下细节：

1. 参加首次接待的团队人员应着正装出席，除案源律师外，其他参加人员应当统一着装。

2. 参加首次接待的人员应当使用律所等指定的笔记本电脑、笔记本、笔、便笺纸等。团队人员在当事人面前使用的工具、材料等，尽可能保持一致。

3. 严禁团队律师迟到。确因不可抗力无法准时到达的，应当提前 5 分钟告知当事人或当事人指定的接待人员，并表达歉意。

4. 在约定的会面时间超过 5 分钟后，当事人仍未到达的，由负责联络的人员电话联系当事人或当事人指定的人员，确认到达情况。

5. 首次会面时，由案源律师等负责主持，业务律师等负责进行专业的洽谈，联络人员负责记录。

6. 会面开始后，应当由案源律师等将与会人员向当事人进行介绍。被介绍的人员应当依次向当事人及其他出席人员递交名片。

7. 主持人在对出席人员进行介绍时，务必简短，原则上用一句话将被介绍的团队律师等的姓名、职务、专业、分工等基本内容介绍给当事人。

8. 团队成员接收当事人递交的名片后，应当将名片按其座位的顺序依次进行排列，以防止记错对方的出席人员。

在访谈过程中，应注意以下问题：

1. 与当事人的谈话应分多轮进行。由当事人自行陈述逐步过渡到业务律师等引导发问。负责业务的律师等，应当仔细倾听当事人对案件的陈述，快速捕捉和预测当事人的目的、案件的争议焦点和产生纠纷的根源，并在此基础上，逐步引导谈话的深入。联络人员要注意做好全程记录。

2. 业务律师在首次接待时，原则上只确定案件基本轮廓和当事人的诉讼目标，找出案件存在的问题，而不论及争议的解决方法。

对于当事人的诉讼目标，由业务律师等进行判断。如果认为当事人提出的诉讼目标不适当，应当指出其存在的问题，并尝试说服当事人调整诉讼目标和诉讼预期。对于难以说服或不能正视不利后果的当事人，原则上不接受委托。

3. 不断言诉讼胜败。世上并无必胜或者必败的诉讼，在客观因素之外，还受到当事人在诉前、诉中的表现，律师的代理能力，法官的裁判能力以及各方的品行等多种主观要素的影响。律师能做的，是尽量全面地熟悉案情，掌握相关法规与判例，了解法官的判案思路，制定尽可能符合个案情况的代理策略。因此，律师在与当事人会见时，既要告知当事人案件的风险，也要给出应对风险的解决策略。如果当事人询问代理该案件的胜诉把握，应当明确告知当事人任何案件都要以案件事实清楚、证据充分为前提。同时，告知当事人任何的此类承诺都是不符合规定，也不负责任的。如果判断当事人完全不相信法律，要求违规代理，律师一定要坚守道德底线，明确自己坚持依法代理的执业准则，不能就此和当事人达成一致的，原则上不宜接受其委托。

4. 在首次会见时，原则上不洽谈律师费、服务收费的计取和支付。但是应当告知当事人，在对案件进行论证且确认是否可以帮助当事人解决问题后，再进行费用的洽谈。只要律师的代理策略有理有据、切实可行，自然会让当事人对律师充满信心，便于后期谈判的进行。

5. 会谈结束后，应当询问当事人是否介意将案件资料交由团队进行论证并出具策略分析报告，然后再进行方案论证，最终确定诉讼方案。如果当事人有意向，应当主动提议在收取材料前先行签署保密协议。

需要注意的是，在移交案件资料时，尽量由当事人自己保存证据原件，留待开庭时提交法院。律所等应复制相关证据材料，留待分析使用。

6. 会谈结束后，如果双方均有合作意向，应当确定下一次会面的时间安排表，以保证案件的洽谈不影响当事人的利益。若当事人诉讼时效、起诉期限即将届满的，应在首次会谈结束时告知当事人，提醒其法律风险。

7. 会谈全程做好谈话笔录。特别是在当事人陈述的事实不清、表述反复、证据匮乏、案件风险比较大的时候，必须通过谈话笔录固定证据，保护律师自身的合法权益。谈话结束时，应当请当事人在确认之后，在谈话笔录、证据材料移交目录上签字。

五、接待行政案件当事人时需注意的特殊事项

和民事诉讼相比，行政诉讼的起诉条件更为严格，在会见当事人阶段，双方要特别注意以下重要事项：

（一）甄别行政行为

行政诉讼原则上是行为之诉，确定被诉行政行为是下一步判断是否属于受案范围、当事人是否具有原告资格、谁为适格被告、起诉期限以及法院管辖等重要问题的前提，在行政诉讼中具有极为重要的作用。在甄别行政行为时，要注意以下几点：

1. 对于过程性较强的行政活动、要选择适当的行政行为提起诉讼。许多行政争议，例如不动产类案件、劳动争议案件、民行交叉类案件、国家赔偿案件等中，相对人与行政机关之间已经进行了长期的交涉，有的土地确权案件中，案件的起点甚至可以追溯到20世纪四五十年代。这类案件中，往往出现多个行政机关的处理行为，甚至是不同机关的多个交叉处理行为。选择哪一个行政行为提起诉讼，就成为实务中的一个重要的问题。一般要结合与争议的关联性程度、与原告利益的关联性程度、与起诉期限的关系、胜诉的可能性大小等多个因素，综合判断。

2. 对于非典型性行政活动的可诉性判断。行政机关的活动方式中，具有明显的单方性、强制性特征的权力型行为，如行政许可、行政强制、行政处罚等，都是典型的行政行为，其可诉性毋庸置疑。但是，还有大量的非典型行政活动方式，例如，行政机关做出的答复、通知、信访处理决定，行政机关的阶段性行为、物理性的事实行为等，都属于非典型行政行为，其是否属于可诉的行政行为，争议较大，一向是行政诉讼实务中的难点问题，各地、各级法院的态度也不统一。对于这些活动，应以行政机关的行为规范为判断基准，再结合救济的必要性、救济方式的可选择性，来决定是否选择该类行为提起诉讼以及提起行政诉讼时具体的法解释方法。

例如，当事人翟某系某村村民，其所居住的地域属于市城市改造项目二期工程的范围。在拆迁安置过程中，翟某未能与房屋征收部门达成一致协议。为防止被强拆，翟某决定先行提起行政诉讼。他选择的被诉行政行为，是该市城改办作出的《关于〈某市城市综合改造项目二期某村城中村改造拆迁安置实施办法〉的批复》（以下简称批复）。经过与当事人交谈，并初步查看相关文书证据，律师发现，在这之前，当事人已就该批复提起了复议，但市政府以该批复是内部行为、不具有可诉性为由，做出了不予受理决定。如果要让法院受理该案件，首先要对该批复的可诉性进行解释说明。经初步审查材料，市城改办所作出的行为，是针对区城中村改造办公室制定的改造方案的批复行为。根据该市《城中村改造管理办法》的规定，各区人民政府负责本辖区内城中村改造工作。城中村改造方案，由区城中村改造办公室组织编制，报市城中村改造办公室批准。由此可见，在这一案件中，影响当事人权益的是区城改办制定并负责实施的城中村改造拆迁安置实施办法。为保障其符合全市整体城中村改造专项规划和区域城市功能的要求，符合城中村改造综合用地专项规划指标，在程序上需要经过上级（市）城改办批准才能生效。因此，从权益影响关系上看，影响当事人权益的，是对外产生法律效力的区城改办制定的改造拆迁安置实施办法，市城改办的批复只是内部的审批环节，不直接调整当事人的权利义务，因此，不属于行政行为，不具有可诉性。

（二）判断原被告是否适格

原告适格属于起诉要件，且属于原告的举证责任范围。原告资格的证明难点主要集中在当事人并非行政行为之名义人的情况下。如消费者、竞业者、债权人等。对于这类问题，需要律师具有较强的、对行政行为所依据的行为规范的解释能力，即需要结合行为规范所涉及的法规体系、立法目的、当事人权益受损程度等要素进行分析说明。

而就被告资格而言，对于中央与地方各级政府的职能部门，其被告资格毋庸置疑，关键是临时机构、各类管委会及其内设机构、行业协会等事业组织、基层自治组织等，他们是否为适格被告经常成为庭审中的焦点问题。在此，需要认真审查其组织法依据、行为法依据，判断其权力属性，属于行政授权抑或行政委托，属于国家行政权或单位的行政性事务管理权，属于自治权限还是行政机关委托的权限等。

（三）行政诉讼与其他救济方式的选择

对于一个行政争议，可采用的救济方式有行政诉讼、行政复议（如果行政复议前置的，必须在行政复议程序终了后才能提起行政诉讼的），有时还包括民事诉讼。选择何种救济方式，需要当事人与律师等进行充分沟通与协商，要考虑矛盾解决的彻底性、救济成本、与各方主体的关系处理（包括对方当事人、第三人等）等多方面问题。这其中既要有理性的、专业性考量，也要充分考虑当事人自己的意愿。

（四）当事人是否具备起诉所必需的基本证据

行政诉讼实行举证责任分配制。被告对行政行为的合法性承担举证责任，需要准备据以做出被诉行政行为的所有证据以及法律依据。原告主要对符合起诉条件承担举证责任。根据最高人民法院的司法解释，原告方至少应当具备以下证据材料：一是证明起诉符合法定条件；二是在起诉被告不作为的案件中，证明自己曾经提出过申请；三是在一并提起的行政赔偿案件中，证明自己因受被诉行为的侵害而受到了损失。

以上三方面的基本证据材料，原告一方都应当具备。如果当事人缺乏基本的证据，特别是缺乏证据证明行政行为存在、证明自己合法权益存在时，一般难以提起诉讼，也难以签订委托合同。例如，在尚同生诉河南省栾川县人民政府土地征收一案中，案件的争议焦点就是原告尚同生等是否具有原告资格。在最高院针对本案作出的（2016）最高法行申44号裁定书中，法院认为，"再审申请人只有在具体行政行为侵犯其合法权益的情况下，才具备诉讼主体资格。'合法权益'应当是法律上客观存在而能独立提出主张的权益。根据《土地管理法》第10条的规定，农民集体所有的土地依法属于村农民集体所有，不属于农民个人或部分人所有。再审申请人因对栾川县人民政府征收村集体土地的行为不服提起诉讼，只有作为土地所有权人的农民集体经济组织才是权利主体，与征收行为具有利害关系。……《最高人民法院关于审理涉及农村集体土地行政案件若干问题的规定》……第4条规定："土地使用权人或者实际使用人对行政机关作出涉及其使用或实际使用的集体土地的行政行为不服的，可以以自己的名义提起诉讼。"本案中，一方面再审申请人未提供证据证明其对涉案土地享有直接、独立、排他的合法权益，不是涉案土地的承包人和实际使用人；另一方面，也不存在过半数的村民以集体经济组织名义提起诉讼的情形，再审申请人以自己的名义起诉于法无据，本院不予支持。"根据法院的这一裁定理由可以看出，本案原告败诉的关键，就在于他没有证据证明自己存在法律应予保护的、受到行政行为侵害的合法权益，所以，不具有争讼被诉行政行为合法性的资格。

良好的会面是代理成功的基础。首次会见结束后，律师等应根据前期磋商所了解到的案情，尽快制定代理策略，并制成图表，利用可视化方式、大数据方式，为当事人讲解案件代理思路。在此基础上，进一步向当事人说明服务团队优势、服务方案特点，并根据收费标准结合具体案情，向当事人提供报价。

第二节　报价

一、代理行政诉讼案件的收费范围与标准

（一）收费项目

除了法律援助外，其他诉讼代理都可依法、合理收取法律服务费用。其收

费范围，主要包括以下几项内容：

1. 法律服务费。这是报价时必须包含的项目，该项费用的收费标准由国家规定。根据委托代理人身份的不同，分为律师服务收费、基层法律服务收费等。

2. 差旅费。差旅费不是律师等代理案件的必需费用，要根据代理事项的不同而定。如果办理代理事项所需的差旅费较高、需提前收取的，应当与委托的当事人协商一致，并书面约定。差旅费确定之后，如果因情况变化确需变更的，必须事先征得委托人的书面同意。

3. 代当事人支付的费用。这实际上不属于律师法律服务的对价，而是律师事务所在提供法律服务过程中，通过办案律师，代当事人支付的费用。例如，诉讼费、仲裁费、评估费、鉴定费、公证费、翻译费、跨境通讯费、专家论证费等。这其中，有的是当事人进行诉讼活动必须支付的费用，如诉讼费，当事人不支付相关费用，可能直接导致法院不予受理案件。有的是当事人为了提高胜诉率自行选择的相关活动的费用支出，如鉴定费、公证费、专家论证费等。对于后一类费用，律师可以和当事人协商是否选择，并约定支付方式。如果约定由律师先行代为支付的，委托的当事人应在事后另行支付。

（二）报价依据

关于律师收费主要的规定，国家层面的主要有《价格法》、《律师法》、《律师服务收费管理办法》（发改价格〔2006〕611号）、《关于放开部分服务价格意见的通知》（发改价格〔2014〕2755号）等。由于《律师服务收费管理办法》规定，具体的政府指导价的基准价和浮动幅度，由省级人民政府价格主管部门，会同同级司法行政部门制定。因此，各省制定的标准如浙江省物价局、浙江省司法厅《关于完善律师和基层法律服务收费的通知》（浙价服〔2015〕203号）、江苏省《律师服务收费管理办法》（苏价规〔2016〕9号）等，构成本行政区域内，律师收费的直接依据。

根据这些法律法规，律师等承办行政诉讼代理服务，其收费应遵循以下原则：

1. 律师服务原则上实行市场指导价。这是律师服务收费的基本原则。过去，律师收费长期按照政府指导价确定。随着市场在我国资源配置中所起的决定性作用日益增强，为促进相关服务行业发展，根据2014年国家发展改革委员会《关于放开部分服务价格意见的通知》（发改价格〔2014〕2755号），律师服务开始以实行市场指导价为定价原则，以促进行业竞争发展。根据这一原则，律师事务所应遵守《价格法》等法律法规，为当事人提供质量合格、价格合理的法律服务。其服务价格，可参考本地同类法律服务的一般标准，根据案件和当事人具体情况、法律服务内容、律师本人级别等，通过自愿协商，和当事人约定最终的服务价格。这一服务价格可以体现出符合市场供求的差异性。

不过，为保护弱势群体、实现公益，与行政诉讼有关的下列律师服务收费，仍实行政府指导价：①担任公民请求支付劳动报酬、工伤赔偿，请求给付赡养费、抚养费、扶养费，请求发给抚恤金、救济金，请求给予社会保险待遇或最低生活保障待遇的行政诉讼的代理人；②担任涉及安全事故、环境污染、征地拆迁赔偿（补偿）等公共利益的群体性诉讼案件代理人；③担任公民请求国家赔偿案件的代理人。这些案件，仍需按照省级地方政府公布的政府指导价，确定服务费用。

2. 政府指导价的具体标准由省级政府制定。主要是由省级政府的价格主管部门会同同级司法行政部门制定。目前，全国大部分省级地方人民政府，都出台了律师服务收费标准。如浙江省物价局、浙江省司法厅《关于完善律师和基层法律服务收费的通知》（浙价服〔2015〕203号）、江苏省《律师服务收费管理办法》（苏价规〔2016〕9号）等，都对不同性质、内容的法律服务收费标准，做出了明确规定。

3. 服务收费的方式包括计件收费、按标的收费、计时收费三种主要方式。服务收费可以根据不同的服务内容，采取计件收费、按标的额比例收费和计时收费等方式。其中：

按标的额比例收费适用于涉及财产关系的法律事务，也是最常见的收费方式。

计件收费一般适用于不涉及财产关系的法律事务，特别是非诉业务，例如，为当事人出具法律意见书、进行资信调查、进行律师见证等。例如，根据《西安市律师服务收费指导意见》，对于资信调查、咨询建议书、法律意见书、律师见证等非诉业务，不涉及财产关系的，每件收费不低于3000元；涉及财产关系的，要求出具法律意见书的，每件在3000元基础收费上按财产标的的4%~9%累计收费；资信调查、咨询建议书、律师见证等，按财产标的额的2.5%收费，但最低不得低于5000元。

计时收费是按照工作时间收取费用，这里的计费工作时间指的是律师办理法律事务的有效工作时间，包括接待委托人法律咨询，向委托人了解案情、调查取证、查阅案卷、起草诉讼文书和法律文件，会见被告、出庭应诉、参与调解，代办各类手续以及办理其他相关法律事务的时间。承办律师等为2人及以上的，按各自的计费标准和实际工作时间分别计算。如果一项具体工作由3名以上律师服务的，一般仅计算计时单价较高的两位律师的工作价值。计时收费一般实行市场调节价。例如，根据陕西省西安市律协出台的《西安市律师服务收费指导意见》，计时收费标准可在每工作小时 1000 元至 3000 元幅度内议定，具体价格由律师事务所与当事人协商确定。

4. 行政诉讼禁止实行风险代理收费。但如果是行政附带民事诉讼或者附带行政赔偿的，附带的民事诉讼或者行政赔偿部分仍可实行风险代理收费。

5. 涉外、涉港澳台案件的收费标准。行政诉讼涉外或者涉港、澳、台法律事务的，由律所等参照外国或港、澳、台地区律师事务所驻我国代表机构办理同类法律事务的收费标准，与委托人协商确定收费数额。

（三）基层法律服务收费

根据各省的规定，基层法律服务收费的规则和律师收费基本相同，具体标准略低于律师。

二、费用构成与报价应考虑的合理因素

（一）费用构成

从各省制定的标准可以看出，行政诉讼代理服务虽分为政府指导价和市场指导价两类，但是，即使是政府指导价，也具有很大的空间。这就需要在会见当事人时，合理报价，并遵循自愿、诚信原则，充分协商。为保证报价的成功，在报价时，一般要向当事人说明费用的构成：

1. 本次法律服务的范围。例如，是仅代理一审，还是一审二审打包服务，是否包括非法律性沟通协调等。一般情况下，单独代理一审案件的，按照一般标准收费。单独代理二审、再审、执行案件的，分别按照一审案件的收费标准收费。在实践中，如果在一审后继续代理二审的，二审的代理费用会适度减少，甚至减半。首次代理的案件，再次代理的，可以给予适当优惠。例如，西安市规定，再次代理的，可在 10% ~ 20% 的范围内给予下浮优惠。

2. 收费构成。在撰写费用构成时，要注意将每一项构成与主要的法律服务工作一一对应。例如，案情分析、负责主体及其收费；证据收集、负责主体及其收费；行政诉讼一审、负责主体及其收费；交通费用；律所管理费用等。如果当事人符合减免条件的，也要在报价中明确减免数额。

（二）拟定收费标准时应考虑的要素

1. 案件的难易、复杂程度。这是首要因素。在行政诉讼中，通常根据两类标准确定案件难易程度：一是在非财产类案件中，根据被告级别高低（如以省级政府、国务院部委为被告的）、案件专业性强弱（如知识产权案件、海事海商

案件、土地权属争议案件等）、案件所涉法律关系复杂程度（如涉及行民交叉案件的）、是否是当事人众多的群体性案件（如征收拆迁案件、受害人众多的消费者权益保障案件等）、是否是社会普遍关注的案件（如因环保等问题引发的公益诉讼等）、是否是涉外或涉港澳台案件等，进行确定。二是在涉及财产的案件中，根据案件所涉标的额大小，确定难易程度。

在简单案件中，不涉及财产的，一般多在 2000 元 ~ 1 万元之间。涉及财产的，按照诉讼争议标的额的不同，多划分为 1 万、10 万、50 万、100 万、500 万、1000 万、1 亿等不同档次，按照不同的比例收费。

例如，根据 2017 年江苏省制定的《省物价局　省司法厅关于明确我省律师服务收费试行标准的通知》（苏价费〔2017〕113 号），江苏省律师服务的收费标准为：

江苏省律师服务收费试行标准表　　　　　　单位：元

收费项目	收费标准
一、代理刑事案件（略）	
二、代理民事案件：担任公民请求支付劳动报酬、工伤赔偿，请求给付赡养费、抚养费、扶养费，请求发给抚恤金、救济金，请求给予社会保险待遇或最低生活保障待遇的民事诉讼、行政诉讼的代理人，担任涉及安全事故、环境污染、征地拆迁赔偿（补偿）等公共利益的群体性诉讼案件代理人的案件实行政府指导价。其他案件类型实行市场调节价。	
（一）简单案件	
1. 不涉及财产	2500 ~ 1 万元
2. 涉及财产按诉讼争议标的额	
≤1 万元	按民事不涉及财产案件标准执行
>1 万元，≤10 万元	6% ~ 7%
>10 万元，≤50 万元	5% ~ 6%
>50 万元，≤100 万元	4% ~ 5%
>100 万元，≤500 万元	3% ~ 4%
>500 万元，≤1000 万元	2% ~ 3%
>1000 万元，≤1 亿元	1% ~ 2%
>1 亿元	0.5% ~ 1%
（二）重大、疑难、复杂案件	不高于简单案件 5 倍标准执行

续表

收费项目	收费标准
三、代理国家赔偿（行政诉讼、行政复议）案件、代理仲裁案件	
（一）简单案件	
1. 不涉及财产	按民事简单案件不涉及财产标准执行
2. 涉及财产按诉讼争议标的额	按民事简单案件涉及财产标准执行
（二）重大、疑难、复杂案件	按民事简单案件不高于5倍标准执行
四、实行政府指导价的案件采取计时收费的	200～2500元/小时

其他省份的定价模式与之基本相同。

2. 律师等的工作能力。这个一般按照初级律师、高级律师，律所的初级合伙人、高级合伙人来区分。其他非律师身份的，则按照他在行业的影响力来确定。例如，职称、职务等。职务、级别越高，收费越高。

3. 当事人的经济能力。当事人的经济能力是确定案件代理费用的重要参考依据之一。这并非看人下菜，而是一般情况下，经济能力强的当事人，其有能力委托的服务事项范围更广、对代理事项的专业要求更高。律师应根据当事人的承担能力，推荐不同层次的服务事项。例如，对一项存疑的物证，选择是否进行鉴定以及选择哪一家鉴定机构、哪一位鉴定人员进行鉴定。另外，经济能力的不同也会导致对争议解决方式的不同选择。例如，是否调解，是否上诉，是否更侧重于与行政机关进行沟通等。律师在选择和推荐代理方案时，应充分考虑当事人经济能力差异所带来的路径选择上的不同，确定与之相适应的服务费用，以增加其可接受度。

4. 所需耗费的工作时间、包含的新意和需要的技巧。例如，在一起案件中，当事人要求房管部门撤销其颁发的房屋产权证，房管部门驳回其申请。当事人欲诉请法院撤销该驳回决定。而从证据材料看，该案的证据起始于新中国成立初期颁发的个人房屋产权证书，这期间房屋多次转手，亲历者多已不在人世，且缺少书面登记材料。从证据与法律依据看，该案在调查取证方面本就存在很多困难，在法律适用方面又存在政策与法律、新法与旧法之间的复杂关系，难度很大，需要耗费较大的人力、较长的时间。这种情况下，就可以根据实际工作量、工作强度，适度增加诉讼代理费用。

又比如，案件若涉及新型诉讼，如试点期间的公益诉讼、新型知识产权诉讼等，对于这类案件，可参考的判例、可依据的法规范等较难搜集，需要代理人具备更高的业务能力与实务应对技巧，也要承担更大的风险，对此，可以酌情增加费用。

5. 由当事人提出的或由客观环境所施加的法律服务时间限制。例如，案件的起诉期限马上届满，这时，律师等需要在更多的时间内完成案件分析、调查取证、策略确定等多项工作，劳动强度和难度更大，这时，可以酌情增加费用。

6. 当事人预期的合理结果。例如，当事人是仅仅希望打赢诉讼，还是希望通过诉讼，与行政机关进一步沟通协调，彻底解决争端。这些对于工作量的确定都有直接影响。

7. 同一区域相似法律服务通常的收费数额。如果没有特殊情况，原则上，为了保障与体现收费合理性，并实现业内的合理竞争，律师收费都会充分考虑同一区域类似案件的收费标准。这时，律师可以在附件中整理本行业、本区域同类法律服务的收费标准并做出统计表，在报价时一并提供给当事人，也增强说服力。

在报价谈判中，除了收费标准和数额外，费用的支付方式也是报价时应洽谈的重要内容。服务费用的支付包括一次性支付和分次支付两种方式。在服务费用数额较大、服务时间较长时，也常采用分次支付的方式，如分首次支付、核心工作完成时的支付、尾款支付的支付方式。支付方式的约定一定要明确，费用只能支付给律师事务所，不能打入律师个人账户。律师事务所须在合同中提供准确的收费账户（户名、开户行、账号）信息。

综上所述，从诸项考虑因素看，报价作为与当事人洽谈的核心内容之一，关键要建立在对案件精准专业的分析、对法律服务内容详细合理展示的基础之上。因此，作为支撑具体报价的法律意见书，作用非常重要。法律意见书的内容主要包括：对基本案件的梳理、对案情的法律分析、法律服务团队目前初拟的法律策略。在此基础上提出的报价，才是有理有据，更容易被当事人接受。

以下以郭某诉西安市某大学退学决定一案为例对报价的过程做一说明。

本案中，当事人郭某自入学以来，因同宿舍的同学欺负而患有抑郁症，因此，经与学校协商，并经学校同意，于2012年10月至2013年8月，请假在家治病，并在自学之后，参加学校的统一考试。2013年11月，郭某病情有所好转，遂返校就读。2014年1月，郭某因考试作弊，被监考老师赵某殴打。郭某报警后，辖区公安分局对赵某处罚款300元，学校未对此事进行赔偿。之后郭某旧病复发被带回家看病，直至2015年7月。期间，郭某家人多次与学校协商有关其在家自学与回校考试的事宜，但学校从未通知郭某返校考试。2015年7

月 18 日，郭某母亲收到一份给予郭某按自动退学处理的文件，该文件的作出日期为 2014 年 9 月 18 日。郭某不服学校对自己作出的退学决定，于 2015 年 8 月 20 日来到律师事务所，委托律所代为提起行政诉讼，撤销学校对自己作出的退学决定。

对于本案，承办的律师团队经过多次讨论，在法律意见书中指出，本案存在三个焦点问题，并逐一展开分析：

1. 本案是否属于行政诉讼的受案范围，该高校是否是适格被告。本案的焦点问题之一，是学校针对郭某作出按自动退学处理决定的性质认定，该决定属于学校行使自治权的行为，还是基于法律授权做出的权力性行为。对此，根据《教育法》第 28 条第 1 款第 4 项的规定，学校"对受教育者进行学籍管理，实施奖励或者处分"。该项规定与第 1 项"按照章程自主管理"并列，因此，该项权力不属于法律规定的、学校按照章程自主管理的行为，而应是基于法律授权的教育行政管理行为，受教育者对高等学校涉及受教育者基本权利的管理行为不服的，有权提起行政诉讼。因此，本案中的退学决定属于行政行为，本案属于行政诉讼的受案范围。为支持论证，律师团队专门检索了最高法院发布的指导案例第 38 号"田永诉北京科技大学拒绝颁发毕业证、学位证案"等相关典型案例，并将其附录在后予以支撑。

2. 本案是否超出起诉期限。根据案情分析，该被诉处理决定的作出日期是 2014 年 9 月 18 日，从这一日期看，郭某的起诉期限已经超出当时的《行政诉讼法》规定的 3 个月的起诉期限。但是，根据当时的《行政诉讼法》和相关司法解释的规定，起诉期限的起算点是"自知道或者应当知道作出行政行为之日起"，时间计算的起始点是知道或者应当知道之日。而在本案中，学校的决定虽然是 2014 年作出，但是，其送达日期却是 2015 年 7 月 18 日，有邮局的邮戳为证。因此，郭某知道该处理决定的日期是 2015 年 7 月 18 日，该处理决定对郭某的生效日期以及起诉期限的计算起始点均为当日。这时，新的《行政诉讼法》已经实施，只要郭某在新法规定的 6 个月内起诉，便未超出行政诉讼的起诉期限。

3. 关于本案的实体问题——退学处理的合法性问题。对该处理决定的合法性，团队是从实体和程序两方面展开分析的。从实体看，学校依据的是《普通高等学校学生管理规定（2005）》第 27 条、《西安市某大学学生学籍实施细则》第 28 条"休学期满，而未按时办理复学手续（超过复学时间 2 周）的学生，视为放弃学籍，按自动退学处理"的规定，给予郭某自动退学处理。但是，从案情看，郭某自 2014 年 1 月被监考老师殴打致伤引发旧疾，一直按照过去的惯例，在家养病。他和一般学生的暑假结束后未按时到校报到的情形不同。而且，在 2014 年 9 月 18 日学校做出按退学处理决定之前，郭某的家人还一直与辅导员联系到校考试等事宜，学校从未提出要求其复学。因此，其并不符合"休学期满"的情形，学校按此处理，属于事实不清，证据不足。

从程序看，根据《普通高等学校学生管理规定（2005）》第 28 条的规定，对学生的退学处理，由校长会议研究决定。对退学的学生，由学校出具退学决定书并送交本人，同时报学校所在地省级教育行政部门备案。该规定虽然没有 2017 年新法规定的程序那样完备，但是，也规定了基本的处理程序，且根据正当程序原则，高等学校对因违反校规、校纪的受教育者作出影响其基本权利的决定时，应当允许其申辩并在决定作出后及时送达，否则视为违反法定程序。对此，可以参考上述最高院第 38 号指导性案例中法院的判决理由。因此，从程序上看，该处理决定在作出前未告知学生、未赋予其申辩的权利，在做出后未及时送达。这些均属重大的程序违法。

基于上述分析，承办该案的律师团队提出，本案可以同时从实体与程序的合法性两个方面入手，对该处理决定的合法性进行全面攻击。为支撑这一代理策略，律师团队提供了通过法律检索与案例检索所形成的法律检索与案例检索报告，展示了该代理策略在法律上和实务上的坚实的依据。当事人郭某的母亲看到法律意见书之后，对整体的代理方案予以充分认可。

在案件分析之外，律师团队确定由最擅长教育行政领域的某律师负责该案，并向当事人整理、出示了该律师近年来所代理的教育行政案件数量与胜诉率，以及该律师在教育行政领域的相关职务，使得当事人对律师团队的代理能力进一步认可。

在上述报价准备事项完成，当事人对律师团队的代理能力已经取得充分认可的基础上，律师团队结合案情分析与风险预判，从证据的进一步搜集整理、一审程序与二审程序的打包代理等方面入手，对代理事项进行了详细的划分，一一明确每一事项的功能目的与行业收费标准，以证明报价的合理性。在前期工作的铺垫下，该报价获得了当事人的认可，从而成功获得了案件的代理权。

三、洽谈服务费用过程中应注意的细节问题

（一）洽谈过程全程录音、尽量全程录像

服务费用的确定是代理协议的核心内容，也是事后容易引起纠纷的关键问

题。有的当事人在案件完结后，特别是审理结果不理想的情况下，会否认当初自己做出的承诺，甚至反诬律师事务所或者律师个人捏造合同条款。为防止出现这类纠纷，就需要事前做好防范，而全程录音录像就是最好的方式之一。

录音录像时，要注意提前告知当事人，并将告知过程予以录音录像。同时，除了在录音录像时予以明确外，还可通过录制当日发行的报纸、新闻等方式，进一步确定录音录像时间。在录像过程中，涉及重要条款、事项的，可重点向当事人重申 1~2 次，以明确其已经获知该项内容。

（二）采取书面报价的方式，并以附件形式，列明报价支撑材料

为固定证据，报价特别是正式报价须采取书面形式，内容包括收费项目、收费标准、收费数额、收费方式、付款和结算方式等项内容。

对于当事人来说，律所提出的几万至上百万的代理费必须物有所值。因此，律师在洽谈服务费用时，应准备好法律意见书，向当事人详细分析对委托案件的事实问题和法律适用的分析过程与分析结果，明确律师团队所欲采取的代理策略及其优势。法律意见书可通过图表、大数据分析等可视化分析方法，让当事人明确其所支付的款项都能获得哪些和什么程度的法律服务，增强其对报价的接受度。支撑法律意见书所需的法律检索报告和案例检索报告等内容过多的，可作为法律意见书的附件，另行打印装订，一并附上。

（三）以法律法规和行业行规为依据增强报价的合理性

提前准备有关收费的国家与地方的法律法规的规定，同一区域相似法律服务通常的收费数额等，这些说明资料应附在相关内容之后，以增强报价的合理性和可信度

用如同向法官出示的案例检索一般，向当事人报价时，最有辅助作用的，一是国家有关律师行业收费的法律法规，以表明律师报价的合法性依据；二是当地类似案件的惯常收费标准，以表明报价的合理性依据。这些客观性的材料，加上有理有据的法律意见书，能有效增强报价的可信度，提高缔约成功率。

（四）事前明确不同收费项目，避免当事人混淆

要特别明确法律服务费、差旅费、代委托人支付的费用等不同收费项目的区别，防止当事人将几类收费混为一谈，导致事后争议

有的律师在谈判阶段，为了争取案源，会采取模糊收费项目的方式，提出一个概括性的总报价。在代理协议签订之后，又以法律服务费用与差旅费不同等理由，要求当事人增加付费项目，引发纠纷。这是一种不规范的执业行

为，律师在谈判过程中，就负有义务，明确不同收费项目的区别，并在当事人明确认可之后，将这些内容以文字的形式固定于代理协议之中，防止事后出现争议。

（五）报价要果断，可以合理下调，反对无原则让步

报价是一个谈判的过程，当然允许进行"讨价还价"。但是，也要预防两种情况：一是事前虚假报价、漫天要价，和当事人一谈又大幅下调，以通过这种方式，让当事人误以为"赚到"，从而拿到案源。这是一种不诚信的做法，虽然有可能藉此获得一两次成功，但多数情况下容易让当事人对律所的能力和信誉产生怀疑，不具有长远性。二是缺乏自信，虽然自己的报价合理，但为了获得案源，宁可亏本让步，这既会影响当事人对律所与律师本人水平的怀疑，也容易因成本过低、影响后续代理事务的充分展开，还容易在业内形成恶性竞争。因此，在谈判时，首先要确定代理成本，保证代理费用符合代理成本与代理律所、代理律师的身份等级，在此情况下，可预设一个可接受的下调幅度或底线，超出这一底线的，也就没有什么代理的必要性了。

（六）单独的行政诉讼部分不得以承诺胜诉为条件提高服务费

根据国家法律规定，民事诉讼是允许风险代理的，当事人和律所之间可以以胜诉为前提，约定更为高昂的代理费用。但在行政诉讼中，依法不允许风险代理。若是行政附带民事诉讼，则仅对于附带的民事诉讼，允许双方签订风险代理协议，行政诉讼部分，仍不得以承诺胜诉为条件，提供服务费用。

（七）法律服务费、差旅费、代委托人支付的费用由律所等统一收取，律师等不得私自收取任何费用

由于签订法律服务委托代理协议的，是当事人与律师事务所，因此，虽然案件的具体承办是由隶属于律所的律师团队进行，但该律师本人并非协议一方主体，因此，其本人不得私自向当事人收取任何费用。所有费用，均由当事人交付给律师事务所，再由律师事务所按照规定，支付给律师。

第三节 委托代理合同的签订

会见当事人之后，双方就法律服务内容、服务费用等达成合意的，律所等即可接受委托，与公民、法人、其他组织等当事人签订行政诉讼委托代理合同，由指派的律师团队为客户提供具体服务。当被委托人为律所或者基层法律服务所时，由律所或基层法律服务所统一签订合同、统一委派、统一收费。当被委

托人为其他个人时，以自己的名义签订合同、履行义务。

一、签订委托代理合同的条件

签订委托代理合同，要符合法律法规的规定。除了符合《合同法》的相关规定外，原则上，需要满足以下条件：

1. 委托人为行政诉讼的当事人，不是行政诉讼当事人的，不具有委托诉讼事务所需的处分权限。

2. 委托人的要求和主张应符合《律师法》《律师职业行为规范》的有关要求。如果委托人的要求和主张违法，经指出仍不肯采纳律师等意见的，不得签订委托合同。这主要表现为：要求必须胜诉、要求采取伪造证据的方式搜集证据、要求进行虚假诉讼谋求不正当利益等。

如果委托人的诉求并不违法，但要求过高，经律师解释说明有败诉风险，委托人仍不肯放弃，且书面明确相应的法律后果由委托人自行承担的，可以签订委托代理合同。

3. 律师代理该案件不存在利益冲突的情况。主要包括律师不得在同一案件中为双方当事人担任代理人，或者代理与本人及其近亲属有利益冲突的法律事务。曾经担任法官的律师从人民法院离任后，2 年内不得以律师身份担任诉讼代理人，永久不得担任原任职人民法院办理案件的诉讼代理人等。

4. 被委托人为律所或者基层法律服务所的，需事先经过律所或者基层法律服务所的批准，并确定承办律师等人员。

二、委托代理合同的主要内容

在律师或者基层法律服务所，委托代理合同一般为制式合同，律师等可以根据具体案件，做个别调整。原则上，委托代理合同主要包括以下内容：

（一）首部

1. 文书名称。如《×××专项法律服务合同书》。

2. 签约主体。签约主体双方是固定的，甲方为委托方，包括自然人、法人或者其他组织；乙方为律所，基层法律服务所，当事人的近亲属或者工作人员，当事人所在社区、单位以及有关社会团体推荐的公民。后两类被委托人必须持有相关的身份、工作证明或者推荐信。

（二）正文

1. 委托事项。这是授权委托书的主体，包括两部分内容：一是委托的案件，二是委托的事项范围。如当事人与北京市国土资源局行政处罚一案一审阶段。

2. 指派的律师、法律服务人员。根据《律师法》的规定，案件代理必须是获得律师资格的专业人员，律所不能指派实习律师单独代理案件。

3. 代理权限。委托协议中应明确约定在本项目法律服务中代理人的代理权限，如果涉及多项服务内容，且代理权限不同的，应分别约定。例如，在行政诉讼中的代理权限为一般授权，在附带的行政赔偿中的代理权限为特别授权等。通常的，代理权限可在授权委托书中具体规定。

律师等接受委托后，只能在委托权限内开展执业活动，不得擅自超越委托权限。如果在进行受托的法律事务时，发现委托人所授权限不能适应需要，应及时告知委托人，协商变更。在未经委托人同意或办理有关的授权委托手续之前，只能在授权范围内办理法律事务。

4. 委托方的权利义务。委托方的权利主要包括选择和确定诉讼代理的方案，确定是否调解、是否上诉，了解案件代理的进展情况等。义务主要包括如实陈述案情义务、提供证据材料义务、协助办理相关手续义务等。

5. 被委托方的权利义务。被委托方的义务主要为尽职尽责义务、保障当事人权益最大化义务等。有的案件中，还包含保密义务。必要时，如案情涉及商业秘密的，还需特别签订保密协定。

6. 费用及支付方式。包括收费标准、收费项目、收费数额、收费方式、付款和结算方式等。如采用计时收费的，应在委托合同中约定律师等计费时间的计算方式，并约定工作时间单的确认程序。

7. 违约责任。委托合同中应明确约定，双方违约的行为范围、违约损失的计算、违约责任的承担以及违约行为发生时，相对一方当事人的权利和救济措施等内容。

8. 其他条款。主要针对履约过程中发生的特殊情况的处理。例如，律所签订委托合同后，承办律师因生病、工作调动、不可抗力等客观原因不能再履行代理义务时的处理方式。这种情况下，律所应当及时告知委托人。委托人同意更换律师的，应取得委托人的书面确认意见，承办律师之间要及时移交材料，并通过律所办理相关手续。

9. 合同生效、合同终止及其他。委托协议约定的服务期限届满，或者终止条件出现，律师应当及时书面告知委托人委托协议终止，总结委托事项的履行情况，并做好有关文件资料的交接工作，办理书面交接手续。

（三）尾部

1. 委托人签名或盖章。

2. 委托日期。

上述委托代理合同一式三份，一份交委托人，一份交承办律师等附卷，一份交律师事务所保存。

除了委托代理合同外，通常还需当事人签署授权委托书，以进一步明确代理权限。该授权委托书一式三份，一份交受理的法院，一份交承办律师等存档，一份交委托人。代理人在行政诉讼中，只需向法院出示授权委托书，不需出示委托代理合同。

附1：行政委托代理合同：

行政诉讼委托代理合同

（2018）陕汉律行字第 10 号

甲方：张三

乙方：陕西汉城律师事务所

1. 经甲方同意，乙方指派李四律师为张三与北京市公安局行政处罚一案一审阶段的诉讼代理人。

2. 甲方委托乙方律师的代理权限为：调查取证、出庭应诉答辩、递交或签收法律文书等（具体授权以授权委托书为准）。

3. 在甲方授权的范围内，代理律师应尽职尽责，依法维护甲方的合法权益。其代理活动必须遵守《律师法》规定的律师职业道德和纪律。

4. 甲方应如实向乙方代理律师陈述事实，并提供相应的证据材料，及时办理必要的委托手续；否则，乙方有权终止本合同。

5. 根据陕价行发〔2007〕103 号文件《陕西省律师服务收费标准》的规定及甲方委托事宜的具体情况，本案法律服务代理费（大写）壹万元整。甲方应在本合同生效后 5 日内向乙方缴纳；办理代理事务所需查档费用、诉讼费用，由甲方承担。如需外地出差，甲方还应承担合理的差旅费。

6. 甲方无故终止本合同，或捏造事实、弄虚作假的，乙方有权终止代理活动，所收费用不予退还；乙方无故不履行本合同，所收费用全部退还甲方。

7. 本合同自双方签字之日起生效，至本案审理终结（法院作出判决、裁定）时终止。乙方律师依据本合同在处理甲方事务过程中，协助甲方与相对方达成调解，亦应视为乙方处理甲方事务完毕，甲方不得要求减、免、退费。

8. 本合同未尽事宜，双方可另行协商确定。

9. 本合同一式三份，甲方持一份、乙方持两份。

甲方：　　　　　　乙方：

　　　　　　　　　代表：

年　月　日　　　　年　月　日

附2：委托授权书：

授权委托书

_____：

委托人因北京市公安局行政处罚纠纷一案，依据相关法律之规定，兹委托陕西汉城律师事务所李四律师（执业证号_____）代理诉讼。代理权限以下列第_____项为准，代理期限自委托之日起，至委托事项办理完毕之日止。

委托代理合同编号为：（2018）陕汉律行字第 10 号

□1. 代为调查，起诉，出庭，签收法律文书。

□2. 承认、放弃、变更诉讼（仲裁）请求，提起反诉，参与和解，进行调解。

特此委托。

委托人：

2018 年 1 月 10 日

三、法律援助协议

在法律服务中，符合国家规定条件的当事人，还可享受无偿的法律援助服务。法律援助协议缔结的特殊性主要体现在事前的条件审查上，在协议内容上与一般的行政委托代理合同相似，主要包括协议双方当事人、委托援助的事项与权限、双方的权利义务等。详见附3。

附3：法律援助协议：

法律援助协议

甲方：张三

乙方：陕西汉城律师事务所

甲方因向乙方提出申请，请求乙方为其提供法律援助，经乙方审查，可以提供法律援助，现指派本所律师李四为甲方提供法律援助。经甲、乙双方协商，达成如下协议：

一、乙方接受甲方的委托，指派律师李四为其提供法律援助，在甲方与西安市民政局最低生活保障审核一案中，担任一审阶段的诉讼代理人。

二、甲方委托乙方律师的代理权限为：调查取证、出庭应诉答辩、递交或签收法律文书等（具体授权以授权委托书为准）。

三、甲方享有以下权利：

1. 获得免费法律咨询、法律援助的权利；但由乙方所垫付的非法律服务费（如诉讼费、公证费等），甲方应按规定支付。

2. 及时了解案件进展情况的权利；

3. 要求终止法律援助的权利。

四、甲方应承担以下义务：

1. 提供案件情况和相关证明材料，并保证所提供信息的真实性；

2. 服从乙方对承办律师的指派，积极配合承办律师工作；

3. 如实反馈承办律师的工作情况，并填写《法律援助工作征询意见表》。

五、乙方应当依法维护甲方的合法权益，如乙方指派的律师因故中途不能执行职务时，乙方应另行指派律师为甲方提供法律援助。

乙方指派承办法律援助事项的律师，应当遵守职业道德和执业纪律，提供法律援助不得收取任何财物。

六、甲方在接受法律援助后又自行委托律师或者其他代理人的，应当告知乙方，乙方有权终止该项法律援助。

七、本协议自签订之日起生效，至本案审理终结（判决、裁定、调解）终止。

八、本协议一式三份，甲方一份，乙方两份。

甲方：　　　　　　　　乙方：

　　　　　　　　　　　代表：

　年　　月　　日　　　　　年　　月　　日

第三章

出庭

　　律师出庭，是律师实务中一个核心环节，律师在庭审中的表现，直接影响着当事人权利的维护。本章拟以诉讼的不同阶段以及被代理当事人的法律地位为线索，论述出庭中的重点工作和应注意的特别事项。

第一节　第一审程序中的出庭

　　就当事人而言，第一审程序极为重要，一审中，法院既要从程序上审查原告是否符合起诉条件，还要全面审查行政行为的合法性。关于第一审程序前律师诉讼书稿的准备，证据的收集、整理以及证据交换等出庭准备工作，前面章节已经进行了详细论述，在一审开庭前，作为代理律师，不仅要认真检查案卷材料等是否准备齐全，提示当事人和证人开庭时间、地点，并叮嘱其带好相关证件及复印件，告知出庭和旁听开庭应当遵守的法庭纪律等事项，更重要的，是在开庭前，律师应该对案件事实、争议焦点、涉及的法律问题有深入的认识和把握，并就代理思路和当事人在庭前进行充分有效的沟通，避免在庭审中出现代理律师和当事人意见相左的情况。原告律师如认为当事人不出庭不利于查清案件事实、诉讼败诉风险较大、当事人系社会弱势群体等情形，宜安排当事人出庭。被告如为行政机关，依照《行政诉讼法》第3条的规定，"被诉行政机关负责人应当出庭应诉。不能出庭的，应当委托行政机关相应的工作人员出庭"。除国务院要求的涉及重大公共利益、社会高度关注或者可能引发群体性事件等案件以及人民法院书面建议行政机关负责人出庭的案件外，各地针对不同的实际情况，选定了不同的标准。例如湖北省武汉市的规定中增添了每年度第一审案件必须出庭的制度；浙江省绍兴市的相关规定中增添了案件出庭比例限制。若出现行政机关负责人因病入院、不可抗力、因公出差、开会等重要事项无法出庭的，则应当（而不是可以）委托行政机关相应的工作人员出庭。实践中，在行政机关负责人出庭的情形下，也经常出现行政机关负责人、行政机关工作人员、委托代理律师同时出现在被告席的情形，在这种情形下，被告律师庭前应向出庭的行政机关负责人、行政机关工作人员介绍行政诉讼的特殊规则，并就庭审中的注意事项、争议的焦点等问题进行沟通交流。

一、开庭准备阶段律师应该注意的事项

《适用解释》第 71 条规定，人民法院适用普通程序审理案件，应当在开庭 3 日前用传票传唤当事人。对证人、鉴定人、勘验人、翻译人员，应当用通知书通知其到庭。当事人或者其他诉讼参与人在外地的，应当留有必要的在途时间。新的司法解释对于当事人及其诉讼代理人没有区分传票和通知书，对于诉讼代理人不适用通知书通知。

为送达传票、通知书，人民法院应当在登记立案时要求当事人确认送达地址。当事人拒绝确认送达地址的，依照《最高人民法院关于人民法院登记立案若干问题的规定》第 7 条的规定处理。[1] 当事人提供的送达地址应当包括邮政编码、详细地址以及受送达人的联系电话等。同意电子送达的，应当提供并确认接收诉讼文书的传真号、电子邮箱、微信号等电子送达地址。当事人委托诉讼代理人的，诉讼代理人确认的送达地址视为当事人的送达地址。采用电子方式送达的，送达人员会留存相应的送达记录凭证。除判决书、裁定书、调解书外的开庭传票、通知，送达人员可以采用电话送达的方式，由送达人员告知当事人出庭的具体时间、地点，通话过程送达人员应当以录音存卷备查。

律师接到人民法院通知距开庭时间不足 3 日的，有权提出异议，要求人民法院更改开庭时间，但适用简易程序的除外。律师在接到开庭通知书后应按时出庭，但若遇到不可抗力，收到两份以上同时开庭的通知，参加后接到通知书的开庭审理活动的，应及时与人民法院联系，书面申请改期开庭，并提供申请的理由或依据。但由于律师自己的其他原因或申请未得到人民法院许可的，需及时报告律师事务所，由律师事务所及时为当事人安排其他能够胜任案件代理

---

[1] 《最高人民法院关于人民法院登记立案若干问题的规定》第 7 条：当事人提交的诉状和材料不符合要求的，人民法院应当一次性书面告知在指定期限内补正。当事人在指定期限内补正的，人民法院决定是否立案的期间，自收到补正材料之日起计算。当事人在指定期限内没有补正的，退回诉状并记录在册；坚持起诉、自诉的，裁定或者决定不予受理、不予立案。经补正仍不符合要求的，裁定或者决定不予受理、不予立案。

的律师出庭，并通知当事人。

二、宣布开庭阶段律师的工作

开庭审理时，审判长除了宣布开庭，宣布案由，核对当事人身份外，还会告知当事人有权申请回避。有以下两类事由的，当事人应在案件开始审理时提出，并说明理由；回避事由在案件开始审理后知道的，也可以在法庭辩论终结前提出。

第一类，审判人员具有下列情形之一的，应当自行回避，当事人及其法定代理人有权以口头或者书面形式申请其回避：①是本案的当事人或者与当事人有近亲属关系的；②本人或者其近亲属与本案有利害关系的；③担任过本案的证人、翻译人员、鉴定人、勘验人、诉讼代理人、辩护人的；④与本案的诉讼代理人、辩护人有夫妻、父母、子女或者兄弟姐妹关系的；⑤与本案当事人之间存在其他利害关系，可能影响案件公正审理的。

这里所称的近亲属，包括与审判人员有夫妻、直系血亲、三代以内旁系血亲及近姻亲关系的亲属。

第二类，当事人及其法定代理人发现审判人员违反规定，具有下列情形之一的，有权申请其回避：①私下会见本案一方当事人及其诉讼代理人、辩护人的；②为本案当事人推荐、介绍诉讼代理人、辩护人，或者为律师、其他人员介绍办理该案件的；③索取、接受本案当事人及其受托人的财物、其他利益，或者要求当事人及其受托人报销费用的；④接受本案当事人及其受托人的宴请，或者参加由其支付费用的各项活动的；⑤向本案当事人及其受托人借款，借用交通工具、通信工具或者其他物品，或者索取、接受当事人及其受托人在购买商品、装修住房以及其他方面给予的好处的；⑥有其他不正当行为，可能影响案件公正审理的。

另外，凡在一个审判程序中参与过该案审判工作的审判人员，不得再参与该案其他程序的审判，当事人可以据此申请其回避。

对于当事人提出的回避申请，合议庭既可以当场以口头形式作出决定，也可以在申请提出3日内，以口头或者书面形式作出决定。申请人对决定不服的，可以在接到决定时申请复议一次，但复议期间，被申请回避的人员不停止参与本案的工作。

在此阶段，律师有权对对方当事人及其代理人的身份提出异议。法庭宣布案件受理、起诉状副本送达、被告提交证据材料和答辩状等程序性情况后，律师有权对其中不符合法律规定之处提出异议；法庭未宣布上述程序性情况的，律师有权提请法庭当庭宣布。

三、法庭调查阶段律师的工作

法庭调查是审判人员在法庭上，在当事人和其他诉讼参与人的参加下，全面调查案件事实、审查判断各项证据的诉讼活动。法庭调查主要包括当事人陈述、证据的出示和质证两个环节。当事人陈述按照如下顺序进行：①被告介绍行政行为；②原告宣读起诉状，讲明具体的诉讼请求和理由；③被告宣读答辩状，对原告的诉讼请求提出异议并说明理由；④第三人陈述。法庭调查的核心环节是举证和质证，根据《最高人民法院关于行政诉讼证据若干问题的规定》，证据应当在法庭上出示，并经庭审质证。未经庭审质证的证据，不能作为定案的依据。

法庭调查是庭审的重要环节，下面根据律师代理的当事人的诉讼地位，分别展开详细论述。

（一）代理原告时应该注意的事项

1. 宣读起诉状或简要进行说明。不同的主审法官，审理案件的习惯不同，有的法官允许原告直接宣读起诉状，有的法官认为，诉讼当事人在庭前都已了解起诉状，所以要求原告只简明扼要地说明起诉状的主要内容即可，律师这时就要适应主审法官的要求，尽快调整思路，不能再拿着起诉状一字不漏地朗读，而要有条理地阐述诉讼请求和事实理由，但也不要错误理解简明扼要就是简单。这种情况对律师的能力要求反而更高，主要考验的是律师的应变能力和化繁为简的能力，它一方面来自于律师自身业务素质，如归纳和概括能力，另一方面考验律师对案件的熟悉程度。

律师代理原告进行简要说明时，语速不能太慢或太快，要认真观察审理法官的反应，判断其是否充分领悟了己方的重要观点和思路，对于己方提出的主要事实，法官是否予以特别的重视，要根据法庭气氛及时调整诉讼策略，提早发现并扭转劣势。

2. 认真听取被告的答辩意见。《行政诉讼法》第 67 条规定："人民法院应当在立案之日起 5 日内，将起诉状副本发送被告。被告应当在收到起诉状副本之日起 15 日内向人民法院提交作出行政行为的证据和所依据的规范性文件，并提出答辩状。人民法院应当在收到答辩状之日起 5 日内，将答辩状副本发送原告。被告不提出答辩状的，不影响人民法院审理。"依据《行政诉讼法》的规定，被告不提供或者无正当理由逾期提供证据，视为没有相应证据。所以，在收到起诉状副本后，被告一般会在答辩期限内向法院提交作出行政行为的证据，但不一定提交答辩状和作出行政行为所依据的规范性文件，这样做的目的，通常是为了开庭时让原告措手不及，无法提前准备诉讼的策略和思路，这种情况下，作为原告的代理人，律师一定要认真倾听被告的答辩，记录并分析被告的主要观点和思路，分析被告的观点有没有事实依据和法律依据，研究被告的论述前后是否一致，有没有前后矛盾以及逻辑不成立的情况。即使被告按照法律规定提出了答辩状，也要在开庭时分析被告当庭的答辩与答辩状有没有不一致之处，不相同之处往往是被告的软肋，随后可以就此突破。

3. 认真分析第三人的意见。《行政诉讼法》第 29 条第 1 款规定："公民、法人或者其他组织同被诉行政行为有利害关系但没有提起诉讼，或者同案件处理结果有利害关系的，可以作为第三人申请参加诉讼，或者由人民法院通知参加诉讼。"

行政诉讼中类似原告地位的第三人有以下情况：

（1）行政处罚中的受处罚人。行政机关对违法行为人作出行政处罚后，受处罚人未起诉，被受处罚人所侵犯的受害人起诉，在这种情况下，受处罚人可以作为第三人参加诉讼。

（2）被受处罚人侵害的受害人。行政机关对违法行为人处罚后，受处罚人不服行政处罚起诉的，被受处罚人侵害的人可以作为第三人参加诉讼。

（3）行政裁决的当事人。行政机关依职权裁决平等主体之间的权属纠纷或侵权赔偿纠纷，一方当事人不服行政裁决而起诉行政机关时，另一方当事人可以作为第三人参加诉讼。

（4）行政行为的直接相对人。行政机关作出某种行政行为，行政行为的直接相对人未起诉，但其他受到行政行为的不利影响的人提起诉讼，这时行政行为的直接相对人可作为第三人参加诉讼。如行政机关批准甲在某地上建房，但乙认为房屋建成会影响自己的交通、采光或排水，因而起诉批准机关，甲就成为该案的第三人。

（5）权益受到行政行为影响的人。行政机关作出某行政行为，既影响直接相对人的权益，又影响非直接相对人的权益，直接相对人不服行政行为向法院起诉的，非直接相对人就成为第三人。如行政机关撤销某人的厂长职务，按有关规定，行政机关任免企业法定代表人时应当征求企业职工代表大会的意见，但事实上该行政机关并未征求其意见，该厂长若不服撤职决定而起诉时，企业职工代表大会或企业职工就可以作为第三人参加诉讼。

（6）多相对人行为中的未起诉方。行政机关的同一行政行为涉及两个以上的利害关系人，其中一部分利害关系人对行政行为不服提起诉讼，人民法院应当通知没有提起诉讼的其他利害关系人作为第三人参加诉讼。例如，甲乙丙丁四人赌博，被公安机关抓获，每人被罚款 1000 元，甲乙二人不服，提起行政诉讼，则人民法院应当通知丙丁二人作为第三人参加诉讼。

（7）最高人民法院《关于审理房屋登记案件若干问题的规定》第 6 条规定："人民法院受理房屋登记行政案件后，应当通知没有起诉的下列利害关系人作为第三人参加行政诉讼：①房屋登记簿上载明的权利人；②被诉异议登记、更正登记、预告登记的权利人；③人民法院能够确认的其他利害关系人。"

行政诉讼中类似于原告地位的第三人，他们的诉讼请求不一定有利于原告，由于第三人在庭审开始前不一定提交书面意见，因此，庭审中要认真倾听第三人意见，快速判断第三人观点的倾向性，总结出对原告有利的观点。

4. 原告举证。《行政诉讼法》明确规定被告对作出的行政行为负有举证责任，但并不排除原告在被诉行政行为的合法性之外承担举证责任的情形，行政诉讼中原告也会承担一定的举证责任。

一般说来，原告就下列事项承担举证责任：

（1）符合法定起诉条件。按照《行政诉讼法》第 49 条的规定，原告应当证明自己的起诉符合的法定条件是：原告是符合本法第 25 条规定的公民、法人或者其他组织；有具体的诉讼请求和事实根据；属于人民法院受案范围和受诉人民法院管辖。被诉行政行为侵犯原告的合法权益应当理解为原告需要证明自己法律上的利益受到被诉行政行为直接影响。

（2）证明行政行为的存在。原告起诉应当提供证据证明被诉行政行为的存在，否则，诉讼标的不存在的话，法院无法开始诉讼程序。能够证明行政行为存在的证据主要有法律文书、罚没收据、收款收据等。对于行政机关作出行政行为时，没有制作或者没有送达法律文书的，只要能证明具体行政行为存在，人民法院应当依法受理。

但是，在两种情况下，原告不需要承担证明被诉行政行为存在的举证责任：其一，被诉行政行为是被告应当依职权主动作出的；其二，原告起诉不作为案件中，因被告受理申请的登记制度不完备等正当事由不能提供相关证据材料并能够作出合理说明的。

（3）行政赔偿诉讼中，证明因受被诉行为侵害而造成损失的事实。根据

《行政诉讼法》和《国家赔偿法》的规定，原告可以单独提起行政赔偿诉讼，也可以一并提起行政赔偿诉讼。按照《行政诉讼证据规定》第 5 条，这两种行政赔偿诉讼原告都要对因受被诉行政行为侵害而遭受损失的事实承担举证责任：其一，原告需要证明自己的损失是因为被诉具体行政行为而产生的；其二，原告需要证明自己受到损失的大小。根据《行政诉讼法》第 38 条第 2 款的规定，在行政赔偿、补偿案件中，因被告的原因导致原告无法就损害情况举证的，应当由被告就该损害情况承担举证责任。

原告在举证时，应指出证据的重点内容，以引起主审法官的注意。

5. 质证。质证是指在法庭审理过程中，诉讼当事人对法庭上所出示的证据采取询问、辨认、质疑、说明、解释、辩驳等方式进行对质核实，从而在证据的证明力等问题上对法官的内心确信产生影响的一种诉讼活动。质证实质上是按照对行政诉讼证据是否能够作为可定案证据的一个判断过程。

质证是行政诉讼证据审查的一个重要环节，对于法院查明案件事实进而作出公正裁判具有不可或缺的作用。《行政诉讼法》第 43 条第 1 款规定："证据应当在法庭上出示，并由当事人互相质证。对涉及国家秘密、商业秘密和个人隐私的证据，不得在公开开庭时出示。"《行政诉讼证据规定》第 35 条第 1 款规定："证据应当在法庭上出示，并经庭审质证。未经庭审质证的证据，不能作为定案的依据。"当事人在庭前证据交换过程中没有争议并记录在卷的证据，庭审时不再给予对质的机会。质证是证据制度中的基本原则，不经质证的证据不得采信已是世界公认的诉讼法基本原则。

质证的范围是当事人提交给人民法院的全部证据。这些证据除了在法庭确定的举证期限之内提交的证据之外，还包括法庭在质证过程中，准许当事人补充的证据，对补充的证据仍应进行质证。庭前证据交换过程中没有争议并记录在卷的证据，一般不再进行质证。

行政诉讼中，被告承担主要的举证责任，原告为了维护自己的合法权益，需要对被告证据是否具有证明力，包括证据有无证明效力和证据证明效力的大小进行逐一质证。

证据证明效力围绕证据的真实性、关联性、合法性展开。

证据的真实性是指证据能再现案件事实的客观真相，就证据的真实性，主要关注证据形成的原因；发现证据时的客观环境；证据是否为原件、原物，复制件、复制品与原件、原物是否相符；提供证据的人或者证人与当事人是否具有利害关系；当事人拒不提供原件、原物，又无其他证据印证，且对方当事人不予认可的证据的复制件或者复制品。经技术处理又无法辨明真伪的证据，可以从证据上否认其效力。对于有疑义的证据，可以申请司法鉴定，以确认其真实性。

证据的关联性指证据材料与待证事实具有某种联系。由于行政诉讼案件审查的是被诉行政行为的合法性问题，而不仅仅是审查当事人所争议的事实，所以，行政诉讼的案件事实是指与被诉行政行为合法性有关的事实。与此有某种联系的证据材料，就具有关联性，反之，则不具有关联性。司法实践中，很多当事人提交的证据要不与案件无关，要不是"孤证"，很难认定这种逻辑关系存在。

证据合法性主要关注证据是否符合法定形式；证据的取得程序是否符合法律、法规、司法解释和规章的要求；是否有影响证据效力的其他违法情形。有下列情形之一的，属于《行政诉讼法》第 43 条第 3 款规定的"以非法手段取得的证据"：①严重违反法定程序收集的证据材料；②以违反法律强制性规定的手段获取且侵害他人合法权益的证据材料；③以利诱、欺诈、胁迫、暴力等手段获取的证据材料。另外，行政机关在行政程序结束后形成的没有记录在案卷中的证据，这种证据由于违法了证据的程序规则，不能作为定案的根据。

对证人证言的质证，首先要关注证人的资格，不能正确表达意志的人不能成为证人。因此，在生理或精神上有缺陷的人、年幼的人能否成为证人，就取决于该人是否能够正确表达意志。证人出庭作证是一项法定义务，是一个原则性的要求。证人证言只有当庭陈述，才能接受质证。特殊情况下，证人可以不出庭而提交书面证言。《行政诉讼证据规定》第 41 条规定了 5 种免除证人出庭作证义务的情形：①在行政程序或者庭前证据交换中无异议的证人证言；②证人因年迈体弱或者行动不便无法出庭的；③证人因路途遥远、交通不便无法出庭的；④证人因自然灾害等不可抗力或者其他意外事件无法出庭的；⑤证人因其他特殊原因确实无法出庭的。实务中，存在合理差异的证言并不损害其真实性，而高度相同的证言则须谨慎对待。

另外，《适用解释》第 41 条规定了行政执法人员出庭说明制度，"有下列情形之一，原告或者第三人要求相关行政执法人员出庭说明的，人民法院可以准许：①对现场笔录的合法性或者真实性有异议的；②对扣押财产的品种或者数量有异议的；③对检验的物品取样或者保管有异议的；④对行政执法人员身份的合法性有异议的；⑤需要出庭说明的其他情形"。该规定有利于尽可能查明案件事实。新的司法解释还建立了到庭询问制度，主要规定有：人民法院认为有必要的，可以要求当事人本人或者行政机关执法人员到庭，就案件有关事实接受询问。在询问之前，可以要求其签署保证书。保证书应当载明据实陈述、如有虚假陈述愿意接受处罚等内容。当事人或者行政机关执法人员应当在保证书上签名或者捺印。负有举证责任的当事人拒绝到庭、拒绝接受询问或者拒绝签署保证书，待证事实又欠缺其他证据加以佐证的，人民法院对其主张的事实不予认定。

当事人和律师应当围绕证据的关联性、合法性和真实性，针对证据有无证明能力、证明效力以及证明效力大小进行质证。在"三性"的顺序上，可以先就是否有关联性质证，如果证据与本案没有关联性，即没有证明能力，当事人可以不再就是否具有合法性、真实性质证。经法庭准许，当事人及其诉讼代理人可以就证据问题相互发问，也可以向到庭的证人、鉴定人或者勘验人发问。对于发问所回答的内容，法庭应当询问另一方当事人意见。当事人申请法院调取的证据，由申请调取证据的当事人在庭审中出示，并由另一方当事人质证。法院依职权调取的证据，由法庭审判员出示，并就调取该证据情况作出说明，听取当事人意见。因此，法院调取的证据不参与当事人的质证，当事人只能提出自己的意见，而该意见是否得到接受由法官决定。

（二）被告律师在法庭调查中的工作

1. 被告介绍行政行为。被告代理律师依据法庭的询问，就被告作出的被诉行政行为，陈述如下内容：①行政行为的名称、文号、作出的行政机关、作出的时间以及送达情况；②被告作出行政行为的职权依据；③被告作出行政行为的事实依据；④被告作出行政行为的程序及其依据；⑤被告作出行政行为的目的等。

2. 被告答辩。在法庭调查中。被告律师应当坚持全面答辩原则，不能局限于原告争议的内容，更不能按照原告的诉讼思路进行答辩，而应该全面阐述被诉行政行为合法性各要素，就事实和法律问题充分向法庭陈述，说明行政行为的合法性。

3. 举证。在行政诉讼中，被告承担主要的举证责任，因此，被告代理律师在开庭举证时，应准备好证据清单，分别逐一或逐类按组出示证据材料或依据，并说明该证据的名称、证据来源、取证时间、取证地点、取证人员及用以证明的事实。被告提供的行政行为合法性的证据材料和法律依据在法庭调查过程中当庭出示，由法庭传递给对方当事人质证。

关于行政诉讼中当事人出示证据的顺序，法律没有明确规定。有关证据的出示顺序，原则上按照证人与证人证言、书证、物证、视听资料和电子数据、鉴定意见、勘验笔录和现场笔录的顺序依次出示、接受质证。心理学研究表明，证据出示的视觉效果比听觉效果相对较好。另外，人的记忆有"首位效应"和"临近效应"的特点，法官可能对开头和结尾的记忆深刻，质证过程中首尾出示的证据相对令人印象深刻，所以最有力的、最有利的证据优先出示或者放在最后出示。[1]

被告无正当理由拒不到庭而依法缺席审判的，被告提供的证据不能作为定案的依据，但当事人在庭前交换中没有争议的证据除外。

被告在举证时，既要努力证明提供的书证、物证、视听资料、电子数据、证人证言、当事人的陈述、鉴定意见和勘验笔录、现场笔录等证据具有可采性，即证明能力，具有关联性、合法性和真实性，又要分门别类地证明行政行为满足合法性要件，即主体合法（可以提供相关的法律规范、授权委托书、"三定规定"等）、程序合法（包括方式、步骤、顺序、时限等因素）、事实认定合法、适用法律规范合法（包括作出行政行为所依据的法律规范和规范性文件等）。

复议机关决定维持原行政行为的，法院应当在审查原行政行为合法性的同时，一并审查复议决定的合法性。作出原行政行为的行政机关和复议机关对原行政行为的合法性共同承担举证责任，可以由其中一个机关实施举证行为，复议机关对复议决定的合法性承担举证责任。

4. 质证。基于行政诉讼中被告负主要举证责任的原则，一般首先由被告出示证据，原告进行质证；之后原告出示证据，被告进行质证；当事人申请人民法院调取的证据，由申请调取证据的当事人在庭审中出示，并由其他当事人质证。人民法院依职权调取的证据，由法庭出示，并可就调取该证据的情况进行说明，听取当事人意见。

对于案情比较复杂或者证据数量较多的案件，人民法院可以组织当事人在开庭前向对方出示或者交换证据，并将交换证据清单的情况记录在卷。当事人在庭前证据交换过程中没有争议并记录在卷的证据，经审判人员在庭审中说明后，可以作为认定案件事实的依据。不再进行质证。

原告申请调查收集证据，但该证据与待证事实无关联、对证明待证事实无意义或者其他无调查收集必要的，被告代理律师应该及时提出反对意见。

---

[1] 阮露鲁主编：《行政诉讼律师实务》，法律出版社 2018 年版，第 132 页。

被告有证据证明其在行政程序中依照法定程序要求原告或者第三人提供证据，原告或者第三人依法应当提供而没有提供，在诉讼程序中提供的证据，被告代理律师应该提醒人民法院不予采纳。

《行政诉讼法》第 36 条第 2 款规定："原告或者第三人提出了其在行政处理程序中没有提出的理由或者证据的，经人民法院准许，被告可以补充证据。"根据这一规定，行政机关在行政处理程序中必须全面、充分调查案件事实，达到案件事实清楚，证据确凿。因此，当原告或者第三人提出了其在行政处理程序中没有提出的理由或者证据时，作为被告的行政机关并不当然有补充证据的诉讼权利，它必须获得法院准许。当然，如果原告或者第三人到行政诉讼中才提交这些理由或者证据，这对行政机关来说是十分不利的。有些理由，若原告或第三人不说，行政机关是无法知道的；有些证据，若原告或第三人隐藏起来，行政机关可能根本没法获得。如果允许原告或者第三人的上述做法，那么原告或者第三人可以利用"诉讼技巧"置行政机关于败诉之地。因此，法院在决定是否"准许"时，应当充分考虑这个因素[1]。

被告律师质证的其他注意事项与原告代理律师相同。

四、法庭辩论阶段律师的工作

经过法庭辩论，原被告双方争议的焦点问题通常会表现出来，法官往往会根据法庭调查的情况，总结出案件的焦点问题，法官会引导当事人针对这些焦点问题展开辩论，充分发表意见。

法庭辩论应按下列顺序进行：①被告及其诉讼代理人发言；②原告及其诉讼代理人发言；③第三人及其诉讼代理人发言；④双方互相辩论。这样安排基于行政诉讼主要审查行政行为合法性的考虑，但当案件焦点为行政赔偿、行政合同时，由原告及诉讼代理人先发言，再由被告及其诉讼代理人发言，如果有第三人时，安排其后接着双方辩论。

在法庭辩论阶段，代理律师有以下注意事项：

1. 辩论语言精彩严谨。辩论阶段时间紧，任务重，还要方便书记员记录，因而，辩论语言在技巧和内容上要下功夫，在语言技巧上：一是音量适当，语速适中，口齿清晰，表达流畅，要保证合议庭、当事人和旁听人员听清己方发言的观点，对重点部分可以放慢速度，提高音量。二是辩论语言应注意层次性

---

〔1〕 章剑生：《现代行政法总论》，法律出版社 2019 年版，第 457 页。

和逻辑性，观点清楚，层层推进。论证有力。三是尽量脱稿发言，与法官、对方当事人和旁听人员要有目光交流，根据现场气氛调节语速、发言的组织方式。在语言内容上：一是辩论语言要文明，不能出现粗俗不文明词汇，更不能挖苦、讽刺、谩骂、侮辱、嘲笑对方。二是辩论语言要符合常识和案件事实，否则会减损发言的可信度。三是语言尽量言简意赅，不用生僻晦涩词汇，便于参与庭审的所有人理解。

2. 紧紧围绕焦点展开，不要纠缠于与案件关系不大或无关的细节或问题。法庭辩论阶段对律师的专业知识、专业素质要求比较高，需要律师尽快从法庭调查的事实出发，调整辩论提纲，从行政行为的合法性着手，以行政行为合法有效的要件为出发点，从行政主体的权限、行政程序、行政行为认定的事实、行政行为的形式等方面尽快发掘对己方有利的点，快速梳理出己方的辩论提纲和意欲向对方提问的问题，辩论提纲和整理的问题应该具有逻辑性和递进性，层层推进。不要关注与本案无关或关系不大的问题，更不能以不专业姿态与对方辩论，这恰恰暴露出律师对行政法知识的欠缺，给合议庭留下不好的印象。

3. 对辩论中出现的突发情况要合理调整心态，从容应对。法庭辩论中，极可能出现对方"偷袭"情况，这种情况发生，说明在案件准备阶段熟悉案情、研究相关的法律法规、收集组织证据等准备工作不够充分细致。遇到此种情况，一定要保持冷静，结合案情分析对方"偷袭"的意图和逻辑悖论等，不要急于去应对，可以和参与出庭的当事人和律师快速沟通，结合相关法律规范作出应急方案，变被动为主动。

4. 出庭律师和当事人之间要分工明确，密切配合。如果己方出庭的不是一个律师，而是两个律师，那么两个律师在法庭辩论阶段就要有所分工，一位律师可以主要从法律方面展开辩论，一位律师可以从情理方面出发，晓之以理动之以情，相互配合。另外，即使是一位律师出庭，在法庭辩论阶段和当事人之间也要有所分工，相互配合，避免出现观点相左的局面，一旦此种情况出现，法庭辩论就陷入极其被动的局面，要扭转相当困难。

另外，如果案件经复议，复议机关维持了原行政行为，作出原行政行为的行政机关和复议机关是共同被告，或者两个以上行政机关作出同一行政行为，共同作出行政行为的行政机关也是共同被告，或者原告是共同诉讼，这几种情况下，原告一方各代理律师或共同被告的代理律师也要善于运用己方的其他律师的观点，为我所用。当然，这种情况下，不能做出违反法律规定的串供行为等。

5. 法庭辩论的着眼点应该在于说服法官。法庭辩论的重点不在于简单向对方证明己方观点的正确和诉讼请求的合理，而在于从法律事实、法律规定、情理、人性、社会效果等角度增加己方的说服力。法官在行政审判中，会处在中立的立场，既要听取原告的起诉意见，也要听取被告的辩论意见。经过法庭调查，法官对案件的基本事实已经有了大致的了解，内心也形成了初步的判断。在法庭辩论阶段，法官对一些事实问题，尤其是专业问题和相关的法律问题还会存有一些疑问和困惑，法官会通过询问的方式提出，因此，律师要特别关注法官的询问，分析法官关注这些问题的目的，尽可能地摆事实、引用法律、阐释法律的立法意图、用多种方法解释法律，从而说服法官。

法律辩论结束后，依据《行政诉讼法》第 60 条的规定，如果属于行政赔偿、补偿以及行政机关行使法律、法规规定的自由裁量权的案件，当事人可以调解。调解需要关注如下问题：①代理律师参与调解须获得特别授权；②调解应当遵循自愿、合法原则，不得损害国家利益、社会公共利益和他人合法权益；③调解过程不公开，但当事人同意公开的除外；④调解协议内容不公开，但为保护国家利益、公共利益和他人利益，法院认为确有必要公开的除外；⑤调解过程中，当事人一方或者双方不愿调解、调解未达成协议的，法院应当及时判决。⑥调解协议达成后，不得要求法院根据调解协议制作判决书。

五、最后陈述

法庭辩论结束后，法庭告知当事人作最后陈述。原告的陈述主要是坚持诉讼请求，请法院予以支持；被告的陈述要围绕驳回原告的诉讼请求展开。最后陈述切记不能重述起诉状和答辩状，而要结合法庭调查和法庭辩论的情况，系统地有逻辑性地阐明己方观点。特别对法庭审理中没有引起足够重视的观点或者遗漏的重要的问题，或者在法庭辩论阶段没有来得及表达的意见，律师在最后陈述阶段，都要简明扼要、态度鲜明地提出来。最后的陈述不宜长篇大论，避免冲淡主要观点。

原告在庭审中明确拒绝陈述或者以其他方式拒绝陈述，导致庭审无法进行的，经法庭释明法律后果后仍不陈述意见的，视为放弃陈述权利，由其承担不利的法律后果。

六、庭后工作

1. 庭审笔录的签署。庭审笔录是法庭书记员对于案件审理过程与内容的记录，具有法律证明效力。庭审结束后，律师需要审阅并签署庭审笔录。审阅庭审笔录一定要仔细认真，对于记录错误或者遗漏的部分，应立即进行修正，并在修正处签名，法院一般还会要求律师在修正处按手印。对于庭审笔录的签署，律师最好在庭审笔录每一页签字，并在最后一页签署具体日期。

核对庭审笔录不应超过期限，庭审笔录建议在庭审结束后或者庭审之后5日内审核签署。

2. 整理庭审记录并向当事人汇报。庭审记录是律师在开庭时对于庭审情况和重要事项的记录。庭审记录主要记载庭审时对方质证的情况和对方的辩论意见，特别是对方在质证和辩论时自相矛盾的地方和错误观点。无论当事人是否参加了庭审，代理律师最好向当事人提交一份书面的庭审情况汇报，对案件的争议焦点、难点问题以及代理方的法律风险予以说明，律师这样做，既是自身价值的体现，也是对当事人的尊重和负责。

3. 补充新的证据和资料。在庭审中，法庭经常会就某些事实问题或程序问题要求当事人补充有关证据和资料。作为原告的代理律师，在庭审中就应该及时就争议的事实和有关法律依据提出补充申请，在庭后及时按照法庭规定的时间提交。作为被告的代理律师，原告或者第三人在行政诉讼程序中提出其在行政程序中没有提出的反驳理由或者证据，在一审程序中，并经人民法院准许，被告可以补充提供证据。被告补充证据仅限于对抗原告或第三人在诉讼过程中提出了新的反驳理由或者证据，不能在补充证据中提供证明被诉行政行为合法性的证据。

4. 提交书面代理意见。经过庭审，代理律师对争议的焦点、涉及的事实问题和法律问题有了较为全面的掌握和了解，如果律师认为己方的观点尚未充分展开或者未引起法庭足够的重视，就要按照法庭规定的时间，及时提交书面的代理意见。被告的代理意见应该紧紧围绕法庭的焦点问题、核心问题和关注的问题展开，不要泛泛而谈，更不要赘述答辩状的意见。原告的书面代理意见应该着眼于维护自身诉求的合法性。代理意见更能体现代理工作的精华。代理词应重点突出、逻辑严密、论据充分、论证有力，不宜长篇大论，以便法官节省时间，尽快了解并接受己方观点。

5. 接收法官的裁判文书并协助当事人确定是否上诉。无论公开审理或者不公开审理的案件，一律公开宣判。法院可以当庭宣判，也可以定期宣判。当庭宣判的，由审判长宣布继续开庭，当庭公开宣读案件的判决或裁定，并在 10 日内将判决书或裁定书发送当事人。定期宣判的，由审判长宣布休庭，择期公开宣判。具体宣判的时间和地点既可以当庭告知，也可以另行通知，宣判后应立即发给裁判文书。宣告判决后，人民法院必须告知当事人有关的上诉事宜，包括上诉的权利、上诉期限和上诉法院。

如果是律师代为领取裁判文书，要以一定恰当方式记录好收到裁判文书的时间，以便计算上诉期间。

律师在收到裁判文书后，应及时通知当事人，并对裁判文书进行分析，如果裁判结果对己方不利的，应该征求当事人意见，当事人决定上诉的，协助当事人准备上诉状并提交，判决书送达之日起 15 日内向上一级人民法院提起上诉。当事人不服人民法院第一审裁定的，有权在裁定书送达之日起 10 日内向上一级人民法院提起上诉。逾期不提起上诉的，人民法院的第一审判决或者裁定发生法律效力。上诉可以通过第一审法院提出，也可以直接向第二审法院提出。实务中，一般是向原审判决法院提交上诉状，由原审判决法院将上诉状连同案卷移交上一级人民法院。当然，如果在收到裁判文书后，当事人准备委托另外的律师事务所代理案件上诉，则原代理律师的业务就此终止。

6. 撤诉操作。撤诉是指对于法院已经立案的案件，原告、上诉人、再审申请人（以下简称原告等）在法院宣告判决或者裁定之前，向法院表示撤回自己起诉（上诉、再审申请）的诉讼行为。撤诉是单纯的诉讼上的行为，原告等的实体权利不受撤诉行为的影响。

根据《行政诉讼法》的规定，撤诉分为申请撤诉和按撤诉处理两种情况。

（1）申请撤诉。申请撤诉，是指在法院宣告判决或者裁定之前，原告等明确向法院申请撤回起诉的诉讼行为。它是原告等对自己诉权的一种积极处分，是一种单方行为。原告等申请撤诉后，能否准许，须经法院审查、裁定。这种制度设置既是为了确保原告等撤诉是基于真实的意思表示，防止因受行政机关胁迫而申请撤诉，也是为了防止被告为让原告撤诉而违法损害公共利益或者他人合法权益。

根据《行政诉讼法》第 62 条的规定，法院对行政案件宣告判决或者裁定前，原告申请撤诉的，或者被告改变其所作的行政行为，原告同意并申请撤诉的，是否准许，由法院裁定。

对于被告改变被诉行政行为，原告申请撤诉的，最高人民法院《关于行政诉讼撤诉若干问题的规定》第 2 条规定，法院应审查是否符合如下条件：申请撤诉是当事人真实意思表示；被告改变被诉行政行为，不违反法律、法规的禁止性规定，不超越或者放弃职权，不损害公共利益和他人合法权益；被告已经改变或者决定改变被诉行政行为，并书面告知法院；第三人无异议。符合上述条件的，法院应裁定准许撤诉。

对于原告基于被告改变被诉行政行为而申请撤诉的，经过审查，法院可以做出如下裁定：①被告改变被诉行政行为，原告申请撤诉，有履行内容且履行完毕的，法院可以裁定准许撤诉；不能即时或者一次性履行的，法院可以裁定准许撤诉，也可以裁定中止审理。②准许撤诉裁定可以载明被告改变被诉行政行为的主要内容及履行情况，并可以根据案件具体情况，在裁定理由中明确被诉行政行为或者原裁判全部或者部分不再执行。③申请撤诉不符合法定条件，或者被告改变被诉行政行为后当事人不撤诉的，法院应当及时作出裁判。

（2）按照撤诉处理。按照撤诉处理，是指原告等并未明确向法院申请撤回起诉或者上诉，法院基于其拒绝履行法定诉讼义务的行为，推定其自愿申请撤诉并按照撤诉处理的诉讼制度。按照撤诉处理不是基于当事人的意思表示，而是基于法律的明确规定。

根据《行政诉讼法》第 58 条和相关司法解释的规定，当原告等出现下列情况时，视为申请撤诉，法院可以按照撤诉处理：①经人民法院传票传唤，无正当理由拒不到庭的；②未经法庭许可中途退庭的；③未按规定的期限预交案件受理费，又不提出缓交、减交、免交申请，或者提出申请未获批准的。

出现法定事由时，法院对是否按照撤诉处理具有裁量权。当事人申请撤诉或者依法可以按撤诉处理的案件，当事人有违反法律的行为需要依法处理的，人民法院可以不准许撤诉或者不按撤诉处理。法庭辩论终结后原告申请撤诉，人民法院可以准许，但涉及国家利益和社会公共利益的除外。

（3）撤诉的法律后果。①法院准许撤诉或者按撤诉处理后，诉讼程序即告终结，法院不再对案件进行审理。②法院裁定准许原告撤诉后，原告等以同一事实和理由重新起诉的，法院不予受理。准予撤诉的裁定确有错误，原告申请再审的，法院应当通过审判监督程序撤销原准予撤诉的裁定，重新对案件进行审理。③原告等因诉讼费预交问题被按撤诉处理后，在法定期限内再次起诉或者上诉，并依法解决诉讼费预交问题的，法院应予受理。

附：第一审被告书面代理意见参考示例：

王某诉 T 市市场监督管理局案
律师代理意见

审判长、审判员：

受 T 市市场监督管理局委托，H 律师事务所指派彭某、李某某就贵院审理的王某诉 T 市市场监督管理局撤销行政答复及行政赔偿一案（案号：2019 陕×××行初×号）发表如下代理意见：

一、原告提起的行政诉讼没有诉的利益，其举报的 S 公司两次增资工商登记已被撤销，原告可继续通过执行程序实现其保全目的，应驳回其起诉

本案的起因是，原告王某认为 T 市市场监督管理局于 2015 年 12 月 2 日和 2016 年 3 月 28 日核准的 S 公司注册资本变更登记，导致其保全的许某持有 S 公司的股权份额被稀释，其权益受损，进而引发争诉。

原告王某作为保全的利害关系人，于 2017 年 1 月 13 日起诉被告，要求撤销该两次增资登记行为，法院生效判决已撤销 S 公司的两次注册资本变更登记；被告于 2018 年 1 月 2 日依据法院生效判决撤销了 S 公司的上述两次增资变更登记；S 公司的注册资本以及许某的持股比例已恢复至增资变更登记前的状态。原告王某作为诉讼保全的申请人，在 2018 年 1 月 2 日之后完全可以继续按照法律程序实现其保全的目的，其合法权益已通过在先的行政诉讼得到了保障。

同时，提起行政诉讼，应当有诉的利益。所谓诉的利益，就是当事人向法院提出的诉讼请求，具有必须通过法院审理并作出判决予以解决的必要性和实效性；其中必要性是指有无必要通过本案判决解决当事人之间的纠纷；实效性是指通过本案判决能否使纠纷获得实质性解决。在本案中，王某在两次增资变更登记被撤销的情形下，于 2018 年 8 月再次向被告投诉 S 公司涉嫌提交虚假材料和虚假出资，其投诉反映的基础事实已不存在，被告不能对一个已被撤销的增资行为进行调查，在此时，原告因该投诉举报产生的诉讼，已然没有诉的利益。应依法驳回原告的起诉。

二、原告在已获得司法救济的同时再次向被告投诉同一事项，系重复行使救济权，该诉讼实质上是重复起诉，应裁定驳回其起诉

原告 2018 年 8 月向被告投诉举报的事项主要有两项：一是 S 公司在两次"增资变更登记"中涉嫌提交虚假材料，二是 S 公司的两次"增资变更登记"系虚假出资。

从救济路径看，公司股东及利害关系人发现公司的设立或变更登记存在提交虚假材料或虚假出资，有两个救济途径，一是向公司登记机关投诉举报，公司登记机关导入行政处罚程序予以查处；二是直接向人民法院提起诉讼，要求撤销涉及虚假材料或虚假出资的工商登记。当事人选择投诉举报的，对行政机关后续的处理决定不服的，可以提起行政复议或行政诉讼；但当事人选择司法救济的，不能再次折返回投诉举报的救济路径。本案中，原告王某已经选择司法救济途径，且司法救济已经获得法院支持，其合法权益已得到保障，其再次投诉举报同一事实，属于重复行使救济权，被告导入信访程序调查处理并无不当。

从法律依据看，依据《公司法》第198条，提交虚假材料或者采取其他欺诈手段隐瞒重要事实取得公司登记的，可以处以责令改正、罚款、撤销公司登记或吊销营业执照的处罚；依据《公司法》第199条，股东虚假出资的，可以处以罚款。在本案中，原告已经通过行政诉讼将S公司两次注册资本变更登记予以撤销，该公司登记被撤销后，其增加注册资本的行为自始无效，基础事实已不存在；倘若存在原告所反映的提交虚假材料或虚假出资，法院裁判已经作出撤销公司登记这一较为严重的处理决定，此时原告的救济目的已然实现，其再次要求被告调查涉案登记过程中的虚假材料和虚假出资事宜，属于重复行使救济权，浪费行政资源。

从增资登记本身看，根据《公司登记管理条例》第9条，注册资本属于公司登记事项；根据《公司登记管理条例》第31条，增资属于注册资本变更，只有完成了注册资本变更登记，公司对外公示的注册资本才完成增加或减少，未完成注册资本的工商变更，增资行为不发生实质法律效力。换言之，增资行为是否发生法律效力，应以公司在工商行政机关登记的注册资本是否有变更为依据。本案中，S公司的两次增资登记被人民法院撤销，即说明S公司的两次增资行为未发生法律效力，原告诉讼中所称的增资行为和增资登记是两回事，显然于法无据。

在最高人民法院（2016）最高法行申4658号案件（内蒙古世纪北驰汽车车业制造有限公司与内蒙古自治区包头市人民政府再审）中，法院认为："提起行政诉讼，应当有诉的利益。……在本案中，九原区政府强制拆除世纪北驰公司占有、使用的部分房屋的行为，已被人民法院生效判决确认违法，世纪北驰公司就同一行政行为已经寻求过司法救济，其合法权益已经得到了有效保障。因此，本案中包头市政府对九原区政府监督管理职责的履行情况已对世纪北驰公司无实际影响，世纪北驰公司对本案纠纷已缺乏诉的利益，原审裁定驳回世纪北驰公司的起诉并无不当。"本案的情形与该案有类似之处，原告均是在司法救济保障了其权益后再行要求行政机关履行某一义务，本诉中原告已无诉的利益，且重复行使救济，应依据《最高人民法院关于适用〈中华人民共和国行政诉讼法〉的解释》第69条第1款之规定驳回原告的起诉。

三、S公司两次注册资本变更登记行为已被在先的行政诉讼撤销，被告在两次变更中是否对变更材料尽到审查义务不应是本案审查的范围

本案原告的主诉讼请求是撤销被告作出的《关于查处违法行为申请的答复》并要求赔偿，案由应是撤销行政答复和行政赔偿。法院除审查原告有无诉的利益、是否是重复起诉外，应重点审查被告就原告提出的投诉举报是否有职权调查，被告对原告的答复是否合法。本案中，原告若在投诉举报前未向法院提起撤销S公司的两次注册资本变更，被告就应在受理原告的投诉举报后导入行政处罚程序进行调查并作出决定，但本案原告先进行了司法救济，被告在司法已经作出生效判决的情形下无法再次调查已不存在的事实，导入信访程序调查并作出结论，作出答复的事实和程序是合法的。

S公司的两次注册资本变更登记已经耀州区法院9号判决、T中院13号判决、S省高院37号裁定和T中院再1号判决进行评判，该系列案的案由是工商行政登记纠纷，该案应审查被告对S公司的两次注册资本变更是否合法，是否尽到审查义务。该系列案于2019年1月2日作出最终判决，撤销了S公司的两次注册资本变更登记。

因此，S公司的两次注册资本变更登记已被法院的生效法律文书所羁束，本案不应再审查被告是否在该两次变更登记中尽到审查义务。退一步讲，《公司登记管理条例》、国家工商总局《内资企业登记提交材料规范》（工商企字[2014] 29号）对变更注册资本提交材料有明确规范；国务院关于《注册资本登记制度改革方案》明确规定，工商行政管理机关对工商登记环节中的申请材料实行形式审查；《公司登记管理条例》第2条规定，申请办理公司登记，申请人应当对申请文件、材料的真实性负责。即使S公司的两次注册资本变更登记材料存在瑕疵，也应由S公司向原告承担损害赔偿，而不是被告。

四、被告就原告的投诉举报进行了调查核实，并向原告进行答复，答复内容有事实依据，程序得当，不应被撤销

接到原告的投诉举报后，被告成立了专门的调查组进行核实，答复的内容是有事实依据的，不应被撤销。

第一，原告反映S公司在增资变更登记中提交虚假材料，称股东会的开会地点人员与现实情况不符。被告认为，判断工商登记中是否提交虚假股东会决

议材料，标准是"股东会决议是否体现各方的真实意思表示"，调查过程中，S公司及其股东陕西声威公司、浙江声威公司等表示股东会决议系其真实意思的表示，因此被告认为该材料不构成提交虚假材料。

第二，原告反映 S 公司在增资变更登记中虚假出资。S 公司 2015 年 11 月 6 日的股东会决议明确，股东的出资方式为"货币"，并非原告在庭审中所说的"现金"，股东会决议中明确"新增的 11 317.5 万元，由 A 公司以货币方式于 2015 年 11 月 16 日前出资 6000 万，B 公司以货币方式于 2015 年 11 月 16 日前出资 5317.5 万元"，S 公司 2016 年 3 月 18 日的股东会决议也是同样的表述。调查中，S 公司出具情况说明称两次增资的出资系"公司原股东在注册资本外投入的长期负债转增注册资本"，并附有资产负债表佐证，被告认为，该增资方式并未违反现行法律规定。另，在 2014 年公司注册资本实行认缴制后，涉及注册资本变更的工商登记已不需要提交验资报告，公司股东是否实缴属于公司内部事务，基于此被告作出的答复是有充分事实依据的，应予以维持。

五、被告作出的答复与原告的损失没有因果关系，且原告的赔偿请求缺乏证据支撑，应依法驳回原告的赔偿请求

原告提交的委托律师提起民事诉讼以及行政诉讼的票据，与此次行政诉讼没有关联性，而且聘请律师产生的费用不属于《国家赔偿法》规定的赔偿范围。

原告提交的医院诊断证明及花费，与被告的行为没有因果关系，不符合《国家赔偿法》的赔偿条件。

至于原告要求赔偿精神损失费、误工费等费用，其在开庭前未提交相应的证据证明其实际损失，且其误工等并非被告的原因造成，也应驳回其赔偿请求。

综上，原告在本次诉讼中没有诉的利益，被告就其举报进行了调查核实并作出了答复，被告履行了登记机关的职责。随着国家要求行政机关简政放权，提高行政审批效能，被告作为公司登记机关仅能在职权范围内对公司登记材料进行形式审查，不能过多地干预企业的自主经营行为，在原告王某起诉以及投诉后，被告也进行了积极的沟通，望贵院在查明案件事实的基础上，依法作出客观公正的裁判。

此致
T 市 Y 区人民法院

被告代理人：×××　××

2019 年 3 月 22 日

第二节　第二审程序和审判监督程序中的出庭

《行政诉讼法》第 86 条规定："人民法院对上诉案件，应当组成合议庭，开庭审理。经过阅卷、调查和询问当事人，对没有提出新的事实、证据或者理由，合议庭认为不需要开庭审理的，也可以不开庭审理。"因此，在第二审程序中，法院认为上诉案件事实清楚的，可以采用书面方式审理；如果法院认为事实不清或者当事人对原审法院认定的事实有争议的，应当开庭审理，相对于书面方式审理，开庭审理更有益于各方当事人接受二审法院的裁判。

第二审程序采用开庭审理方式的，原则上，适用第一审的审理程序，代理律师有以下重点问题需要注意。

一、认真听取当事人的情况介绍并深入分析案卷材料

没有参加一审程序的代理律师担任二审代理人的，首先要认真听取当事人的情况介绍，并及时到人民法院查阅、复制或摘录案卷资料，全面了解案情。

律师在查阅案卷资料时，一是要分析被诉行政行为的合法性。二是要审核一审人民法院的审判活动及其作出的裁判，重点考虑事件是否属于一审人民法院的受案范围；一审人民法院的整个审判程序是否合法；一审认定的案件事实是否清楚、完整，有无前后矛盾；一审裁判的质证是否合法，有无未经质证的证据作为裁判的依据；一审裁判文书阐明理由部分是否存在逻辑矛盾；一审的裁判类型是否符合法律的规定。

二、新证据的收集

行政诉讼中，诉讼证据应当在一审程序中提供并完成审查。其中，原被告或者第三人应当在开庭审理前或者人民法院指定的交换证据清单之日提供证据。因正当事由申请延期提供证据的，经人民法院准许，可以在法庭调查中提供。逾期提供证据的，人民法院应当责令其说明理由；拒不说明理由或者理由不成立的，视为放弃举证权利。原告或者第三人在第一审程序中无正当事由未提供而在第二审程序中提供的证据，人民法院不予接纳。被告对作出的行政行为负有举证责任，应在一审答辩期届满前提供作出该行政行为的证据和所依据的规范性文件。被告不提供或者无正当理由逾期提供证据，视为没有相应证据。被告在二审过程中向法庭提交在一审过程中没有提交的证据，不能作为二审法院撤

销或者变更一审裁判的根据。

　　律师在代理二审案件时，要准确理解举证的基本规定，在代理工作中主要围绕一审诉讼证据展开，二审中新证据的收集主要有以下特殊情况：①人民法院要求当事人提供或者补充的新证据；②原告、被告、第三人有正当理由，不能在一审诉讼中提供的有关证据。关于"正当理由"的含义，律师要提出有利于当事人的主张，说服法官。

　　对于在二审中提供的新的证据，法庭应当进行质证。当事人对一审程序认定的证据仍有争议的，法庭也应当进行质证。

　　当然，律师代理二审案件的工作重点不是在新证据的收集，而是对一审证据的重新梳理和按照法律规定和法律精神的全新运用。

三、重视与开庭具有同等重要性的"谈话"

　　第二审人民法院审理上诉案件实行全面审原则，即应当对原审人民法院的判决、裁定和被诉行政行为进行全面审查，不受上诉人上诉请求的限制。该原则包括以下两个方面：其一，二审法院审理行政案件，既要对原审法院的裁判是否合法进行审查，又要对被诉行政行为的合法性进行审查。其二，二审法院审理行政案件时，应对被诉行政行为的合法性进行全面审查，不受上诉请求和当事人争议的限制。

　　实践中，第二审程序即使采取书面审理的方式，也不是完全不开庭，完全书面审理，法官为了更全面了解案件情况，做到全面审查，往往会采用"谈话"的方式了解案件情况，听取各方的意见。一般由1名法官和1名书记员进行，这种"谈话"可以是法官听取单方意见，也可能是召集各方参与人当场，完成调查、质证、辩论等程序。这种"谈话"也会由书记员记录在案，是当事人表达代理意见的重要机会。代理律师应该在"谈话"中及时提供代理词，重点突出、逻辑严密地表达己方观点。

四、撤回上诉

　　上诉人基于诉权自由处分原则，可以在二审法院作出裁判之前撤回上诉。对于撤回上诉的条件和处理方式，可以参照一审程序中撤回诉讼的规定。上诉人撤回上诉，原审判决和被诉行政行为的法律效力确定，并具有不可逆转性。上诉人在行政机关改变被诉行政行为条件下提出撤回上诉，原审判决因二审裁定而被撤销，被诉行政行为因被改变而消灭，上诉人与被诉行政机关之间的行政法律关系,由改变之后的行政行为确定。[1]

五、再审程序的出庭

人民法院决定再审的案件,其庭审程序有以下类型:①依照第一审程序审理。人民法院按照审判监督程序再审的案件,发生法律效力的判决、裁定是由第一审法院作出的,按照第一审程序审理,所作的判决、裁定,当事人可以上诉。②依照二审程序审理。发生法律效力的判决、裁定是由第二审法院作出的,按照第二审程序审理,所作的判决、裁定,是发生法律效力的判决、裁定。③提审程序审理。上级人民法院按照审判监督程序提审的,按照第二审程序审理,所作的判决、裁定是发生法律效力的判决、裁定。

法庭开庭审理检察院提起的抗诉案件时,应当通知检察院派员出庭。抗诉引起的再审案件中检察院派员出庭是由其法律监督机关的地位决定的。

人民法院审理再审案件,应当另行组成合议庭。合议庭人员由审判员组成,不得有人民陪审员参加,原审合议庭人员不应参加新的合议庭审理。

按照审判监督程序决定再审的案件,裁定中止原判决、裁定、调解书的执行,但支付抚恤金、最低生活保障费或者社会保险待遇的案件,可以不中止执行。上级人民法院决定提审或者指令下级人民法院再审的,应当作出裁定,裁定应当写明中止原判决的执行;情况紧急的,可以将中止执行的裁定口头通知负责执行的人民法院或者作出生效判决、裁定的人民法院,但应当在口头通知后10日内发出裁定书。

人民法院审理再审案件应当围绕再审请求和被诉行政行为合法性进行。当事人的再审请求超出原审诉讼请求,符合另案诉讼条件的,告知当事人可以另行起诉。被申请人及原审其他当事人在庭审辩论结束前提出的再审请求,符合法律规定申请期限的,人民法院应当一并审理。人民法院经再审,发现已经发生法律效力的判决、裁定损害国家利益、社会公共利益、他人合法权益的,应当一并审理。

再审审理期间,有下列情形之一的,裁定终结再审程序:①再审申请人在再审期间撤回再审请求,人民法院准许的;②再审申请人经传票传唤,无正当理由拒不到庭的,或者未经法庭许可中途退庭,按撤回再审请求处理的;③人民检察院撤回抗诉的;④其他应当终结再审程序的情形。

---

〔1〕 章剑生:《现代行政法总论》,法律出版社 2019 年版,第 535 页。

再审审理中，代理律师提出的新证据，必须当庭质证，合议庭对新证据可以当庭认证，也可以经合议庭评议后再行认证。

法院对再审案件的宣判，同样应公开进行，可以采取两种方式，即自行宣判或者委托原审法院或者当事人所在地法院代为宣判。

附：上诉审代理意见参考示例：

行政诉讼上诉代理意见

审判长、审判员：

H 律师事务所接受上诉人肖某的委托，指派韩某、彭某律师担任其代理人，现依据事实和法律发表以下代理意见，请法庭考虑和采纳。

一、一审认定事实错误

（一）一审错误地认定被告实施了法定的"报经人民政府批准"程序

1. 被告没有提供报经人民政府批准的程序的证据。《土地登记办法》第58条规定："国土资源行政主管部门发现土地登记簿记载的事项确有错误的，应当报经人民政府批准后进行更正登记，并书面通知当事人在规定期限内办理更换或者注销原土地权利证书的手续。当事人逾期不办理的，国土资源行政主管部门报经人民政府批准并公告后，原土地权利证书废止。"按照上述规定，被告国土资源局 A 分局注销原告《集体土地使用证》的法定程序应当是：首先，报告 A 区人民政府请求批准，同时书面通知原告；其次，经过法定期间，原告不办理注销手续；再次，被告再次报经人民政府批准并公告；最后，原告的土地权利证书废止。也就是说被告应当有向上的请示以及人民政府的批准文件才能完成程序从而进行更正。

国土分局向上提交的是请示，按照《国家行政机关公文处理办法》（国发〔2000〕23 号）第9条第10款的规定，只有"批复"才是适用于答复下级机关的请示事项的法定公文。该办法第10条第9款规定："公文除'会议纪要'和以电报形式发出的以外，应当加盖印章。"该办法 2012 年 7 月 1 日被《党政机关公文处理条例》所替代，在该条例第9条规定公文一般由份号、密级和保密期限、紧急程度、发文机关标志、发文字号、签发人、标题、主送机关、正文、附件说明、发文机关署名、成文日期、印章、附注、附件、抄送机关、印发机关和印发日期、页码等组成。第8条第12款中也规定批复是适用于答复下级机关请示的法定公文。第9条第13款规定只有"有特定发文机关标志的普发性公文和电报可以不加盖印章"，即其他类别的公文都需要加盖公章。而批办单既不是批复，也不符合公文的形式要求。

而且一审认为该批办单"有示意性的笔画表示"就"不影响批准事项的效力"属于错误认识。按照《国家行政机关公文处理办法》（国发〔2000〕23号）第36条规定："审批公文时，对有具体请示事项的，主批人应当明确签署意见、姓名和审批日期，其他审批人圈阅视为同意；没有请示事项的，圈阅表示已阅知。"该批办单没有主批人的签名，因此属于内部程序没有履行完的批办单。

从以上两个对于公文强制性规定的要求来看，被告所提供的公文批办单不是法定的公文，其真实性无法确认，其合法性没有法律依据，其关联性自然不应当得到支持。

2. "B市A区人民政府办公室公文批办单"（以下简称批办单）不等于批准程序。一审法院认为批准程序已经实施（判决第21页），是对批办单在程序中的作用认识错误。

《国家行政机关公文处理办法》（国发〔2000〕23号）第24条规定："发文办理指以本机关名义制发公文的过程，包括草拟、审核、签发、复核、缮印、用印、登记、分发等程序。"因此批办单在本质上属于发文过程中行政机关审核的内部流程中的对内有效的文件。而该规定的精神在2012年7月1日生效的《党政机关公文处理工作条例》中得到重复，该条例第18条规定："公文拟制包括公文的起草、审核、签发等程序。"第22条规定："公文应当经本机关负责人审批签发。重要公文和上行文由机关主要负责人签发。党委、政府的办公厅（室）根据党委、政府授权制发的公文，由受权机关主要负责人签发或者按照有关规定签发……"而发文的主要程序则在第25条中规定为："发文办理主要程序是：①复核。已经发文机关负责人签批的公文，印发前应当对公文的审批手续、内容、文种、格式等进行复核；需作实质性修改的，应当报原签批人复审。②登记。对复核后的公文，应当确定发文字号、分送范围和印制份数并详细记载。③印制。公文印制必须确保质量和时效。涉密公文应当在符合保密要求的场所印制。④核发。公文印制完毕，应当对公文的文字、格式和印刷质量进行检查后分发。"

这更进一步说明了批办单只是批准程序中的一个环节，而不是批准程序全部。

3. 批办单能够证明的事实。如果被告提交的公文批办单真实性得到证实的话，也只能说明被告曾经有过法定的批准程序中的请示部分流程。因为批办单中显示，国土分局提交的是一个请示，因而对于请示的回复应当是批复。该流程的最后法定公文应当是批复，即仅有公文批办单不能说明内部请示流程已经完结，最后的具有法律效果的公文已经产生。

加之，公文批办单中的内容仅仅是"依法按程序办理"，那么按照程序办理的结果有两个：其一，决定注销原告的土地权利证书；其二，决定不注销原告的土地权利证书。因此，仅仅提供人民政府的公文批办单不能证明国土分局曾经"报经人民政府批准"。该公文批办单如果是真实的话，仅仅能够间接说明国土分局可能曾经请示过，但是"报经人民政府批准"除了上报之外，还需要人民政府的批准。公文批办单无论如何也证明不了人民政府已经批准的事实。

因此，可以确定一审中被告提交的证据中没有任何证据证明其曾经报经人民政府批准过。

（二）一审错误地认定被告履行了告知程序

1.《村民宅基地使用权属鉴定证明书》中的说明不属于告知。一审认为说明同时也是对出现弄虚作假情形处理方式的告知（判决第 20 页），属于认识错误。

法律规定的告知程序既要行政机关告知行政相对人行政机关作出决定的事实依据，同时还要告知作出决定的法律依据，甚至包括必要的救济权利及救济机关。而土地管理部门在《村民宅基地使用权属鉴定证明书》中所列的说明内容仅仅是一种法律责任的警示而已，这并不是法律意义上的告知。如同驾驶证上写明"除公安交通管理机关以外，其他单位或个人一律不得扣留此证"一样，我们无法认定这就是公安机关已经履行了告知义务，这仅仅是一种法律责任与行为后果的警示。《B 市行政程序规定》第 6 条规定："行政机关实施行政行为，可能影响公民、法人或者其他组织合法权益的，除法律规定的特别情况外，应当事前向其告知，说明做出行政行为的依据和理由，并听取其陈述和申辩。"按照上述规定可以看到告知程序的内容主要是行为的依据和理由，同时要告知一些救济的渠道与方法。

告知需要根据具体行政行为的情况在作出之后一事一告知。且按照《土地登记办法》的规定告知的内容应当是"在规定期限内办理更换或者注销原土地权利证书的手续"，因此在《村民宅基地使用权属鉴定证明书》中的说明不属于告知。

2. 原告参加复议程序并不意味着被告履行了告知义务。一审认为原告参与了市政府的复议程序就应当知道土地部门为何让其办理注销手续（判决第21

页），是混淆了行政机关在程序中的法定告知义务与原告自身对法律问题的认识的区别，同时也混同了不同的法律程序。

按照《土地登记办法》中的规定，被告应当通知原告在规定期限内办理注销原土地权利证书的手续。该通知是被告的法定义务，违反该义务则导致被告的行为属于《行政诉讼法》第 54 条规定的"违反法定程序"，应当被撤销。而原告在复议中了解到的情况只是原告自身对法律情况的认识，该认识无论深入与否都不能替代被告的法定告知义务。

另外，行政诉讼与行政复议是不同的法律程序，在不同的法律程序中被告有不同的法律义务。两者不能混同，即不能将被告在行政复议中的对法律事实的陈述义务与在注销土地权利证书程序中的告知义务相混同。被告在不同的法律程序中有不同的法定义务。一审认为原告参与了复议程序就应当知道土地部门为何让其办理注销手续属于一种主观推测。该推测并不能证明法律规定的程序已经得到实施。

（三）土地登记办法不适用于本案

一审法院认为被告适用法律基本正确（判决第 20 页），属于认识错误。

2000 年施行的《立法法》第 84 条规定："法律、行政法规、地方性法规、自治条例和单行条例、规章不溯及既往，但为了更好地保护公民、法人和其他组织的权利和利益而作的特别规定除外。"按照这一规定，《土地登记办法》这个 2008 年施行的规章无论如何也是不能被适用于 1998 年原告作出的行为的。而一审法院说的"实体法从旧，程序法从新"的原则来源于《最高人民法院关于印发〈关于审理行政案件适用法律规范问题的座谈会纪要〉的通知》第 3 条。但是该纪要规定的"实体法从旧，程序法从新"原则只是适用于法院对行政机关的具体行政行为进行审查的规则，而不是行政机关作出具体行政行为的规则。其规定的实质目的是为了严格要求行政机关遵守现代行政程序的规定。

二、一审适用法律错误

由被告提交的 2012 年 9 月 13 日的通知来看，被告获得了 A 区政府的批复，但是被告在一审中恶意地不提交该证据。根据《最高人民法院关于行政诉讼证据若干问题的规定》（2002 年 6 月 4 日最高人民法院审判委员会第 1224 次会议通过的法释［2002］21 号）第 1 条的规定："根据《行政诉讼法》第 32 条和第 43 条的规定，被告对作出的具体行政行为负有举证责任，应当在收到起诉状副本之日起 10 日内，提供据以作出被诉具体行政行为的全部证据和所依据的规范性文件。被告不提供或者无正当理由逾期提供证据的，视为被诉具体行政行为没有相应的证据。"

因此，基于被诉具体行政行为在告知程序中缺乏必要的证据，一审法院应当适用《行政诉讼法》第54条判决撤销被告的具体行政行为。

三、被告适用法律错误

被告依据《土地登记办法》将原告的土地权利证书注销。该办法第49条规定："本办法所称注销登记，是指因土地权利的消灭等而进行的登记。"而土地权利的消灭按照该办法的规定只有两种情况：第一种可以直接办理注销，即该办法第50条所规定的三种情形；第二种即申请注销，适用于自然灾害等原因。肖某的情况与前述两种情形都不符合。因此国土分局不能适用该办法注销肖某的土地权利证书登记。按照该58条的规定应当是适用更正登记。

综上所述，恳请二审法院依照行政诉讼法有关规定，依法撤销A区人民法院（2013）×行初字第00067号行政判决书，并依法支持原告一审的诉讼请示，以保护上诉人的合法权益。

上述代理意见，请法庭慎重考虑，并予以采纳。

H律师事务所韩某、彭某

2014年1月27日

第四章

案件策略

行政案件的处理策略决定了案件的胜败。好的策略将不战而屈人之兵。行政诉讼的案件策略源于当事人的关注重点、案件本身的法律事实构成、案件审理地的法治现状、被诉行政机关的法治意识与态度等因素，这些因素共同导致了行政案件可以进行多种选择，如何选择就是案件策略的基本内容。

第一节　诉讼、复议、信访选择

行政案件的法律救济手段通常有行政诉讼、行政复议以及行政信访。这三种手段各自有不同的作用，就案件的处理来说各自有各自的用途与便利之处。

一、诉讼、复议与信访手段的优劣比较

对于当事人而言行政案件有三种主要的救济手段，即行政诉讼、行政复议以及行政信访。这三种手段各有利弊。

行政诉讼的有利之处在于：其一，诉讼的主导方是法院。司法机关的主要价值追求是法律正义，因而在法院处理案件过程中追求的是司法正义。当事人的诉求能够得到充分的考虑，案件涉及的证据能够得到完全的展示。其二，法院的审查有法律标准，对行政机关合法性的审查比较严格。原告在复议中可能无法取得的胜利在诉讼中却有可能，因为行政机关对自己行为的审查比较宽松，而法院的审查需要有严格的法律依据，当行政机关滥用权力的时候，只有法院才能纠正行政机关的错误。行政诉讼的不利之处在于：其一，诉讼周期长。法律规定的审限是一审6个月，但是由于存在法院送达、鉴定等不计入诉讼时限的程序，因而实际上一审期限通常都会长于这个时间。其二，法官审理中的不确定性。由于行政诉讼中存在政府的有形及无形的压力，诉讼通常难以严格按

照法律规定来预测结果，这些不确定性增加了诉讼的技术难度。

行政复议的有利之处在于：其一，免费。行政复议不收取被复议人的费用，这样复议申请人成本减少。其二，快速。行政复议只有一次复议，而且复议的时限比较短，这样复议申请人可以快速维权。如果选择诉讼的话，则需要比较长的时间才能将违法的行政行为撤销。不利之处在于：其一，复议可能产生对后期诉讼不利的影响。复议申请人在复议的过程中如果指出行政机关存在一些程序上的瑕疵可能会导致行政机关在复议程序中将这些瑕疵完善。如行政机关在程序上缺乏相应的资料，但是在复议过程中复议机关或者复议申请人要求行政机关提供这些证据的时候，被复议机关就可能趁机补充完善这些资料。从而导致复议申请人在随后的行政诉讼时，因为证据的问题而难以胜诉。其二，复议机关对法律认识错误导致错误的决定，从而延长了申请人获得正义的时间。复议机关是被复议机关的上级机关，本质上也是行政机关。行政机关对法律的认识相对法院要差一些，因此可能因其错误的认识而无力纠正下级的错误。最终导致当事人获得正义的时间延长。

信访的优势在于：其一，免费。信访不收取信访人的任何费用。其二，受理的范围广泛。只要是无法进入司法程序，但却与行政权力运行相关的纠纷都可以进入信访。甚至有些本应当进入诉讼程序的纠纷，信访人提起信访之后也进入了信访程序。信访的弊端：其一，信访没有规定代理人制度，因此无法由专业的律师代理。这就导致当事人对自己的问题在法律上的可能处理结果难以预期。而且没有代理人的介入，行政机关如果与信访人产生对立情绪之后，难以有中间人居中协调。其二，信访处理完毕之后不能进入诉讼。这样一旦信访机关处理不适当的话，针对信访机关的答复结果而言，信访人几乎没有太好的救济渠道。

诉讼、复议与信访这三者中，信访是当事人自己行使的一种权利。一旦当事人决定信访，代理人不应当参与其中。因而，只能在当事人的纠纷与行政权力运行相关的时候，先行使用复议及诉讼。当用尽了法律程序中的复议与诉讼手段之后，由当事人自行信访。

行政案件需要根据当事人的情况、行政机关的情况选择适用最有利于行政案件纠纷解决的手段。

二、行政诉讼

行政诉讼是原告将其与行使行政权力一方之间发生的纠纷提交法院由法官

进行判决，以解决双方纠纷的法律制度。

（一）行政诉讼的胜诉策略重点：行政程序

行政诉讼中需要重点关注被诉行政行为在程序上是否存在问题。法院通常对行政机关行为的实体是否合法不立即评论，因为法院有可能搞不清楚关于行政机关的专业知识。但是行政机关在程序上是否合法却相对比较容易证明一些，因而在行政案件中找到行政机关的实体问题并获得法院支持相对比较难一些，而在程序上找到行政机关的问题并获得法院的支持相对容易。

如在李 YY 案中，尽管法官认为"李 YY 身为居民，隐瞒真实情况，以 YH 寨村村民的名义取得涉案《集体土地使用证》，属采取欺骗手段骗取批准、非法占用土地"，但是在律师发现行政机关的程序错误之后，经过与法官的沟通取得了法官的支持，法院最终还是撤销了行政机关的行为。

本案的基本情况如下：原告李 YY 籍贯为陕西省宝鸡市眉县。1993 年 9 月 27 日，户籍迁移至 XA 市碑林区红缨路 75 号，系城镇非农业居民户口。2001 年 10 月，XA 市 YT 区人民政府向其颁发了 YT 集用（宅 -06）字第 11 -966 号《集体土地使用证》。根据该使用证的记载及《村民宅基地使用权属鉴定证明书》等土地登记资料显示，该块土地的用途为宅基地，使用权类型为集体划拨，使用人李 YY 系鱼化村村民。此外，依《村民宅基地使用权属鉴定证明书》显示，在说明一栏注有"证明人必须如实填写土地使用权属状况，如有弄虚作假，一经发现将注销土地使用证"。XA 市国土局在调查中发现，李 YY 表明《集体土地使用证》是他人所办，具体情况她本人不清楚。后 XA 市国土局于 2012 年 6 月 12 日向 XA 市 YT 区人民政府书面请示，建议废止 YT 集用（宅 -06）字第 11 -966 号《集体土地使用证》。得到区政府同意之后，XA 市国土局要求原告李 YY 本人自接到本通知后 15 日内持本人身份证和集体土地使用证前来被告处办理注销登记事宜，逾期被告将报区政府批准后公告注销。后原告未至被告单位，2012 年 10 月 30 日，被告遂在《西安晚报》上刊登公告，对原告持有的 YT 集用（宅 -06）字第 11 -966 号《集体土地使用证》予以公告注销。该公告未告知原告救济途径及起诉期限。原告遂提起诉讼。

经过对案件的事实以及相关法律依据进行分析，律师在沟通中向法官提出被告在法律程序中的几个主要错误：

1. 一审错误地认定被上诉人实施了法定的"报经人民政府批准"程序。

（1）被上诉人没有提供报经人民政府批准的程序的证据。《土地登记办法》（已失效）第 58 条规定："国土资源行政主管部门发现土地登记簿记载的事项确有错误的，应当报经人民政府批准后进行更正登记，并书面通知当事人在规定期限内办理更换或者注销原土地权利证书的手续。当事人逾期不办理的，国土资源行政主管部门报经人民政府批准并公告后，原土地权利证书废止。"被上诉人国土资源局 YT 分局注销原告《集体土地使用证》的法定程序应当是：首先，报告 YT 区人民政府请求批准；其次，书面通知原告并经过法定期间；再次，被上诉人再次报经人民政府批准并公告；最后，原告的土地权利证书废止。也就是说被上诉人应当有向上的请示以及人民政府的批准文件才能完成程序从而进行更正。

被上诉人提交的批办单不能证明被上诉人已经完成上述四个法定的报经人民政府批准程序。其一，被上诉人国土分局向人民政府提交的是请示，按照《国家行政机关公文处理办法》（国发〔2000〕23 号）第 9 条第 10 款的规定，只有"批复"才是适用于答复下级机关的请示事项的法定公文。该办法 2012 年 7 月 1 日被《党政机关公文处理条例》所替代，在该条例第 8 条第 12 款中也规定批复是适用于答复下级机关请示的法定公文。其二，条例第 9 条规定，公文一般由份号、密级和保密期限、紧急程度、发文机关标志、发文字号、签发人、标题、主送机关、正文、附件说明、发文机关署名、成文日期、印章、附注、附件、抄送机关、印发机关和印发日期、页码等组成。批办单明示不属于法定的公文形式。其三，一审认为该批办单"有示意性的笔画表示"就"不影响批准事项的效力"属于错误认识。按照《国家行政机关公文处理办法》（国发〔2000〕23 号）第 36 条规定："审批公文时，对有具体请示事项的，主批人应当明确签署意见、姓名和审批日期，其他审批人圈阅视为同意；没有请示事项的，圈阅表示已阅知。"该批办单没有主批人的签名，因此属于内部程序没有履行完的批办单。其四，从以上两个对于公文强制性规定的要求来看，被上诉人所提供的公文批办单不是法定的公文，其真实性无法确认，其合法性没有法律依据，其关联性自然不应当得到支持。

因此，被上诉人无法证明自己完成了《土地登记办法》第 58 条规定的法定程序。

（2）"XA 市 YT 区人民政府办公室公文批办单"（以下简称批办单）不等于批准程序。一审法院认为批准程序已经实施（判决第 21 页），是对批办单在程序中的作用认识错误。《国家行政机关公文处理办法》（国发〔2000〕23 号）第 24 条规定："发文办理指以本机关名义制发公文的过程，包括草拟、审核、签发、复核、缮印、用印、登记、分发等程序。"因此批办单在本质上属于发文过程中行政机关审核的内部流程中的对内有效的文件。而该规定的精神在 2012 年 7 月 1 日生效的《党政机关公文处理条例》中得到重复，该条例第 18 条规定："公文拟制包括公文的起草、审核、签发等程序。"第 22 条规定："公文应当经本机关负责人审批签发。重要公文和上行文由机关主要负责人签发。党委、政府的办公厅（室）根据党委、政府授权制发的公文，由受权机关主要负责人签发或者按照有关规定签发。"而发文的主要程序则在第 25 条中规定为："发文办理主要程序是：①复核。已经发文机关负责人签批的公文，印发前应当对公文的审批手续、内容、文种、格式等进行复核；需作实质性修改的，应当报原签批人复审。②登记。对复核后的公文，应当确定发文字号、分送范围和印制份数并详细记载。③印制。公文印制必须确保质量和时效。涉密公文应当在符合保密要求的场所印制。④核发。公文印制完毕，应当对公文的文字、格式和印刷质量进行检查后分发。"

这更进一步说明了批办单只是批准程序中的一个环节，而不是批准程序的全部。

（3）批办单能够证明的事实。被上诉人提交的公文批办单如果真实性得到证实的话，也只能说明被上诉人曾经有过法定的批准程序中的请示部分流程。因为批办单中显示，国土分局提交的是一个请示，因而对于请示的回复应当是批复。该流程的最后法定公文应当是批复，即仅有公文批办单不能说明内部请示流程已经完结，最后的具有法律效果的公文已经产生。

加之，公文批办单中的内容仅仅是"依法按程序办理"，那么按照法定程序办理的结果有两个：其一，决定注销原告的土地权利证书；其二，决定不注销原告的土地权利证书。因此，仅仅提供人民政府的公文批办单不能证明国土分局曾经"报经人民政府批准"。该公文批办单如果是真实的话，仅仅能够间接说明国土分局可能曾经请示过，但是"报经人民政府批准"除了上报之外，还需要人民政府的批准。公文批办单无论如何也证明不了人民政府已经批准的事实。

综合以上三点，可以确定一审中被上诉人提交的证据中没有任何证据证明其曾经报经人民政府批准过。

2. 行政机关没有履行告知程序。

（1）《村民宅基地使用权属鉴定证明书》中的说明不属于告知。一审认为说明同时也是对出现弄虚作假情形处理方式的告知，属于认识错误。法律规定的告知程序即要行政机关告知行政相对人行政机关作出决定的事实依据，同时还要告知作出决定的法律依据，甚至必要的救济权利及救济机关也需要告知。而土地管理部门在《村民宅基地使用权属鉴定证明书》中所列的说明内容仅仅是一种法律责任的警示而已，这并不是法律意义上的告知。如同驾驶证上写明"除公安交通管理机关以外，其他单位或个人一律不得扣留此证"一样，我们无法认定这就是公安机关已经履行了告知义务，这仅仅是一种法律责任与行为后果的警示。《XA市行政程序规定》第6条规定："行政机关实施行政行为，可能影响公民、法人或者其他组织合法权益的，除法律规定的特别情况外，应当事前向其告知，说明做出行政行为的依据和理由，并听取其陈述和申辩。"从上述规定可以看到告知程序的内容主要是行为的依据和理由，同时要告知一些救济的渠道与方法。

告知需要根据具体行政行为的情况在作出之后一事一告知。且按照《土地登记办法》的规定告知的内容应当是"在规定期限内办理更换或者注销原土地权利证书的手续"，因此在《村民宅基地使用权属鉴定证明书》中的说明不属于告知。

（2）原告参加复议程序并不意味着被上诉人履行了告知。一审认为原告参与了市政府的复议就应当知道土地部门为何让其办理注销手续，是混淆了行政机关在程序中的法定告知义务与原告自身对法律问题的认识的区别，同时也混同了不同的法律程序。按照《土地登记办法》中的规定，被上诉人应当通知原告在规定期限内注销原土地权利证书的手续。该通知是被上诉人的法定义务，违反该义务则导致被上诉人的行为属于《行政诉讼法》第70条规定的"违反法定程序的"，应当被撤销。而原告在复议中了解到的情况只是原告自身对法律情况的认识，该认识无论深入与否都不能替代被上诉人的法定告知义务。

（3）行政诉讼与行政复议是不同的法律程序，在不同的法律程序中被上诉人有不同的法律义务。两者不能混同，即不能将被上诉人在行政复议中的对法律事实的陈述义务与在注销土地权利证书程序中的告知义务相混同。被上诉人在不同的法律程序中有不同的法定义务。一审认为原告参与了复议程序就应当知道土地部门为何让其办理注销手续属于一种主观推测。该推测并不能替代法律规定的程序已经得到实施。

最终法院认为"故被诉具体行政行为缺乏法律依据，程序违法，依法应予撤销。XA市国土资源局YT分局应针对本案涉及的土地违法行为在法定期限内重新作出具体行政行为"。

（二）行政诉讼与其他诉讼的选择

行政诉讼是当事人与行政机关发生纠纷之后最重要的纠纷解决渠道。但是有些属于行政诉讼的案件在特定情况之下也可以不提起行政诉讼，而提起民事诉讼。典型的如行政合同案件。

1. 行政诉讼与其他诉讼选择的理论与实践基础。当前 PPP 项目中政府与当事人之间发生纠纷就存在一个民事主体提起行政诉讼还是民事诉讼的选择问题。《最高人民法院关于适用〈中华人民共和国行政诉讼法〉若干问题的解释》（法释〔2015〕9 号）第 11 条规定：行政机关为实现公共利益或者行政管理目标，在法定职责范围内，与公民、法人或者其他组织协商订立的具有行政法上权利义务内容的协议，属于《行政诉讼法》第 12 条第 1 款第 11 项规定的行政协议。上述规定特别强调了政府特许经营协议属于行政协议，对此发生的纠纷应当提起行政诉讼。但是由于实践中也存在民事主体与行政机关签订民事合同的情况，因此民事法官往往不区分政府与民事主体签订的合同属于什么性质的合同，允许将行政协议作为民事合同提起诉讼。尤其在中级人民法院这一审理层级上，法院经常将一些具备行政协议性质的案件作为民事案件来审理，如重庆市第五中级人民法院民事裁定书（2016）渝 05 民终 7507 号，该案案情为 2007 年石某某作为乙方与原重庆市万盛区青年镇人民政府（作为甲方）签订《退耕还林合同书》，合同约定，乙方自愿将承包的 134 亩耕地退耕还林。退耕还林每亩每年补助粮食折现资金 225 元，每亩每年补助现金 20 元。石某某以青年镇政府未按前述合同履行义务为由提起诉讼。该合同中规定的政府补助属于行政机关的一种给付行政行为，含有行政权力的行使在其中，但是法院认为该案属于民事纠纷。实质上在该案中行政机关行使了行政权力作出了对原告石某某权利与义务的改变，该案在本质上属于行政诉讼。如果该案进入行政诉讼则镇政府需要举证证明自己不给原告补助的行为合法性，而如果是民事诉讼，则需要原告举证证明政府给自己补助的原因。这样原告诉讼的压力显然比较大。再如重庆市巴南区人民法院于 2013 年 8 月 15 日作出（2013）巴民初字第 00482 号民事判决，该案的情况是原告玉祥公司与被告兴平市城建局于 2000 年 9 月 8 日，根据兴平市人民政府 2000 年第五次常委会议纪要精神，双方签订了《合作开发天然气合同书》。合同约定，天然气气化工程应纳入城镇建设改造规划，统筹考虑积极安排等相关约定。现原告玉祥公司要求被告兴平市城建局全面履行合同、享有在兴平市行政区域范围内独家经营天然气的权利。该协议的履行以行政机关行使自己的行政权力为前提，属于典型的行政协议。但是法院按照民事诉讼处理。

有些将行政协议案件作为民事诉讼提交法院的案件，能够获得法院的支持。如广东省阳春市人民法院于 2016 年 11 月 15 日作出的（2016）粤 1781 民初

1285 号民事判决，该案的情况是原阳春拆迁办作为拆迁人与陈某某作为被拆迁人于 2006 年 12 月 6 日自愿签订《房屋拆迁安置补偿协议书》，约定原阳春拆迁办拆迁陈某某所有的位于阳春市甲街道丁路 24 号的房屋及其附属物，并由原阳春拆迁办以货币和产权置换方式进行补偿。现陈某某向原审法院提起民事诉讼，请求判令阳春征收办履行《房屋拆迁安置补偿协议书》约定的义务，由阳春征收办、阳春三维房地产公司协助陈某某将回迁安置房屋过户登记至陈某某名下和承担办理过户登记手续的费用。一审法院认为本案是因原阳春拆迁办与陈某某在履行《房屋拆迁安置补偿协议书》过程中产生纠纷，属于人民法院受理民事诉讼的范围。并且法院判决要求征收办履行合同的约定。尽管该案最后被二审法院撤销，二审法院认为属于行政案件，但是该案的一审胜诉至少给我们提供了一个思路，即将一些有可能提起民事诉讼的行政案件提交给法院的民事庭来审查。

2. 选择的策略。如果提起民事诉讼有利于当事人就提起民事诉讼，如果提起行政诉讼有利于当事人则提起行政诉讼。

通常来说涉及国家赔偿的案件，如果有提起民事诉讼的基础，则尽量提起民事诉讼。如涉及民事主体与行政机关之间的合同问题，目前并不是两者之间所有的合同都会被定性为行政合同，因此就存在一些当事人的选择空间。如果当事人选择为行政合同则提起行政诉讼，行政机关因合同而给当事人造成的损失就涉及国家赔偿中的行政赔偿。如果当事人选择为民事合同提起民事诉讼，则行政机关因合同给当事人造成的损失就属于合同责任问题。通常法院判决行政机关承担国家赔偿责任的压力比较大，在 1000 万以上的国家赔偿几乎没有，但是法院判决行政机关承担民事赔偿责任的现象比较多，即便 1000 万的赔偿责任，法院也不会有太多的顾虑。

当然将存在司法规范空白或者模糊的案件提交民事诉讼并不是长久之计，因为最高人民法院已经开始关注行政协议的问题，并将出台行政协议类案件管辖的规范。但是如果案件有提起民事诉讼的基础则提起对当事人有利的诉讼类型，这一思路应当是要坚持的好思路。

三、行政复议

行政复议属于行政救济，即在行政机关体系内部由上级机关以行政权力对下级行政机关的行为进行审查。

行政复议的主持机关是被复议行政机关的上级机关，因此复议中重点需要考虑上级机关的政治诉求，对上级机关来说下级的行政行为不能影响到自身的利益，因而如果在行政复议中将被复议行政行为与复议机关之间的利害关系能够充分阐明，则对复议成功有促进作用。

（一）行政复议的胜诉策略：上级机关调解

行政复议是行政机关的上级对下级法律适用方面的审查。行政机关的价值追求在效率，而司法机关更关注正义。行政复议机关对正义的追求关注度不如法院，因此，如果被复议的行政行为与上级机关没有太大的利益相关性，上级机关通常不会撤销被复议行为。加之1989年制定的《行政诉讼法》规定复议机关如果没有改变被复议行为的时候，原告起诉时原行政行为作出的机关为被告。该制度并没有考虑到人性"恶"的一方面，即在复议过程中复议机关通常为了避免作行政诉讼被告的麻烦而随意地维持原行政行为。因而，当复议机关认识不到被复议的行为可能败诉，进而可能会导致自身承担一定的责任的时候，复议机关通常不会变更或撤销被复议行为。但是由于复议毕竟是上级行政机关对下级行为的一种合法性及合理性审查，加之行政机关上级的权威性高于下级机关，因此在复议过程中上级机关介入调解通常能够获得比较好的效果。

如在2013年的时候，陕西省WN市安全生产监督管理局在市政府的要求之下没有给14家烟花爆竹企业的安全生产许可证延期，引发了行政纠纷。

这些企业是依法设立的从事烟花爆竹生产的企业，申请并获得了WN市安全生产监督管理局（以下简称市安监局）发放的安全生产许可证。随后申请人按照市安监局的要求对生产、经营场所以及涉药工序机械化工程进行改造，为此申请人耗费巨额财力、物力。对改造后的工程，申请人委托市安监局指定的安全评价机构作出安全验收评价报告，报告显示各项指标均为合格，符合相关法律法规的要求。2012年底申请人依法向市安监局提交了办理安全生产许可证延期手续的申请及相关材料。但是，市安监局一直没有给申请人办理许可的延期手续，直至2013年6月由陕西省安全生产监督管理局颁发的安全许可证到期，从而导致申请人处于无证生产的状态。此后，市安监局于2014年2月7日却退回了申请人的申报资料，不予受理申请人办理安全生产许可证延期手续的申请。

对此情况，按照《行政许可法》第32条的规定，行政机关作出不予受理决定，只能是申请事项不需要取得行政许可或者申请事项不属于许可机关的职权范围。根据《烟花爆竹安全管理条例》第9条"生产烟花爆竹的企业，应当在投入生产前向所在地设区的市人民政府安全生产监督管理部门提出安全审查申请，并提交能够证明符合本条例第 8 条规定条件的有关材料"的相关规定，被申请人是申请人办理安全生产许可证延期手续的法定受理机关。烟花爆竹也是需要取得许可才可进行生产的。即使申请材料不齐全，在补全材料之后，也应当受理。故市安监局不予受理申请人的相关手续违反法律法规的规定。根据《行政许可法》第 35 条及《烟花爆竹安全管理条例》第 9 条之规定，市安监局应当自收到材料之日起 20 日内提出安全审查初步意见，并将全部申请材料直接送报省、自治区、直辖市人民政府安全生产监督管理部门审查。无论申请人最后能否取得许可，市安监局都应当将材料递交给省安监局，市安监局对申请人提交的材料仅仅是从形式上审查，而是否颁发安全许可证是由省、自治区、直辖市人民政府安全生产监督管理部门进行实质审查后才能决定。市安监局将申请人提交的材料不依法上报，擅自将材料退回的行为剥夺了申请人的合法权益，其滥用职权的行为严重毁损了法律及上级主管部门的权威与尊严。

基于此，律师代理申请人提出了两项复议申请：①请求撤销被申请人不予受理申请人办理安全生产许可证延期手续申请的具体行政行为；②请求责令被申请人依法受理申请人办理安全生产许可证延期手续的申请，按照法律法规的规定将申请材料直接报送陕西省人民政府安全生产监督管理部门审查。

复议机关在反复斟酌之后，认为不宜撤销下级机关的行为。但是关闭 14 家企业涉及当地社会发展的稳定问题，涉及政府产业政策调整问题，因而复议机关愿意推动复议申请人与被复议机关之间达成调解，以化解社会纠纷。

由于复议机关属于被复议单位的上级部门，行政权力一级高于一级，上级比一下级更有权威性，因此当上级居中调解的时候，调解就更容易达成。而且行政权力有一定的裁量空间，这样调解的效果往往更好。

（二）行政复议的胜诉策略：实质性错误

复议机关与法院审查行政行为的关注点略有不同，复议机关属于被复议行政机关的上级机关，有着比下级机关更高一级的权力。按照《宪法》第 108 条的规定："县级以上的地方各级人民政府领导所属各工作部门和下级人民政府的工作，有权改变或者撤销所属各工作部门和下级人民政府的不适当的决定"。在行政体系中上级权力可以变更下级权力所作出的行政行为，因此，复议机关相比法院而言可以更深刻影响下级行政机关，被复议机关是否存在实质性的错误是复议机关最关心的地方。

如在李 YY 案的行政复议中，李 YY 针对国土分局的注销行为提起行政诉讼之后，法院撤销了国土局的行政行为。随后，国土局按照法院的要求重新作出行政行为，即"市国土雁发【2014】9 号关于 YT 集用（宅 – 06）字第 11 – 966 号集体土地使用证问题的处理决定"，该决定声称："根据 XA 市中级人民法院的行政判决书，经我局研究决定：限你自接到本决定之日起 30 日内，退还你原持有的 YT 集用（宅 – 06）字第 11 – 966 号集体土地使用证范围内非法占用的土地，同时交回上述集体土地使用证。"落款为"XA 市国土资源局 YT 分局"。针对该次行政行为，当事人提起了行政复议，要求依法撤销被申请人作出的市国土雁发【2014】9 号关于 YT 集用（宅 – 06）字第 11 – 966 号集体土地使用证问题的处理决定。复议机关对被复议机关的审查是全面性审查，因此不仅审查了申请人提出的被复议人存在的问题，还审查了申请人没有提出的问题。行政复议机关认为：申请人身为居民隐瞒真实情况，以鱼化寨村村民名义取得 YT《集体土地使用证》，属于采取欺骗手段骗取批准、非法占用土地的行为，应按土地违法行为予以追究。并报有处理权的机关依照相关土地法律、法规的规定作出处理。被申请人的 YT 分局以自己名义根据 XA 市中级人民法院行政判决书作出《处理决定》，要求申请人退还非法占用的土地同时交回集体土地使用证的行政行为，适用依据错误。

《行政复议法》第 4 条对复议机关的要求是"坚持有错必纠"，因此复议机关需要将被复议机关的所有错误纠正过来。因而在该案中复议机关对被复议机关的行为进行了全面审查，这些审查并不局限于复议申请人提出的理由，而是全面地审查被复议的行政行为是否正确。

因而在李 YY 案件中，复议申请人指出了被复议机关违反法定程序、认定事实错误以及适用法律错误等问题，但是并没有将国土局依据法院的判决作出行政行为作为一个主要问题提出。然而，复议机关基于自身的职权以及复议中的惯例，还是重点审查了行政机关依据法院的判决作出行政行为的错误所在，并撤销了被复议的行政行为。

尤其在《行政诉讼法》修订之后，法律规定复议机关在维持了被复议机关的行为之后，被复议机关与复议机关共同作为行政诉讼的被告。这就更进一步在法律上将复议机关作出正确的复议行为与其自身的利益密切结合，如果被复议机关的行为错误，则需要与复议机关沟通使得复议机关明白自己的复议行为与自身的利益相关，从而复议机关在复议过程中不再"和稀泥"。

第二节　立体化的案件措施

行政案件的处理涉及行政机关，行政机关具有强大的行政能力及权力。因此需要采取综合的措施，形成立体化的压力，使得在案件争议中的合法权利得到维护。

一、法律措施的运用

行政案件涉及行政机关，因此所有与行政机关相关的法律措施都可以采取。行政机关的行为是一种执法行为，只有法定的机关如行政机关的上级以及作出该行为的行政机关自身才可以在司法程序之外变更行政行为，这就是法律措施综合运用的基础。法律措施的综合运用就是合法地影响作出行政行为的行政机关以及其上级，如 ZF 驾校案件，在该案中律师经过考虑综合使用投诉、律师函等手段取得了好的效果。该案在接案的当时，律师面临的案件情况是：

ZF 驾校系 2010 年依法成立的驾驶培训机构，成立后 ZF 驾校一直合法经营。2011 年年初经 XA 市公安局交警支队审批许可，ZF 驾校投资建设科目二考场，2011 年当年建成之后经 XA 市公安局交警支队验收合格之后投入使用。2013 年 1 月份由于公安部对科目二考试项目进行调整，经 XA 市公安局交警支队审批、许可，ZF 驾校对考场再次进行投资改造，并于 2013 年改造完成后经 XA 市公安局交警支队验收合格后再次投入使用。两次对考场的修建，ZF 驾校投资一千余万元。2015 年 10 月 21 日 ZF 驾校得知 XA 市公安局交警支队委托 XA 市市级单位政府采购中心对科目二考场租用、科目三候考室租用项目进行公开招标，租用中标单位科目二、科目三考场，对未中标单位的修建的考场不再使用。XA 市公安局交警支队在本次公开招标过程中，对符合条件的潜在投标人采取区别对待，在 2015 年 9 月 28 号发布招标公告之前，其他各家驾校均被 XA 市公安局交警支队通过各种方式告知该消息，而 ZF 驾校却未被告知，从而导致 ZF 驾校直到 2015 年 10 月 21 日才知道招投标项目的存在。ZF 驾校没有时间准备标书，因此可能导致 ZF 驾校对考场的建设和投入付诸东流。

在接案当时当事人口头说明存在一个公安机关发放的驾校考场的许可，但是并没有带来。因此，律师让当事人作了一个谈话笔录以明示风险并固定证据，第二天当事人出具了该许可文件。该许可为市公安局交通警察支队"西公交（2013）221 号"文件，文件名"XA 市公安局交通警察支队关于 ZF 驾校驾驶人科目二考场及考试车辆申请验收备案的请示"。文件具体内容是："省交警部队：

按照公安部 123 号令及其工作规范的要求，依据国标《机动车驾驶人考试内容和方法》（GA1026 – 2012），我们组织人员对驾校自建 ZF 驾校科目二考场进行了全面改造，经我们自检，符合国标的要求，现申请验收备案。"文件后加盖 XA 市公安局交通警察支队的印章。

对"西公交（2013）221 号"文件、"XA 市公安局交通警察支队关于 ZF 驾校驾驶人科目二考场及考试车辆申请验收备案的请示"文件的性质，律师经过分析后认为其性质属于行政许可。行政许可的核心要素是经过行政机关的同意之后，公民才能从事某项活动。本案当事人只有获得 XA 市公安局交通警察支队同意之后，才能修建考场并获得 XA 市公安局交通警察支队验收通过。而 XA 市公安局交通警察支队通过招标方式重新确定考场，可能导致包括委托人在内的多家驾校投巨资建设的考场无法再行使用，XA 市公安局交通警察支队的行为实质擅自改变、取消了委托人的可以为考取机动车驾驶证者提供考试场地的资格，也即撤回了对委托人的行政许可。XA 市公安局交通警察支队的行为违反了《行政许可法》第 8 条，XA 市公安局交通警察支队的行为可能给委托人在内的多家驾校造成严重的经济损失，并带来社会资源的严重浪费。

为此，律师准备了 5 份律师函，分别向能够对此产生影响的行政机关提示法律风险，这些行政机关有财政局、政府采购中心、省交警总队、市公安局、市交警支队。为了产生更好的效果，律师找到了主导招标的交通警察部门的主要领导，当面陈述行政机关随意以招标的形式撤销实质上已经发放的许可会导致的法律风险。

告知法律风险之后，这些行政机关进行了自行纠错，2015 年 12 月 31 日，市财政局发布"XA 市公安局交通警察支队科目二考场租用、科目三候考室租用撤销公告"，公告声称经采购人申请，XA 市财政局政府采购管理处批准，该项目予以撤销。

招标程序撤销之后，ZF 驾校的合法利益得到了保护。该驾校又可以招生并取得经济收入。

二、非法律措施的运用

（一）非法律手段运用的合法性

现代社会各种力量之间的影响与作用是相互的，行政案件并不是单一的存在于法律程序中。法律程序中其他一些案件事实有影响的行为也会对案件的办理起到重大推动作用。比如媒体的介入，媒体可以将一些案件的情况公布给社会，当社会公众关注到该案的时候，行政机关就难以给法院施加压力要求法院作出偏向行政机关的判决。

律师与媒体的关系首先受到相关规定的约束。中华全国律师协会制定的《律师协会会员违规行为处分规则（试行）》（2017 年修订）第 29 条第 3 款规定：律师不得利用媒体、广告或者其他方式进行不真实或者不适当宣传。因此，律师代理的案件如果有一定的新闻价值的，律师不宜于利用媒体进行不真实的宣传，但是作为有价值的新闻线索，律师可以将其提供给相关媒体的记者，由记者作出是否进行新闻报道的专业判断。而且，在记者报道的时候，律师也不宜于对记者的报道内容进行影响，只能负责提供新闻线索。

实际上，重视和利用舆论已经成为很多律师在办案过程中的固定套路。那么，律师如何确保庭外言论的合法性？换句话说，如果律师要运用媒体的话，如何保证合法性？

在律师代理的案件中，律师当然可以发声，但应当遵循律师职业行为规范。全国律师协会发布的《律师执业行为规范（试行）》（2004 年颁布，已失效）对律师与媒体的关系作了规定。尽管该规定随后在修改中被取消了，但是该规定的精神依然值得借鉴。《律师执业行为规范（试行）》第 162 条规定："律师不得在公共场合或向传媒散布、提供与司法人员及仲裁人员的任职资格和品行有关的轻率言论。"第 163 条则规定："在诉讼或仲裁案件终审前，承办律师不得通过传媒或在公开场合发布任何可能被合理地认为损害司法公正的言论。"另外，司法部修订的《律师和律师事务所违法行为处罚办法》第 13 条规定："律师未经委托人或者其他当事人的授权或者同意，在承办案件的过程中或者结束后，擅自披露、散布在执业中知悉的委托人或者其他当事人的商业秘密、个人隐私或者其他不愿泄露的情况和信息的，属于《律师法》第 48 条第 4 项规定的'泄露商业秘密或者个人隐私的'违法行为。"因此，律师在将有新闻价值的案件信息提供给记者的时候，需要注意：其一，可以谈及自己对案件的看法，但只能是观点上的争议而不得涉及司法及仲裁人员的品格。其二，不得涉及对案件未来走向的预测或者其他可能影响案件方向的判断，否则有可能损害司法公正。其三，不得涉及当事人的相关隐私或秘密。

国外的相关规定则更为具体。例如，美国《加利福尼亚州法律职业行为规则》[1] 第 5～120 条关于律师法庭外言论的规定："曾参与或者正在参与某一事

---

[1] 应琛、杨江："当口水包围法庭"，载《新民周刊》2013 年第 756 期。

件的调查或者诉讼的律师，如果知道或者依照常理应当知道其所作的法庭外言论有对该事件的司法程序造成重大偏见的高度可能，不得发表常人预期会经由公共媒体传播的法庭外言论。"律师只可以陈述下列事项："①涉及该事项的请求、罪名或抗辩，且除非法律禁止，可陈述相关人士的身份；②公开记录中的资讯；③某事件的调查正在进行中；④任何诉讼阶段的时间表或结果；⑤请求协助获得证据以及必要的资讯……"因而，律师可以向媒体公布的均为与案件有关的事实，律师职业规范禁止律师在媒体上发表对法官个人评价的煽动性意见，律师在接受委托的案件宣判之前，不得就该案件公开发布或者通过媒体发表足以损害司法尊严或者公正形象的轻率言论。

因此，中外律师针对与媒体的关系最重要的原则有两条：①律师可以将案件的事实情况通报媒体。②律师在媒体上不得攻击法官个人。

（二）非法律手段措施运用的案例

2014年，PC县14家烟花爆竹企业共同提起的行政复议案件就合理运用了非法律措施。PC县烟火属于古老的宫廷焰火，经千年传承延续至今。PC县是西北五省区最大的花炮产销基地。PC县烟火还被列入陕西省非物质文化遗产代表作保护名录和国家级非物质文化遗产保护名录，获国家地理标志保护。当时PC县有烟花爆竹生产企业82家，烟花爆竹经营销售门店450家，从业人员近5万，产值8个亿，但利税只有区区数百万元。因此，当地的烟花爆竹产业大而不强；安全事故也让地方政府头疼，近几年几起大的事故引人关注，其中2010年发生的"101"花炮爆炸事故，造成9死8伤。2014年，WN市安监局决定将PC县花炮企业数量由82家减少到68家，根据规划还将进一步缩减花炮企业。这就意味着82家企业中有14家无法继续取得安全生产许可证。

2013年8月，由于陕西省安全生产监督管理局颁发的安全许可证将到期，前述14家企业于2012年12月依法向被申请人提交了办理安全生产许可证延期手续的申请及相关材料。在此之前，这14家企业按照WN市安全生产监督管理局的要求对生产、经营场所以及涉药工序机械化工程进行了改造，为此这14家企业耗费了巨额的财力、物力。对改造后的工程，这14家企业委托WN市安全生产监督管理局指定的安全评价机构作出了安全验收评价报告，报告显示各项指标均为合格，符合相关法律法规的要求。但是，WN市安全生产监督管理局于2014年2月却无故退回了这14家企业的申报资料，不予受理这14家企业办理安全生产许可证延期手续的申请。

按照《行政许可法》第32条的规定，行政机关作出不予受理决定，只能是申请事项不需要取得行政许可或者申请事项不属于许可机关的职权范围。《烟花爆竹安全管理条例》第9条规定："生产烟花爆竹的企业，应当在投入生产前向所在地设区的市人民政府安全生产监督管理部门提出安全审查申请，并提交能够证明符合本条例第8条规定条件的有关材料。"被申请人是申请人办理安全生产许可证延期手续的法定受理机关。烟花爆竹也是需要取得许可才可进行生产的。即使申请材料不齐全，在补全材料之后，也是应当受理的。故WN市安全生产监督管理局不予受理申请人相关手续的行为违反了法律法规的规定。

在PC县花炮厂提出行政复议申请之后，申请人提交办理安全生产许可证延期手续的材料之前，被申请人作为烟花爆竹生产的安全监督管理机关对申请人烟花爆竹生产、经营场所以及涉药工序机械化工程都提出了相关改造要求，为此包括申请人在内的很多烟花爆竹生产企业变卖房产、到处借钱，投入了上百万元的改造费用才使生产场所及相应工序符合安全生产的标准，而被申请人朝令夕改不予受理申请人办理安全生产许可证延期申请的行为违反了行政法的信赖保护原则，使申请人的巨额投入付诸东流，也同时影响了安监部门的公信力和社会形象。

该起事件有强烈的社会影响，一方面，烟花爆竹生产企业将大幅减少，这样势必影响WN市传统产业的传承及经济的发展；另一方面，无法办理安全许可证就意味着这些企业无法进行烟花爆竹的生产，必将导致以前从事该行业的劳动者面临失业，这将成为社会不安定的因素；此外，这些企业生产烟花爆竹的原材料由于无法加工成为产品，原材料若流向民间由一些图谋不轨的不法分子掌握之后将对社会的安全与稳定带来严重的不利影响！

恰好此时陕西日报记者来PC县调查花炮企业生产中存在的普遍性问题，这些企业被关闭的情况作为问题引发了记者的关注。如果停止受理办证，这些企业按照安监局的要求改造场地，投入的上百万元怎么办？是否会造成大批劳动者下岗？这些企业之前剩余的生产原材料怎样处理？律师建议企业积极配合记者的调查。

《陕西日报》的报道内容如下：当这些企业看到记者来采访时，被关停企业的负责人都要求记者到企业看看。在多个花炮公司，成堆的原材料发霉腐烂，一些还未开封的机器已经生锈。企业负责人痛心地说："如今市场需求是存在的，不让我们这些合法企业生产，难道让非法企业去占领市场吗？"宏图花炮有限公司的损失比较严重。"为了增强花炮企业的安全性，我们按照省安监局的要求，扩大厂区面积，建新厂房，硬化道路，购入现代生产机器进行机械化改造，实行人机、人药分离，花费了 310 万元"，公司负责人老段告诉记者，"改造完成后经 PC 县安监局组织的安全评价机构评估验收，各项指标均为合格，我们上报要求续发安全生产许可证，可至今没有任何结果。"为了明确该事件中的法律问题，记者还专门采访了相关的法律专家。西北政法大学行政法教授 WL 说："十八届三中全会《决定》强调'使市场在资源配置中起决定性作用和更好发挥政府作用'，产业发展要符合市场规律，政府对产业调整不能违反市场自身的运作规律。因此，应进行科学引导，建立合理的退出机制，鼓励企业兼并重组，走集团化发展道路，做大做强传统产业。"WL 认为，不能以安全为名"因噎废食"，政府硬性规定减少企业，让其消亡，这不符合市场规律，对存在了上千年的产业也实在是可惜。WL 说，浏阳花炮正在卓有成效地推进花炮"三大革命"（环保革命、工艺革命、材料革命），而我们还在为了保留多少企业争论不休，这说明了地方政府发展思路的滞后。事实上，试图以强迫命令关停企业以达到减少安全事故的目的是不符合改革潮流的，这种方式不但不利于问题的解决，反而会激化矛盾。一方面，应该加强监管，另一方面，予服务于管理中，帮助企业做大做强，进一步提高技术水平，符合现代环保要求，使花炮产业成为传统但是有朝气的产业。可见，在现代市场经济条件下，如何管理好花炮行业，发展、壮大花炮产业，不是简单的政府部门一纸行政命令就能够解决的，这对地方政府治理能力现代化是一个考验。

记者调查之后，将相关报道发表在《陕西日报》2014 年 5 月 19 日第 13 版的社会·法治专栏，文章名称为"PC 县花炮企业存亡：政府说了算，还是市场来决定"。记者的报道引发了行政机关及社会的关注，公众认识到政府不能简单地对相关企业进行关停。最后，在行政复议过程中考虑到政府的难处，经过复议机关与被复议人的相互协商，花炮企业在复议过程中不再要求撤销政府的行为。复议机关维持了政府的决定，而 WN 市安全生产监督管理局也在随后依法给这 14 家企业发放了安全生产许可证。该案取得了企业与政府双赢的成果。

三、法律手段与非法律手段的综合运用典型案例

在 FY 新都市小区业主委员会换届选举案中，律师综合运用了行政复议、行政诉讼、回应媒体关注等法律手段与非法律手段。

FY 新都市小区是 2005 年 XA 市最早一批成立业委会的小区。小区业委会和物业公司、开发商多次谈判，从开发商手中争取到了大维修基金，以及小区 3‰ 的物业管理用房、小区电梯广告的收益等，现在每年归业委会支配的小区公共

收益就有六十多万元。这种社区管理模式，成了其他小区参观和学习的样板。FY 新都市业委会在第一次选举成立之后，面临换届选举，业委会每年都向高新区社会管理局申请，要求社会管理局指导组织换届。但是社会管理局认为业委会干得挺好，想让这些业委会委员继续干。管理局目前的主要精力放在新小区的业委会成立上，因此，FY 新都市小区业委会从 2005 年成立，一直没有换届。但是业委会长期没有换届引发了一些想当业委会成员的人的不满，小区里便开始有了风波。2012 年 11 月 27 日，高新区社会管理局向 FY 新都市小区业委会发函，要求他们尽快组织换届选举。2012 年 11 月 27 日，被申请人内设部门西安高新技术产业开发区社会管理局（以下简称社会管理局）向申请人致函，要求申请人进行换届选举。申请人收到该函之后，于同年 12 月 3 日积极回函响应，并希望社会管理局能够对申请人的换届选举工作进行指导。之后，就申请人换届选举事宜，申请人与社会管理局多次积极沟通。但是，社会管理局及其下设机构 FY 新都市社区中心于 2013 年在申请人没有参与的情况下，擅自成立了 FY 新都市业委会换届筹备组，由社区中心担任筹备组长开展换届选举工作。

在组织换届前不久，小区里便开始有一些关于业委会的负面言辞，大致涉及一些经济问题，主要关于三个方面："一是说大维修基金被业委会花完了，二是说业委会两个主任拿了很多钱，三是说业主委员会委员给自己谋私利了"。FY 新都市业委会表示，关于经济问题，业委会曾在给社会管理局的复函里面也提出过，并要求社会管理局派遣专业的财务机关进行财务工作审计，但是社会管理局没有回应这些请求。2013 年 3 月，在高新区社会管理局和 FY 新都市社区中心的支持下，一个与原业委会没有任何关系的 FY 新都市业委会换届筹备组成立了。由于对该筹备组不认可，原业委会也相应地成立了一个换届筹备组。

因此，FY 新都市小区有两个自称合法的组织在筹备业委会的换届，一个叫作 FY 新都市业委会换届筹备组，另一个则是 FY 新都市业委会。FY 新都市业委会认为，社会管理局支持成立筹备组的行为违反法律规定，属于违法行为。根据《XA 市物业管理条例》的规定，业主委员会应当在其任期届满前 2 个月提出换届筹备组人选名单，并在物业管理区域内公示。业主委员会任期届满未完成换届选举的，物业所在地街道办事处或者乡镇人民政府应该组织或者监督业主委员会组织换届选举。因此，即便业委会没有近期换届，也应当是社会管理局指导业委会换届，而不是社会管理局自行指定一个筹备组来换届。业委会请律师介入本案，以维持自身合法权益。

（一）第一阶段：行政复议

2012 年 11 月 27 日，社会管理局向 FY 新都市业主委员会致函，要求 FY 新都市业主委员会进行换届选举。FY 新都市业主委员会收到该函之后，于同年 12 月 3 日积极回函响应，并希望社会管理局能够对业主委员会的换届选举工作进行指导。之后，就业主委员会换届选举事宜，FY 新都市业主委员会与社会管理局多次积极沟通。但是，社会管理局及其下设机构 FY 新都市社区中心于 2013 年在 FY 新都市业主委员会没有参与的情况下，擅自成立了 FY 新都市业委会换届筹备组，并开展换届选举工作。在确定 FY 新都市业委会换届筹备组人员时，FY 新都市社区中心仅仅征询了极少数业主的意见。2013 年 7 月 17 日，FY 新都市社区中心发布《公示》《公告》，对 FY 新都市业委会候选人及换届选举的时间、地点进行告知。

针对这一情况如何处理？FY 新都市业委会是否应当采取法律措施进行救济？如果救济的话采取何种手段？最便捷的就是行政复议，但是该案能否提请行政复议？该案存在一定的法律风险，因为就《行政复议法》的规定来看，在可以进入复议范围的具体行政行为中，并没有明确列举行政机关组织业主委员会换届选举的行为。因此，在提起行政复议之前律师调研了 XA 市当前的行政复议现状，专门电话咨询了 XA 市法制办。该办认为，当前只要对行政机关的行为提起复议申请，就可以进入复议。这种观点本身也是符合权益保护扩大的法治发展趋势，经过研判之后，律师认为可以代理提起行政复议申请。

2013 年 7 月 22 日，FY 新都市业委会针对社区发布的《公示》及《公告》提起了行政复议，要求如下：其一，依据《行政复议法》第 28 条，请求撤销高新管委会社会管理局组织制定并公示的换届业主委员会名单。其二，依据《行政复议法》第 28 条及第 21 条的规定，请求停止并依法撤销被申请人组织 FY 新都市业委会换届选举的具体行政行为。其三，依据《行政复议法》第 28 条，请求责令被申请人履行职责，重新组织或监督 FY 新都市业委会成立换届选举筹备组，开展换届选举工作。

事实和理由如下：

业委会换届工作是小区广大业主民主生活中的一件大事。本次业主大会的一个主要内容就是业委会换届选举，选举应当体现公开、公平、公正、透明的原则，让更多的业主了解并参与。但是，FY 新都市小区业委会的换届工作从开始至今，不进行广泛宣传，因此小区绝大多数业主根本不知道此次小区业委会换届一事。社会管理局指导之下的选举筹备工作存在多处违法现象。

1. 根据《XA 物业管理条例》第 46 条第 3 款的规定：业主委员会任期届满未完成换届选举的，物业所在地街道办事处或者乡镇人民政府应当组织或者监督业主委员会组织换届选举，社会管理局不具备组织或监督业主委员会组织换届选举的主体资格；即使社会管理局具备组织或监督业主委员会组织换届选举的主体资格，根据上述规定，社会管理局也应该是组织或监督申请人进行换届选举工作，既组织或监督申请人成立业委会换届筹备小组，而不是撇开申请人而自行成立业委会换届筹备小组。

2. 《XA 物业管理条例》对于业主委员会的换届选举只规定了业主委员会自行组织换届选举的程序，而对于街道办组织换届的程序并无具体规定，因此，街道办需要参照该条例中的其他规定组织换届。按照《XA 物业管理条例》第 24 条的规定，筹备组中的业主代表由业主推选产生，或者由街道办事处、乡镇人民政府提名经业主同意产生，并在物业管理区域内公示，公示时间不少于 7 日。但是，该筹备小组人员并非由业主推选产生，也并非由街道办事处、乡镇人民政府提名经业主同意产生，而是社区中心仅仅征询了极少数业主的意见（该社区共有业主二千多人，但是在确定筹备组人员时仅仅有九十余人进行了投票，且参与投票的人并非全部是业主），这显然不合法。

3. 《XA 物业管理条例》第 24 条规定，筹备组组长应当由街道办工作人员担任，但是此次成立的换届筹备组的组长则由社会管理局指定的社区工作人员担任，组长资格与条例规定相违背。

4. 《XA 物业管理条例》第 26 条规定，业主大会筹备组应当自成立之日起 60 日内，组织召开首次业主大会会议。但是，时至今日业主大会筹备组都没有召开业主大会，这在时间期限上严重违法。

5. 早在 2010 年 7 月 15 日，FY 新都市业主委员会就向高新管委会社会管理局提出请求协助业主委员会改选。但是该局一直置之不理，随后业主委员会要求该局协助换届选举前的审计工作，但是该局还是置之不理。其后，该局在没有答复业主委员会上述请求的情况之下就自行启动了业主委员会的改选。因此，该局行政不作为在先，由此导致了 FY 新都市业主委员会改选迟迟不能进行，以至于超出任期。

综上，FY 新都市业委会换届工作在高新管委会社会管理局的组织指导下，从开始至今都存在错误的做法及违法行为。FY 新都市业委会已先后以书面形式向 XA 市高新管委会社会管理局反映。为了维护安定团结，维护业主的合法权益，律师请求 XA 市法制办对此事高度重视，及时制止及纠正被申请人及社会管理局的违法行为、撤销该筹备组，同时指导 FY 新都市业主委员会成立新的业委会换届筹备组，合法有序地开展业委会换届选举工作。

为了争取复议机关的支持，业委会在提交相关证据的基础之上，还专门将北京市的一个行政复议案件作为参考提交复议机关，即北京市海淀区人民政府行政复议决定书（海政复决字［2008］28号）。该案的情况与 FY 新都市所面临的情况一致，而且该案最后被海淀区人民政府撤销。

XA 市法制办于 2013 年 7 月 23 日收到申请，但是一直到 29 日上午，FY 新都市小区业委会的复议申请才被受理。《行政复议法》第 22 条规定，行政复议原则上采取书面审查的办法，但是申请人提出要求或者行政复议机关负责法制工作的机构认为有必要时，可以向有关组织和人员调查情况，听取申请人、被申请人和第三人的意见。就该案件而言，小区的业主委员会平时与社会管理局的关系处理得还不错，因此业委会并不想在此事上与社会管理局翻脸。业委会认为，大家能够在 XA 市法制办的主持之下相互达到调解，因此，将社会管理局自行成立的筹备组撤销之后重新成立新的筹备组即可。

2013 年 9 月 23 日，XA 市人民政府作出了"市政复决字［2013］79号"行政复议决定书。在该决定书中，市政府认为：首先，有关 FY 新都市业委会候选人名单的《公示》系 FY 新都市社区中心与 FY 新都市业委会换届筹备组所作行为，并非被申请人所作具体行政行为。申请人要求撤销该《公示》的复议请求不能成立。其次，被申请人履行 FY 新都市小区业主委员会换届筹备工作的行为合法有效。根据《XA 市物业管理条例》第 46 条的规定，在申请人任期届满后仍未组织业委会换届工作的情况下，被申请人有权组织换届选举工作。同时，在被申请人组织和指导下成立的 FY 新都市业主委员会换届筹备组的组织机构和人员构成符合《XA 市物业管理条例》第 24 条的有关规定。因此作出决定：①维持 XA 高新技术产业开发区管理委员会组织 FY 新都市小区业主委员会换届筹备组的具体行政行为；②驳回申请人撤销换届业主委员会名单的行政复议申请。

该决定在事实认定部分认为，组织换届的相关活动为社区及筹备组所为，但是在结论部分却维持了高新管委会组织业委会换届工作的行政行为。其结论与依据的事实明显不符合，难以说服业委会，因此业委会决定提起行政诉讼。

为了更好地在行政诉讼中取得胜利，业委会又做了一些准备工作。

（二）第二阶段：行政诉讼的准备（投诉及政府信息公开）

1. 投诉。为了防止行政机关的错误继续下去，从而产生无法挽回的损失，律师引导业委会向高新区管委会投诉。将高新管委会社会管理局的错误行政行为向上级机关投诉有两个主要的好处：其一，可以引发上级的关注，由上级将下级的错误行为在还没有造成比较严重的损失之前就终结掉；其二，如果上级对下级的错误置之不理的话，可以因其不作为而起诉上级，从而促使上级监督下级的错误。

在投诉书中律师指出，此次高新管委会社会管理局在指导业主委员会换届改选工作中存在以下主要违法现象：其一，社会管理局应该组织或监督 FY 新都市业主委员会进行换届选举工作，而不是自行成立换届筹备小组。其二，筹备组组长应当由街道办工作人员担任，但是此次成立的换届筹备组的组长则由社会管理局指定的社区工作人员担任。组长资格与条例规定相违背。其三，业主大会筹备组应当自成立之日起 60 日内，组织召开首次业主大会会议。但是时至今日都没有召开业主大会，这在时间期限上严重违法。

2. 政府信息公开申请。2013 年 7 月 23 日，为了推动本案的顺利解决，业委会又提起了一次政府信息公开申请。

业委会申请公开的事项主要有三个：其一，高新 FY 新都市小区业委会换届筹备组组成人员当选依据。包括该筹备组组成人员是由哪个部门依据哪项规定通过何种办法和流程最终确定。其二，如果有关部门以业主投票结果最终确定筹备组组成人员，请公开全部选票。其三，高新 FY 新都市小区业委会换届筹备委员会进行换届工作已超过 90 天，至今没有结果。请公布换届工作时限的法律依据，并公布在此期间内工作的具体进程。

业委会提出上述申请公开的事项理由是：

（1）FY 新都市小区在高新区管委会指导下进行小区业委会的换届选举，但换届筹备组成立的程序并不清楚。根据《物业管理条例》《陕西省物业管理条例》及《XA 市物业管理条例》等法律、法规，业委会换届筹备组成员应当在物业管理区域内公示，业主在 15 日内未提出异议的，换届筹备组按照公示人员名单成立；半数以上的业主提出异议的，由业主委员会重新提出人选名单。但 FY 新都市小区换届筹备组人员名单中有某些长期违反小区管理规定的业主，这受到了业主们的广泛质疑。请贵局公开该换届筹备组人员当选的相关依据。

（2）如果筹备组成立的依据是业主的投票结果，那么据了解业主一共只有92 人投票，而小区共有 2150 户业主具有投票权，无论是参照《选举法》的过半原则，还是《XA 市物业条例》第 30 条的规定，业主大会会议"应当由物业管理区域内专有部分占建筑物总面积过半数的业主且占总人数过半数的业主参加"，该选举程序明显不符合法律规定。在此，请贵局依法公开换届筹备组的所有选票。

（3）高新 FY 新都市小区业委会换届筹备委员会自 2013 年 3 月 18 开始，进行换届工作已超过 90 天，至今没有结果。这已严重影响了小区业委会的正常工作，并给业主们带来了生活上的困扰。请公布换届工作时限的相关法律依据，并公布在此期间内换届相关工作的具体进程。

2013 年 8 月 12 日，XA 市高新区社会管理局作出"西高新社管发［2013］33 号"文件进行了信息公开的告知，针对信息公开申请中提出的问题，他们答复如下：

（1）FY 新都市业主委员会申请公开的 FY 新都市小区换届筹备组组成人员产生的"依据"为《XA 市物业管理条例》等我国现行有效的且已公开的法律、法规。法律、法规不属于《信息公开条例》第 2 条规定的"政府信息"范畴。本次由 XA 高新区管委会社会管理局组织开展的 FY 新都市小区换届筹备组人员的确定工作，依据是《XA 市物业管理条例》第 6 条、第 24 条、第 46 条第 4 款的规定。你委如需了解相关法条可到 XA 高新管委会社会管理局办公室查询。

（2）关于 FY 新都市业主委员会申请公开的 FY 新都市小区换届筹备组组成人员产生"办法"及"流程"等对应性文件，XA 高新区管委会社会管理局都已在 FY 新都市小区内按期公示。根据《信息公开条例》第 9 条的规定，行政机关已经进行了政府信息公开，此类文件你委如需了解，可前往 XA 市高新区唐兴社区办公室查阅相关资料。

（3）FY 新都市业主委员会申请公开的"第 2 条"事项所述的"选票"信息，因其载体为纸质，无法按照 FY 新都市业主委员会的要求以"电子邮件"形式进行提供，因此，FY 新都市业主委员会可以在接到本告知书之日起 3 日内委派代表人员，前往 XA 市高新区科技路唐兴社区办公室查阅相关资料。

随后，按照高新区社会管理局的答复，业委会前去唐兴社区办公室将所有的选票进行复印。在这些选票中果然发现了许多问题。这样通过政府信息公开的申请，业委会实现了两个主要的法律目的：其一，了解了社会管理局掌握的情况，实现了与社会管理局的沟通；其二，拿到了筹备组选举的选票复印件，从中可以发现筹备组选举的违法之处，为下一步的法律措施收集了证据。

（三）第三阶段：媒体报道

由于业委会的改选涉及众多小区业主在小区生活是否和谐的问题，新闻媒体对该次改选也比较关注。2013 年 8 月 8 日，陕西广播电视台《今日点击》栏目专门以"业委会换届违规'组阁'惹风波－业主：管理局要反思"[1]为题目进行了专题报道。业委会配合记者的调查，将小区中存在两个不同的选举组织的情况向媒体作了介绍，引发了社会关注。公众关注到了社会管理局在此次业委会改选中的不作为以及错误作为，为纠纷的解决起到了良好的助推作用。

西部网讯（陕西广播电视台《今日点击》）报道主要内容如下：

近两个月，XA 市高新区 FY 新都市小区的业主们很闹心。本该到了业委会正常换届的时候，小区里却出现了两个声称自己合法的业委会换届筹备组。筹备组之间相互争论，一下子打破了小区多年的平静，这件事儿究竟是怎么回事呢？

FY 新都市业委会认为，不管高新区社会管理局是组织换届还是监督业委会组织换届，都不应该撇开现任业委会开展换届工作。

住户认为，小区有业主对业委会工作看法不同，对超期多年未换届的业委会提出异议，并向高新区社会管理局要求改选业委会的诉求很正常。但在现有的业委会还存在的情况下，高新区社会管理局支持部分业委会重新成立筹备组，必定会引起纷乱。可以预见到，筹备组成立，不仅不能解决业委会的换届问题，反而使得业委会与筹备组之间的矛盾激化。

就这样，一个本来正常的换届问题使得这个小区往日的宁静不再，业主们也跟着闹心。大家怀疑，在这次 FY 新都市小区业委会的换届中高新区社会事务管理部门到底起了什么样的指导作用？

业主们希望在高新区社会管理局的指导下，尽快结束业委会和筹备组的纷争，恢复小区往日的平静。业主还表示："希望管委会（社会管理局）到群众中来，不能老坐到办公室"。

知情者指出，FY 新都市小区业委会换届引发风波，高新区社会管理局需要认真反思，并表示高新区内业委会存在改选矛盾争议的不止 FY 新都市一个小区，以后还会有更多小区面临业委会的改选。希望高新区的社会管理局能够真正地面对问题，用心、用智慧改善工作，避免以后的小区陷入此种尴尬局面，尽快让小区恢复到以前的平静生活。

（四）第四阶段：准备行政诉讼

2013 年 10 月 2 日，XA 市法制办终于作出了维持社会管理局行政行为的复议决定。业委会此前就已经了解到了一些情况，得知复议申请可能被维持，因

---

[1] 载 http://news.cnwest.com/content/2013 –08/08/content __9851352.htm，最后访问时间：2019 年 11 月 20 日。

此已经做好了提起诉讼的准备。在收到法制办的复议决定之后，业委会准备将市法制办的维持复议决定起诉到法院。

但是起诉该复议决定存在一个法律问题：XA 市法制办将业委会的复议请求维持了一些，而将另一些驳回。业委会是将全部复议决定一并起诉至 YT 法院，还是将维持的决定起诉至 YT 而将驳回的决定起诉至 XA 中院？这是一个问题。

《行政复议法实施条例》第 48 条第 1 款规定：有下列情形之一，行政复议机关应当决定驳回行政复议申请：①申请人认为行政机关不履行法定职责申请行政复议，行政复议机关受理后发现该行政机关没有相应法定职责或者受理前已经履行法定职责的；②受理行政复议申请后，发现该行政复议申请不符合《行政复议法》和本条例规定的受理条件的。

复议决定中没有明确是依据第 2 款还是第 1 款进行的驳回，但是不论依据哪一款，对业委会来说下一个问题就是该驳回能否被起诉？如果可以起诉，那么告哪一个机关呢？

1. 驳回行政复议申请决定的可诉性。《行政复议法实施条例》第 48 条第 2 款规定："上级行政机关认为行政复议机关驳回行政复议申请的理由不成立的，应当责令其恢复审理。"该规定设定了申请人不服行政复议机关驳回其行政复议申请后的救济途径，即向行政复议机关的上级行政机关申诉，由该上级行政机关对驳回行政复议申请决定进行审查。究其实质而言，这是基于行政机关上下级之间的层级监督关系而规定的，是一种行政监督。既然不服驳回行政复议申请的决定可以进入行政监督，那么是否可以进入司法监督程序，由法院进行审查呢？实践中，因为《行政复议法实施条例》及相关法律没有明确规定，有的法院对此类诉讼予以受理，有的则不予受理，而理论界对于驳回行政复议申请决定的可诉性也争执不一。

认为驳回行政复议申请决定具备可诉性的主要理由是：驳回行政复议申请决定也是一种行政复议决定，依据《行政复议法》的规定，有关当事人不服的，可以提起行政诉讼。

认为驳回行政复议申请决定不具备可诉性的主要理由是：《行政复议法实施条例》规定了只有上级行政机关可以审查行政复议机关作出的驳回行政复议申请的决定，没有规定当事人不服可向法院提起诉讼。

从《行政复议法》及《行政复议法实施条例》的立法精神来看，第一种意见更合理，理由有三：

（1）驳回行政复议申请决定可诉性的必要性。行政复议是行政机关运用行政层级监督权对行政行为进行审查，维护当事人合法权益，监督行政权力依法有效行使的一种行政救济制度。就其本质而言，它是行政机关系统内部的一种自我监督机制。就我国现行的行政管理体制而言，它无法从根本上消除监督主体与被监督主体之间利益关联性的问题，这些利益关联性问题的存在就容易导致诸多监督不公正问题。在行政复议程序中，行政复议机关首先是被申请人的上级行政机关，然后才是监督者。行政复议机关与被申请人之间具有共同的行政化背景。在行政复议程序中，一方面，行政复议机关与被申请人之间共同的行政化背景有助于双方在行政复议程序中的沟通与交流，有利于行政争议的快速、高效解决。但另一方面，如果这种共同的行政化背景被不当利用，则有可能会形成"官官相护"、违法复议的局面。笔者认为，要加强对行政行为的监督，除了依靠行政复议这一自律机制外，还要强化对行政复议这一自律机制本身的监督，通过与行政复议制度相衔接的司法监督路径来促使行政复议机关自觉树立中立意识，努力抵制影响公正性的非正常干扰，客观、公正、独立地处理行政争议，切实保障行政复议申请人的合法权益，发挥其作为救济制度的价值。从规范、约束、监督行政权的角度出发，将驳回行政复议申请决定纳入到司法审查的范围，赋予其可诉性，既具有理论意义，又具有实践的意义。

（2）驳回行政复议申请决定可诉性的法律性。《行政复议法》第5条规定："公民、法人或者其他组织对行政复议决定不服的，可以依照《行政诉讼法》的规定向人民法院提起行政诉讼，但是法律规定行政复议决定为最终裁决的除外。"该条款从大的原则上确立了行政复议决定的可诉性，驳回行政复议申请是《行政复议法实施条例》增设的一种行政复议决定形式，也属于行政复议决定的范畴，也应具备可诉性。《行政复议法实施条例》第48条第2款的规定突出强调了上级机关对行政复议机关作出的驳回行政复议决定的监督审查，并未规定不服驳回行政复议申请决定不可向法院提起诉讼，不能据此片面推断。反之，如作此规定，也是与《行政复议法》第5条的规定相违背的。

而且，如果上级行政机关认为行政复议机关驳回行政复议申请的理由不成立的，应当责令其恢复审理。上级作出的责令恢复审理行为，本身就是一种可以被诉讼的具体行政行为。因而，驳回复议决定不可以诉在道理上是讲不通的。

（3）驳回行政复议申请决定可诉性的实践性。目前，我国行政复议制度中的行政复议决定形式有维持、变更、撤销、确认违法、驳回行政复议申请等。按照我国的行政管理体制和司法体制，维持、变更、撤销、确认违法等行政复议决定既要接受上级行政机关的监督，同时也受到司法机关的监督审查（法律规定不予审查的除外），因而，驳回行政复议申请决定具备可诉性在实践中没有障碍。

2. 不服驳回行政复议申请决定的行政诉讼被告。关于不服驳回行政复议申请决定的行政诉讼被告应当是哪个单位，目前有两种观点：

（1）以作出原具体行政行为的行政机关为被告。理由是：驳回行政复议决定是行政复议机关对申请人选择复议程序的回复，其实质是对申请人要求进入行政复议程序的一种拒绝，并未对原具体行政行为作任何改变，因而应被视为维持原具体行政行为。根据《行政诉讼法》第 26 条第 2 款中"经复议的案件，复议机关决定维持原具体行政行为的，作出原具体行政行为的行政机关和复议机关是共同被告；复议机关改变原具体行政行为的，复议机关是被告"的规定，应以作出原具体行政行为的行政机关为被告，起诉原具体行政行为，这种做法更为直接。

（2）以复议机关为被告。该观点认为，行政相对人认为行政机关不履行法定职责违法而向行政复议机关申请行政复议时，行政复议机关是在认定行政相对人主张原行政行为作出的行政机关不履行法定职责的理由不能成立的前提下作出的驳回行政复议申请的决定。在此情况下，由于并不存在一个已经作出的原行政行为，因此，既不存在以原行政行为为起诉对象的问题，也不存在选择驳回行政复议申请决定或者原行政行为之一为起诉对象的问题。

持以行政复议机关为被告的观点认为，行政复议机关受理申请人的行政复议申请后作出驳回复议申请决定，将申请人的申请排除在行政复议程序之外，而这一行为是否合法，是否侵害申请人的行政复议救济权利，只有对驳回行政复议决定进行司法审查后才能确定。因此，当事人应当以行政复议机关为被告提起诉讼，从而判定该驳回行政复议申请决定是否成立。如果不成立，则由行政复议机关继续行政复议程序，反之，则申请人可启动对原具体行政行为的诉讼，这种做法比较符合申请人的意愿，也比较稳妥。

在我国的司法审判制度中，也存在着类似"驳回行政复议申请"的情形，即驳回起诉和驳回诉讼请求，前者驳回的是起诉权，后者驳回的是胜诉权。《行政复议法实施条例》确立的驳回行政复议申请，从名称上来看，与驳回起诉类同，但从其内容来看，又不仅限于驳回"起诉"，而是既包括驳回"起诉权"，也包括驳回"胜诉权"。根据《行政复议法实施条例》第 48 条的规定，驳回行政复议申请适用于两种情况：一是申请人认为行政机关不履行法定职责申请行政复议，行政复议机关受理后发现该行政机关没有相应法定职责或者在受理前已经履行法定职责的；二是行政复议机关受理行政复议申请后发现该申请不符合法定受理条件的。第一种情形相当于驳回诉讼请求，第二种情形则相当于驳回起诉。第一种情形对不作为行政复议申请的驳回，是在经过审查，认为被申请人无相应法定职责或者在受理前已经履行法定职责的基础上作出的。此时，行政复议机关的驳回决定就相当于肯定了被申请人"不履行法定职责的行为"是合法的，因而驳回行政复议申请决定就相当于维持决定，因此，在诉讼时应由被申请人作为被告。第二种情形下的驳回行政复议申请，与不予受理行政复议申请在本质上一致，只是作出决定的阶段不同。不予受理决定是在尚未受理行政复议申请前作出，驳回行政复议申请决定是受理行政复议申请后作出。因此，对此类驳回行政复议申请决定，应由申请人以行政复议机关为被告提起诉讼。

但是，在实践中法院会采取哪种做法，业委会不得而知。业委会决定先将被维持的两个请求以及被驳回的两个请求先一并起诉至 YT 法院，看看立案庭的法官如何说。如果可以一并起诉的话，就全案在 YT 法院起诉。如果不可以，那么将维持的两个请求在 YT 法院起诉，将驳回的两个请求在中院起诉。

结果业委会去起诉的时候，接待的法官也不知道如何处理，只是说需要等待他们合议之后才能确定。这样，业委会可能在国庆节过完之后，将驳回的两个请求先起诉至中院，否则可能会过了诉讼时效。

如果出现了 YT 法院与中院都驳回复议请求、立案的情形，只能根据《行政诉讼法》的规定，原告向两个以上有管辖权的人民法院提起诉讼的，由最先收到起诉状的人民法院管辖。这样全部案件就在 YT 法院处理。

2013 年 10 月 8 日，业委会决定起诉复议决定，因为 XA 市法制办驳回了业委会的几个申请。业委会查阅法律规定之后发现，能否起诉没有明确的法律规定。但是在咨询法制办的朋友之后，得知他们的驳回一般是可以被起诉至 XA 市中级人民法院的，被告是 XA 市人民政府。

业委会拟好了诉状，但问题出在诉讼请求上。诉讼请求中肯定要写要求撤销 XA 市法制办作出的驳回，但是对于原行政行为是否要写存在问题。如果要写的话，相当于将原行政行为的审级提高，该行为的审级法院应当是 YT 法院，通过复议之后提高到 XA 市中级人民法院。但是如果不写对原行政行为的诉讼请求，业委会起诉至 XA 市中级人民法院对业委会又有什么意义呢？单纯地要求撤销驳回复议的决定，对业委会没有任何意义，只有对原行政行为作出判断才有意义，因此，最终还是决定在诉状中加入对原行政行为的诉讼请求。

业委会行政诉讼主体资格在本案提起行政诉讼的时候是一个难点问题，法官对该问题认识不一致。主要是业委会的民事主体资格基本上得到了法院的认可，如《最高人民法院［2005］民立他字第 8 号函》认为业主委员会与他人发生民事争议的，可以作为被告参加诉讼。另外，《最高人民法院［2002］民立他字第 46 号函》认为，金湖新村业主委员会符合"其他组织"的条件，对房地产开发单位未向业主委员会移交住宅区规划图等资料，未提供配套公用设施及专项费、公共部位维护费及物业管理用房、商业用房的行为，可以自己的名义提起诉讼。

业委会的行政诉讼主体资格在起诉的当时并没有得到法院的普遍认可。尽管从道理上来讲，业主委员会须经行政主管机关登记，有自己的组织章程和组织机构，有独立使用的办公场所，办公经费也有一定的保障，应当属于我国《民事诉讼法》第 49 条规定的"其他组织"。但是有些法官并不认为业委会可以作为行政诉讼的原告。各地的法院认识也不一致，如《上海市高级人民法院关于业主委员会行政诉讼主体资格问题的解答》认为，业主委员会在特定领域代表业主并以自己的名义出面从事一定的活动，并不违反相关法规的规定。而且，由业主委员会代表全体业主起诉和应诉，也有利于人民法院对群体性、矛盾易激化案件的审理。故在涉及规划许可等行政案件中，如果相邻小区业主认为规划许可等有关行政行为侵犯该小区全体业主的合法权益，经业主大会的授权，业主委员会可以作为原告提起行政诉讼。但是，在审查业主委员会的起诉材料，决定是否立案受理时，应当对以下问题严格审查：依法召开小区业主大会；提交经物业管理区域内全体业主所持投票权 2/3 以上通过的业主大会决议；业主大会决议中对诉讼费用如何承担有明确决议。如果业主委员会起诉时未提交上述有关材料的，人民法院应告知其限期提交。逾期不提交的，则以诉讼主体不适格为由不予受理。

作为原告的 FY 新都市业委会有六千多户居民，如果按照上海法院的观点则需要召开业主大会，进而需要至少 4000 户以上的业主投票同意，在此之后业委会才能享有诉讼主体资格。该条件过高，本身业委会改选中都难以组织居民参加，更何况诉讼事项。法院的这一要求对小型小区来说问题不大，但是对于六千多户的大型居民小区就成了一个难上加难的要求，业委会基本上无法获得 2/3以上居民的授权。

（五）第五阶段：立案难

2013 年 10 月 15 日，YT 法院决定不予立案。YT 法院电话通知说，起诉高新管委会的行政诉讼不予立案。理由大概是说业委会起诉的主体不适格，要求要全体业主大会给业委会授权才可以。这个理由相当不合理。旧的业委会没有撤销，在新的业委会没有产生之前，旧的业委会当然有主体资格。业委会决定周四去找法院的庭长交流一下。

最高人民法院从来都没有以主体是否被撤销来否定原告的诉讼主体资格。例如，"最高人民法院关于企业法人营业执照被吊销后，其民事诉讼地位如何确定的复函"（2000 年 1 月 29 日 法经［2000］24 号函）中，最高人民法院认为："吊销企业法人营业执照，是工商行政管理机关依据国家工商行政法规对违法的企业法人作出的一种行政处罚。企业法人被吊销营业执照后，应当依法进行清算，清算程序结束并办理工商注销登记后，该企业法人才归于消灭。因此，企业法人被吊销营业执照后至被注销登记前，该企业法人仍应视为存续，可以自己的名义进行诉讼活动。如果该企业法人组成人员下落不明，无法通知参加诉讼，债权人以被吊销营业执照企业的开办单位为被告起诉的，人民法院也应予以准许。该开办单位对被吊销营业执照的企业法人，如果不存在投资不足或者转移资产逃避债务情形的，仅应作为企业清算人参加诉讼，承担清算责任。"即诉讼主体没有经过行政机关最后的消亡程序应当是有权利参加诉讼的，以保护其权利。而在另一回复"最高人民法院经济审判庭关于人民法院不宜以一方当事人公司营业执照被吊销，已丧失民事诉讼主体资格为由，裁定驳回起诉问题的复函"（2000 年 1 月 29 日法经［2000］23 号函）中，最高人民法院经济审判庭认为："清算期间，企业民事诉讼主体资格依然存在。本案中人民法院不应以甘肃新科工贸有限责任公司（以下简称新科公司）被吊销企业法人营业执照，丧失民事诉讼主体资格为由，裁定驳回起诉。本案债务人新科公司在诉讼中被吊销企业法人营业执照后，至今未组织清算组依法进行清算，因此，债权人兰州岷山制药厂以新科公司为被告，后又要求追加该公司全体股东为被告，应当准许，追加该公司的股东为共同被告参加诉讼，承担清算责任。"这两个函的法律本意都在于一个诉讼主体的资格与其民事主体的资格无关，只要其主体没有最后消失都可以起诉。

而行政诉讼显然更要保护当事人的诉权。因此在《若干解释》第 17 条规定："非国有企业被行政机关注销、撤销、合并、强令兼并、出售、分立或者改变企业隶属关系的，该企业或者其法定代表人可以提起诉讼。"即非国有企业在被注销或者撤销之后都可以以企业的名义起诉，那么按照"举重以明轻"的法律原则，在还没有选举出新的业委会的时候，原来的业委会当然可以代表自己的利益。

2013 年 10 月 17 日，两个业委会的工作人员，小石和老张一起去 YT 法院讨说法：为什么不给业委会立案？立案庭的法官态度不错，解释说不立案的主要原因在于：其一，不是所有的经过复议的案件，法院都必然受理，即法院对经过复议的案件是否能够进入行政诉讼有权审查。其二，业委会的诉讼权利有限，没有法律规范的明确规定则不可以起诉。

YT 法院立案法官在收到起诉状之后，觉得业委会的资格可能有问题。但是鉴于有行政复议的决定，法官不好一下子作出不予受理的决定，因此 YT 法院立案法官去咨询了中院的法官。中院的法官也认为业委会没有诉讼主体资格。因此，YT 法院建议业委会先去和中院立案庭以及行政庭的法官沟通一下，看看案件是否属于行政诉讼的受案范围。

（六）第六阶段：法院调解

2013 年 11 月 25 日晚上 7 点多，YT 法院立案庭的法官打电话说她可以主持协调一下。

11 月 26 日的 11 点，业委会工作人员在法官办公室见到了被诉行政机关的负责人，业委会和行政机关交流之后确定双方约时间一起协商一下。11 月 26 日下午，在 XA 中院立案庭，该庭有的法官认为可以立案，也有法官认为无法立案。因此，立案庭建议找行政庭咨询一下。行政庭的庭长认为业委会作为原告起诉行政机关，需要业主大会的授权，而且不能是概括性的授权，应当是一事一授权的具体授权。这就意味着至少需要 60% 的业主，即 3600 多户业主的授权，这显然难以实现。如果法院无法立案的情况之下，法院能够居中调解，效果可能会好一点。

2013 年 11 月 27 日上午 10 点半，业委会到管委会找到他们的法律总顾问。总顾问的意见说得比较间接，但是能够听出来，业委会可以和行政机关进行协调。

2013 年 12 月 11 日，社管局的工作人员打电话来说可以调解。随后，案件在法院法官的介入调解之下，两方对立的业委会成员各自妥协。每一方都有相应的成员参与业委会，成立了一个综合有各方利益的业委会，达到了比较好的社会效果。也就是说，在案件难以立案之时，法院经过调解，合理地化解了双方的矛盾。

当然，随着民法典总则的出台，业委会具备了诉讼资格，可以成为行政诉讼中的原告。此类问题在以后如果出现的话，业委会就可以直接以自己的名义起诉。法院介入调解的阶段就不再需要。

第三节　行政诉讼中的有效沟通

案件的处理结果最终取决于法官如何裁判，而对案件是否满意则取决于当事人是否心理得到安慰，案件能否得到好的处理还需要作为被告的行政机关配合，因此，行政诉讼中需要有效地与三方主体进行沟通。

行政案件策略的生成与实施，需要法官及当事人进行充分的沟通。否则，再好的策略得不到当事人的同意也难以实施，再好的策略难以取得法官的认可也无法生效。行政案件的处理需要律师与法官及当事人进行充分的沟通。沟通内容主要包括法律规定以及事实情况。与法官沟通的关键在于将法官感兴趣的法律问题涉及的事实及法律适用讲清楚，与当事人沟通的关键在于将当事人的诉求搞明白，与行政机关沟通的关键在于清楚行政机关的利益诉求。

一、与法官的沟通

与法官的沟通侧重于对法律适用的应用。这就需要律师寻找相关法律适用方面的案例以及相关理论解释，通过与法官沟通，取得法官对法律适用的认可。因为司法裁判过程就是法官认识法律的过程，通过权威理论以及先前发生的判决都能够促使法官形成固定的认识。

比如在"刘某某诉车某某、张某某、永安财产保险股份有限公司陕西分公司机动车交通事故责任纠纷一案"中，通过与法官对法律适用的沟通，律师促使法官改变了看法，作出了有利于当事人的判决。

该案的具体情况是：2013 年 4 月 5 日，张某某驾驶其所有的轿车沿狄寨牛角尖村十字由东向西行驶过程，适逢车某某驾驶无牌三轮摩托车后载刘某某沿狄寨牛角尖村十字由北向南行驶。两车相撞致车某某、刘某某受伤，造成此次交通事故。2013 年 4 月 26 日，XA 市公安局交通警察支队灞桥大队作出西公交认字〔2013〕第 0405090 号道路交通事故认定书，认定被告张某某驾驶车辆在通过交叉路口过程中未按规定让行，致两车相撞，这是造成事故的根本原因，张某某应负事故的同等责任。被告车某某无机动车驾驶证驾驶无号牌机动车上道路行驶，致两车相撞，这是造成事故的另一原因，车某某应负事故的同等责任。原告及被告张某某、保险公司对该责任认定无异议。受害人刘某某将该案委托于律师，律师经过查询并在开庭时得知法官认为，两机动车相撞，依据交通事故认定书中划分的责任比例来确定两者的赔付比例。而受害人面临的情况是被告张某某与被告车某某的赔偿能力并不相同，前者开小汽车，经济状况好一点，后者开无牌三轮摩托车，经济状况极差。如果法院判决两被告各自承担各自的责任，则第二被告车某某实际上可能无力赔付，从而导致当事人的权益受损。经过研究，律师认为两被告的侵权具有连带性，应当承担连带责任。律师将该观点与法官进行了交流，法官表示，灞桥区人民法院多年来的判决都是依据交警的交通事故责任认定的份额来确定侵权人各自的责任。

为了说服法官，律师准备与法官再次沟通对该案的看法。为此，律师开始了法律条款以及相关理论的准备。在案例的检索中，律师发现了最高人民法院于2013年11月8日公布的一个指导性案例〔上海市第二中级人民法院［2010］沪二中民一（民）终字第1353号民事判决书〕与本案类似且法院判决侵权人承担连带责任。于是，律师将该案例制作成一个表格送给法官作为参考：

1353号判决核心法律关系及法官裁决

被告一 肇事客车本次事故承担次要责任	冯某某所乘客车的驾驶员及该车的实际所有人周某某	基本事实：2008年11月25日，被告林某某驾驶货车，沿同三高速公路下行线行驶，遇被告周某某驾驶客车（载受害人冯某某）在货车前方慢速车道内同向行驶，两车相撞并一起冲下路基。后经交警部门认定，被告林某某负事故主要责任、被告周某某负事故次要责任，受害人不负事故责任。	判决书内容： ①……；②……；③被告福山公司、卫某某对上述判决主文第一项的赔偿义务承担连带责任；被告卫某某、林某某、周某某对上述判决主文第1、2项的赔偿义务互负连带责任； ④……
被告二 肇事货车本次事故承担主要责任	驾驶员林某某 车主卫某某		

经过充分沟通之后，法官被说服，判决认为：因原告的受伤后果是由被告张某某及车某某共同过失的侵权行为所致，故张某某与车某某应互负连带赔偿责任。这个结果对当事人就相当有利。

二、与当事人的沟通

（一）判决前的沟通

行政案件策略的实施需要当事人的认可与支持。因而，与当事人沟通的关键在于了解当事人的想法、诉求，寻求当事人合法利益最大化的最佳法律策略。

有些行政案件在法律上根本无法胜诉，或者胜诉的结果对于当事人没有直接的利益。这就需要与当事人进行充分的沟通。

例如，李某某案。原告李某某籍贯为陕西省宝鸡市眉县，系城镇非农业居民户口。2001 年 10 月，XA 市 YT 区人民政府向其颁发了 YT 集用（宅 -06）字第11 -966 号《集体土地使用证》。根据该使用证的记载及《村民宅基地使用权属鉴定证明书》等土地登记资料显示，该块土地的用途为宅基地，使用权类型为集体划拨，使用人李某某系鱼化村村民。经举报，李某某以城镇居民身份享有农村宅基地。行政机关介入调查，后被告 XA 市房管局以 2011 年 12 月 7 日的调查笔录为基础，于 2012 年 6 月 12 日向 XA 市 YT 区人民政府书面请示，建议废止 YT 集用（宅 -06）字第11 -966 号《集体土地使用证》。2012 年 10 月 30 日，被告 XA 市房管局在《XA 晚报》上刊登公告，对原告持有的 YT 集用（宅 -06）字第11 -966号《集体土地使用证》予以公告注销。该公告未告知原告救济途径及起诉期限。原告以其于 2013 年 1 月 16 日得知该公告内容为由，于 2013 年 2 月 26 日提起诉讼。

在该案中，李××为城镇居民，按照法律规定，其没有权利获得农村宅基地。因此，他的农村宅基地《集体土地使用证》肯定会被行政机关撤销。但是，经过与原告沟通之后，原告认为值得提起诉讼。在明确地告知原告，诉讼只能是在程序上拖延时间并取得当事人的认可之后，律师才介入代理案件。

（二）判决后的沟通

判决后，律师也需要与当事人进行沟通，尤其是在当事人不满意判决结果时，或者败诉之后。律师需要与当事人共同搞清楚败诉的原因，取得当事人的理解。

有的时候也存在当事人胜诉了，但是却没有实现当事人的目的，或者目的没有完全实现的情况，这就更需要律师以法律为基础，与当事人进行合理的沟通。

例如，在一起原告与物业管理人员的冲突中，警察介入执法。但是警察的行政执法行为存在程序瑕疵，因此原告没有完全配合，最终导致警方对原告作出治安拘留的强制措施。原告不服起诉至法院。法院认为，在对原告张某某进行行政处罚的过程中，被告公安 BL 分局根据《治安管理处罚法》和《公安机关办理行政案件程序规定》的相关规定，依法履行了受案、询问、调查取证、权利告知、处罚告知、作出处罚、送达、执行等行政程序。但《治安管理处罚法》第 82 条规定："对现场发现的违反治安管理行为人，人民警察经出示工作证件，可以口头传唤，但应当在询问笔录中注明。"结合本案经庭审举证、质证的证据和法庭调查显示，被告民警在口头传唤时未出示工作证件，也未在询问笔录中注明，不符合法律规定。上述违法属于程序轻微违法，虽对原告权利不产生实际影响，但仍应确认违法。法院最终确认被告 XA 市公安局 BL 分局于 2017 年 8 月 20 日作出的拘留行政行为程序违法。

该案的判决就存在让当事人不满意的地方，因为判决虽然确认了行政机关的行为违法，但是却在性质上描述为对原告的权利不产生实际影响。这个判决在逻辑上存在错误，违法的行为何谈对原告的权利不产生实际影响呢？但是有了法院的这个定性之后，对原告后期申请国家赔偿可能产生一定的障碍。这就需要律师和原告作判决之后的沟通，告诉原告是否接受这个判决的两难局面，即如果不接受，就需要上诉，面临旷日持久的诉讼程序；如果接受，尽管是一个胜诉判决，但是存在对其不利的定性描述。对这个判决的利益选择应当由利益的承受者——原告本人作出。但是代理人应当将其中的所有法律上的利害关系及可能的演化发展情况向原告陈述清楚，这样才能沟通完善，以便于当事人作出合理的选择。

三、与政府的沟通

行政诉讼本身不是目的，解决当事人的问题才是目的。因此，在诉讼过程中与行政诉讼的被告保持良好的沟通是解决问题的重要手段。

与政府的沟通难度在于政府是一个组织机构，因此决策程序比较复杂。往往一个好的沟通建议需要政府层层请示，最终可能还会不了了之。尤其是政府决策存在责任承担与追究程序，因此往往政府方面无人决策，也无人愿意承担责任，最终只能由法院判决。

虽然与政府的沟通存在一定的障碍，但是由于行政诉讼涉及政府的行政行为，因此如果有沟通的可能，一定要抓住机会，进行良好的沟通。

第四节　行政案件处理过程的法律风险规避

行政案件涉及行政机关以及社会公共利益，因此需要注意甚至禁忌的事项比较多。在行政案件的处理过程中一定不要触及这些禁忌事项，否则容易导致律师违法甚至犯罪。律师应当充分运用专业知识，依照法律和委托协议完成委托事项，维护委托人或者当事人的合法权益。

律师自身为当事人处理法律风险，因此律师自己更不应当落入行政案件的法律风险之中。这就需要律师研究法律规范，以规避法律风险。

一、违反法律以及律师执业道德的手段不得使用

律师职业的主要活动在于法律适用，因而法律风险相对比较多，需要多方面留意以规避风险。目前，律师介入行政案件主要的法律风险除了法律所禁止的行为之外，还有针对律师职业本身的一系列禁止事项。

（一）集团诉讼的风险

行政诉讼案件类型中的土地征收及拆迁案件，通常原告都会涉及大量的群众，这就需要律师规避群体性事件的风险。全国律师协会有一些业务操作方面的指引就将一些相关的法律风险作为提示。《中华全国律师协会关于律师办理群体性案件指导意见》（2006 年 3 月 20 日六届四次常务理事会通过并试行）在该指引的第 1 条中规定：律师办理群体性案件，应当通过法律途径，就法律问题履行职责。因此，律师在处理涉及行政案件的群体性案件的时候，应当主要集中于法律问题的解决，对于群众的情绪需要作出引导，不要让群众的情绪性行为破坏法律措施。该指引还规定律师办理群体性案件，应着力于化解矛盾纠纷，帮助争议各方选择合法、适当、平和与稳妥的争议解决路径和方式，倡导调解解决纠纷。该指引就律师与当事人、司法机关、行政机关以及媒体的关系作出了指导。

律师办理群体性案件，应处理好与当事人、司法机关、政府、媒体和公众等方面的关系。

1. 律师与当事人的关系。律师发现部分委托人或代表人作虚假陈述或歪曲案情，致使群体情绪不稳定，可能发生影响社会稳定的情况时，应当向当事人指出，必要时可向本所负责人或司法行政机关报告。律师不鼓动、不参与群体性案件当事人或其代表人、代理人的违法上访活动，不得参与或建议当事人以违反社会治安、干扰国家机关正常工作等手段促使案件的解决。

2. 律师与司法机关的关系。律师受理群体性案件后，要及时与有关司法部门充分沟通，实事求是地反映情况，以引起应有的重视；要积极协助司法机关查明事实。如果需要，可通过律师协会向司法机关反映问题。

3. 律师与政府的关系。律师受理群体性案件后，应通过正当渠道及时向政府相关部门反映情况。担任政府法律顾问的律师，应当从依法行政的角度给政府提出意见和建议；发现有可能激化矛盾、扩大事态的问题和苗头时，有权立即报告司法行政主管机关。

4. 律师与媒体的关系。律师和律师事务所要恰当地把握与媒体的关系，实事求是，谨慎评论；不炒作新闻，不搞有偿新闻；应慎重对待与境外组织和境外媒体的接触。

（二）诉讼行为的风险

在行政案件的处理过程中，律师可以使用一切合法的手段，如向法院提交调查证据的请求、与法官沟通、说明对案件的法律适用以及证据认定的看法等，但是在诉讼中，不能以扰乱行政机关以及司法机关工作秩序的做法来取得胜诉。按照《律师执业行为规范》第 15 条的要求，律师不得为以下行为：产生不良社会影响，有损律师行业声誉的行为；妨碍国家司法、行政机关依法行使职权的行为；参加法律所禁止的机构、组织或者社会团体；其他违反法律、法规、律师协会行业规范及职业道德的行为；其他违反社会公德，严重损害律师职业形象的行为。

例如，北京锋锐律师事务所案件。2015 年 5 月，江西省高级人民法院门前，网络名人"超级低俗屠夫"吴某等人以"声援"一起案件为由，通过设"灵堂"、高声叫骂等方式，公然侮辱法院工作人员，严重扰乱了单位工作秩序。2015 年 3 月，河北省保定市满城县法院开庭审理了北京锋锐律师事务所代理的一起敲诈勒索案。案件审理期间，被告人周某某数次前往当地，授意该所律师拍摄照片，丑化检察官、法官形象，编造谣言。2015 年 1 月，在云南省大理白族自治州中级人民法院，为了给律师谢某某代理案件提供便利，吴某等人驾驶贴着标语的车辆，围着法院高声叫骂，严重干扰了法院的正常工作秩序。

这些行为都属于违反《律师法》《治安管理处罚法》等，可能会被行政处罚的行为。

（三）行政诉讼是指出行政机关的违法行政错误而不是无限反对行政机关

在行政案件代理中，律师需要指出行政机关在依法行政中存在的错误，以及对这些错误如何在法律程序中纠正，而不是盲目地反对政府，甚至攻击行政机关。北京锋锐律师事务所主任等 9 名律师被采取刑事强制措施的案件具有典型性。

根据《京华时报》2015 年 7 月 19 日第 4 版以及《检察日报》2016 年 8 月 5 日报道的情况，周某某自 2012 年以来以锋锐律所为平台，深度勾连网络推手、职业访民和地下教会、境外势力，先后策划、炒作了 40 余起敏感案件，大肆煽动群众对党和政府的不满情绪，攻击、抹黑政府形象和司法公信力，矛头直指我国政治体制和司法制度，严重干扰了正常司法活动，严重扰乱了社会秩序，造成了恶劣的国内、国际影响。2016 年 7 月，周某某等 4 人因涉嫌颠覆国家政权罪被提起公诉。

庭审中公诉人指控道，被告人周某某长期受反华势力渗透影响。2011年以来，周某某以该所为平台，纠集一些律师，专门选择热点案件、事件进行炒作，组织、指使该所人员，通过在公共场所非法聚集滋事、攻击国家法律制度、利用舆论挑起不明真相的人仇视政府等方式，实施颠覆国家政权、推翻社会主义制度的犯罪活动。

庭上所展示的周某某自书材料节录中显示，其在律所经营中大力吸收"死磕派"律师和网络推手，"让他们在办理敏感案件中挑战法律、挑战政府，通过这些人在办理案件中采用侮辱诽谤人格、捏造事实等方式，攻击政府、攻击司法体制"。周某某的"表演"和"导演"事实上也迎合了一些境外势力的需要。在境外媒体采访中，周某某还发表了大量诋毁国家机关的言论，污蔑、诽谤、诋毁国家政治制度。

因此，律师在行政诉讼中要注意：诉讼只是指出政府依法行政中的违法之处，而不是盲目地反对政府行为或者与政府对抗，否则自己的代理行为将会出现违法风险。

二、行政案件代理合同中的风险规避条款

行政诉讼的代理合同需要注意规避当前存在的一些法律风险。

1. 当事人行为的限制。行政案件的代理合同表面上与其他普通民事合同区别不大。但是对于律师代理的合同，律师通常无法单方解除合同。而行政案件的代理与其他民事案件的代理有重大区别，因此，需要特别规定一些与一般民事合同不一样的风险规避条款，以便于风险来临的时候不影响代理案件的律师自身。

行政案件的当事人与行使行政权力的行政机关发生纠纷，当事人有可能在法律界线内与行政机关争论，也有可能超出法律的界线与行政机关发生冲突。当事人一旦超出法律的边界与行政机关发生冲突，轻则可能涉及治安管理处罚，严重的可能涉及刑事犯罪，因而行政案件的代理人应当预防可能出现的法律风险。

如在合同中规定：在委托期间，甲方承诺不得采取非法信访等与行政诉讼相冲突的行为以及在与政府沟通协调过程中实施游行示威、暴力、威胁等过激的手段，否则乙方有权解除合同且不返还任何已收费用。

2. 代理费用的限制。行政诉讼不得风险代理，因此在合同中需要一次性明确约定双方的代理费用。2006年4月13日，国家发改委和司法部共同制定颁布了《律师服务收费管理办法》，其中第12条规定，禁止刑事诉讼案件、行政诉讼案件、国家赔偿案件以及群体性诉讼案件实行风险代理收费。

第
五
章

行政诉讼的法官思维

第一节　法官是如何考虑行政诉讼的

作为一名法官，应该忠实地执行法律，这是一个毋庸置疑的命题。但是，法官不应是法律的"自动售货机"，即从上面投入事实和法律，然后从下面取出法律答案的机器。[1] 否则，固化了的封闭思维模式，虽然满足了法律的形式要求，陶醉于封闭的逻辑论证，但不可能真正实现法律的最高宗旨，即社会正义。[2] 那么，作为一名法官尤其是从事行政审判的法官，怎样才能摆脱封闭的思维，真正实现法律的最高宗旨呢？首先，应当解决的是观念上的问题。

一、准确理解《行政诉讼法》的立法宗旨和目的

为什么先提出这个问题？主要是考虑《行政诉讼法》的立法宗旨和目的，它不仅是构筑诉权理论、诉讼结构理论、诉讼范围的确定等一系列行政诉讼理论的基础，更是指引法官树立正确的行政审判理念、全面准确执行《行政诉讼法》、公正审理好每一个行政案件，乃至做好其他各项行政审判工作的"纲"。只有抓住了这个"纲"，才能"举目张"。

《行政诉讼法》第 1 条即开宗明义地规定："为保证人民法院公正、及时审理行政案件，解决行政争议，保护公民、法人或者其他组织的合法权益，监督行政机关依法行使职权，根据宪法，制定本法。"该规定与原《行

---

〔1〕 黄金兰："法律解释的社会价值面向"，载《法律方法》2005 年第 1 期。
〔2〕 王晨光："司法中的权衡"，载《法律适用》2005 年第 7 期。

政诉讼法》[1] 相比，有三处明显的变化：

1. 将"保证人民法院正确、及时审理行政案件"修改为"保证人民法院公正、及时审理行政案件"。将"正确"修改为"公正"，更体现出司法活动的特征（我们一般说公正与效率，不会说正确与效率），"公正"的要求明显高于"正确"的要求。"公正"意味着人民法院审理行政案件不仅要符合法律规定，还要体现公平正义，不仅要实现程序正义，而且还要最大限度地实现实体正义。"正确"对应的是"错误"，如合法不合理，你说案件错了吗？没有，但公平吗？可能存在不公平。这就需要兼顾法与理，以期最大限度地体现公平。

2. 增加了"解决行政争议"。诉讼的基本功能之一就是"定纷止争"，但在行政诉讼中，"程序空转"、案结事不了的现象比较突出，以至于有的老百姓称行政诉讼是"半截子"工程。2014 年新修订的《行政诉讼法》增加了"解决行政争议"，并将其规定在《行政诉讼法》的第 1 条。应该说这弥补了立法不足，回应了社会多元化需求，更是对行政诉讼功能的回归。

3. 将"维护和监督行政机关依法行使职权"修改为"监督行政机关依法行使职权"，即删除了"维护"二字。按照行政法和行政行为效力理论，行政行为一经作出，只要不属于重大明显违法的情形，即具有公定力、约束力、确定力、执行力，无须法院再去维护。过去与维护相对应，对行政行为合法的，判决维持行政行为。实际上，根据行政行为的效力理论，其效力并不因行政判决的维持而得到"维护"，维持判决没有存在的必要。因此，在修订《行政诉讼法》时，主流的观点认为，《行政诉讼法》应是一部监督行政机关依法行政的法律，而非维护和强化行政机关权威的法律，原法律规定的"维护"二字，应予删除。

从《行政诉讼法》修订的内容看，《行政诉讼法》的立法宗旨和目的主要包括以下四个方面：

1. 保证人民法院公正、及时审理行政案件。

2. 解决行政争议。

---

[1] 2014 年 11 月 1 日第十二届全国人民代表大会常务委员会第十一次会议《关于修改〈中华人民共和国行政诉讼法〉的决定》第一次修正，根据 2017 年 6 月 27 日第十二届全国人民代表大会常务委员会第二十八次会议《关于修改〈中华人民共和国民事诉讼法〉和〈中华人民共和国行政诉讼法〉的决定》第二次修正。

3. 保护公民、法人或者其他组织的合法权益。

4. 监督行政机关依法行使职权。

上述四个方面的立法宗旨和目的，"保护公民、法人或者其他组织的合法权益"与"监督行政机关依法行使职权"是相互统一的。因为行政诉讼制度对公民、法人或者其他组织合法权益的保护，是针对行政机关违法行使职权造成了侵害而言的。要达到保护的目的，就必须监督行政机关依法行使职权。同时，监督行政机关依法行使职权，最终就是要保护公民、法人或者其他组织的合法权益不受侵害。因此，在两者的相互关系上，保护公民、法人或者其他组织的合法权益是根本，监督行政机关依法行使职权要服务于这一根本。"人民法院公正、及时审理行政案件"和"解决行政争议"则是上述两个立法宗旨和目的得以实现的载体。

二、行政审判的理念

与上述立法宗旨和目的相适应，结合行政诉讼的特殊性，行政审判应当树立以下理念：

（一）强化权利保护理念，特别是诉权保护理念

无诉权就无救济，诉权是叩开行政诉讼大门的"一把钥匙"，是权利救济的逻辑起点。"立案难"较之其他诉讼一直是行政诉讼存在的突出问题。虽然随着立案登记制的实施，"立案难"问题有了较大的改观，但由于行政诉讼的起诉条件在三大诉讼中最为复杂，诉权在行政诉讼中就显得尤为重要。

（二）强化对行政权监督的理念

随着社会的发展，社会生活及其管理日益复杂，政府作为对社会和国家经济、事务的积极参与者、指导者和调控者，行政权已渗透到社会生活的各个方面。可以说，行政权无处不在，这也就决定了在国家权力结构中，行政权与老百姓的联系最为密切，以至于有学者将之喻为"从摇篮到坟墓"。由此，我们可以看出，行政权作为公权力，权力的扩张性使它"极容易滑入无拘无束的境地。而不受限制的公共权力乃是人类社会最有力的破坏力量"。[1] 因此，法治的关键在于治权、治官，把"权力关进制度的笼子里"。十八届四中全会决定提出强化对行政权力的制约和监督，努力形成科学有效的权力运行制约监督体系。《法

---

〔1〕 严军兴等："论依法治国与行政权的制约"，载刘海年主编：《依法治国建设社会主义法治国家》，中国法制出版社1996年版，第487页。

治政府建设实施纲要（2015－2020）》也将此作为主要任务确定下来。这一体系的构建，是行政诉讼制度不可或缺的重要方面。特别是新修订的《行政诉讼法》第 1 条将原规定的"维护"二字删除，实际上昭示了法律较之以往强化对行政权力的监督，无疑契合了上述法治的要求。这一点在新修订的《行政诉讼法》诸如行政诉讼受案范围的扩大、行政负责人出庭应诉、双被告、判决形式和内容的丰富与完善、规范性文件一并审查等规定中，都得到了体现。

（三）强化实质化解行政争议的理念

新修订的《行政诉讼法》不仅在立法宗旨、目的部分增加了解决行政争议的规定，而且在其后的具体规定中，也增加了落实该宗旨目的的具体执行条款。例如《行政诉讼法》第 60 条第 1 款规定："人民法院审理行政案件，不适用调解。但是，行政赔偿、补偿以及行政机关行使法律、法规规定的自由裁量权的案件可以调解。"第 61 条规定："在涉及行政许可、登记、征收、征用和行政机关对民事争议所作的裁决的行政诉讼中，当事人申请一并解决相关民事争议的，人民法院可以一并审理。"上述规定，要求在审理行政案件中，不能机械地执法，简单地就案办案，要增强问题意识，防止程序空转，最大限度力争化解争议。但同时也要注意以下几方面：

1. 避免过度协调。通过协调和调解的方式解决行政争议，对减少对抗、化解矛盾具有积极的意义，但是过度协调的负面后果也比较明显。这种办案方式不仅有违公法规则的原则，而且往往也会损害行政相对人的利益，同时对法院的公信力也会产生不利的影响。

2. 坚守法律底线。解决行政争议的前提是必须符合现行法律的规定，不能与法律的禁止性规定相违背，同时必须建立在公平、合理的基础之上，既不能为了迁就甚至迎合、取悦行政机关放弃法律底线（压制相对人），也不能为了所谓的维护稳定或平息矛盾而满足相对人过分无理的要求。

总之，理念是行动的先导，有什么样的理念，往往决定着法官的办案思路；有什么样的办案思路，又往往决定着解决问题的出路。在利益的平衡上，办案价值取向的选择就与法官的办案理念密切相关。比如涉及劳动者权益的案件，《劳动法》以及相关法律属于社会法，社会法的一个基本原则就是向劳动者倾斜原则。那法官在办理涉及劳动者权益的案件过程中，就需要具备向劳动者倾斜的理念，否则，所办的案件可能效果不好。

第二节　法官在行政诉讼中的重点关注环节

一、受理的"门槛"——起诉条件

审判权最大的特点之一就是被动性。因此，人民法院行使行政审判权，同样适用不告不理的司法原则。那么，行政诉讼程序如何启动？也就是说，起诉人诉至人民法院的行政争议，有"告"一定就"理"吗？这是行政诉讼程序启动首要面临的问题。对这个问题，具体地说，就是行政诉讼的起诉条件问题。为了使真正应当或能够解决的争议进入诉讼过程，使法院的审理成为可能，使诉讼富有成效，就有必要设定起诉条件，将那些不必通过诉讼或者通过特定诉讼难于解决的争议过滤出来。这是任何诉讼制度设定起诉条件的基本意图[1]由此可见，所谓的行政诉讼起诉条件，一般地说，就是起诉人的起诉应当具备的人民法院能够受理并进入实体审理的基本要件。违反了这些要件或者说不符合这些要件，人民法院将不予立案或者立案之后裁定驳回起诉。这就意味着起诉人的起诉会"戛然而止"，实体审理无法进行下去，其请求的实体权益亦会随之丧失通过诉讼实现实体救济的可能。因此，行政诉讼的起诉条件就如同一个设在诉讼程序中的"门槛"，决定着起诉人的起诉能否越过"门槛"，将实体审理进行下去。需要说明的是，如上所述似乎表明，行政诉讼的程序审与实体审"二元结构"的审查模式是"泾渭分明"的，其实在实践中并非全部如此，对此，之后再述。之所以如上表述，只是意在强调行政诉讼起诉条件的前置性、基础性，以及诉讼的逻辑性。

那么，根据《行政诉讼法》和最高人民法院相关司法解释的规定，行政诉讼的起诉条件都有哪些？纵观《行政诉讼法》和最高人民法院相关司法解释的规定，可以说行政诉讼的起诉条件是三大诉讼中最为复杂的。这从全国法院已审结的行政案件中30%左右的行政案件被裁定驳回起诉（含不予立案）[2] 可以略见一斑。尽管其中原因是多方面的，但行政诉讼起诉条件立法规制的复杂性不能不说也是重要的因素之一。行政诉讼起诉条件的具体规定主要体现在《行政诉讼法》第49条、《适用解释》第69条以及上述规定所覆盖的受案范围、原

---

〔1〕　黄杰主编：《行政诉讼法贯彻意见析解》，中国人民公安大学出版社1992年版，第83页。
〔2〕　黄杰主编：《行政诉讼法贯彻意见析解》，中国人民公安大学出版社1992年版，第83页。

告、被告、管辖、起诉期限等相关具体的法条。统而概之，行政诉讼的起诉条件主要包括以下方面：

（一）起诉符合行政诉讼受案范围

人民法院受理行政案件的范围问题，首先是人民法院关于行政争议的主管范围问题，人民法院对哪些行政案件具有管辖权，其范围大小，直接决定了司法权对行政权的监督制约范围的大小，同时也是国家对公民、法人或者其他组织权利保护的程度的反映。因此，受案范围问题是行政诉讼最重要的一环，在行政诉讼中占有重要位置。[1] 根据《行政诉讼法》第 2 条、第 12 条、第 13 条和《适用解释》第 1 条的规定，我国立法采取混合式方式，即概括式与列举式相结合的方式，对行政诉讼受案范围作出了规定。

1. 理解、把握行政诉讼受案范围时应注意的问题。

（1）在国家的权力结构体系中，不是所有的行政行为都属于行政诉讼的受案范围，否则受案范围的规定就失去了意义。

（2）不是只有肯定式列举的规定才属于行政诉讼的受案范围，而是要重点结合概括式规定和否定式规定进行判断。只要公民、法人或者其他组织提起诉讼的行政行为不属于否定式规定的范围，原则上都应属于行政诉讼的受案范围。

（3）行政诉讼的受案范围，无论是肯定式列举规定，还是否定式列举规定，繁多的条文，简而划一，核心的问题实际就是行政行为的可诉性。行政行为的可诉与否决定了案件的受理与否。

2. 行政行为可诉性的判断。通过对上述涉受案范围法律规定条文的梳理，行政行为可诉性的判断标准在把握《行政诉讼法》第 13 条规定的不属于人民法院行政诉讼受案范围的 4 种情形的基础上，[2] 大致可以从以下几个方面进行判断：

---

〔1〕 江必新主编：《中华人民共和国行政诉讼法及司法解释条文理解与适用》，人民法院出版社 2015 年版，第 75 页。

〔2〕 对《行政诉讼法》第 13 条规定的不属于人民法院行政诉讼受案范围的四种情形，《适用解释》第 2 条作出了明确的界定，即第 2 条规定：《行政诉讼法》第 13 条第 1 项规定的"国家行为"，是指国务院、中央军事委员会、国防部、外交部等根据《宪法》和法律的授权，以国家的名义实施的有关国防和外交事务的行为，以及经《宪法》和法律授权的国家机关宣布紧急状态等行为。《行政诉讼法》第 13 条第 2 项规定的"具有普遍约束力的决定、命令"，是指行政机关针对不特定对象发布的能反复适用的规范性文件。《行政诉讼法》第 13 条第 3 项规定的"对行政机关工作人员的奖惩、任免等决定"，是指行政机关作出的涉及行政机关工作人员公务员权利义务的决定。《行政诉讼法》第 13 条第 4 项规定的"法律规定由行政机关最终裁决的行政行为"中的"法律"，是指全国人民代表大会及其常务委员会制定、通过的规范性文件。

（1）主体要件。即行为的主体必须是行政主体，包括行政机关和行政机关工作人员以及法律、法规、规章授权的组织。

（2）职权要件。即必须是行使行政职权的行为，而不论该行为是法律行为，还是事实行为；是积极行为，还是消极行为；是单方行为，还是双方行为。强调是行使行政职权的行为，旨在与行政机关作为机关法人所从事的民事行为，如购买办公用品的行为，和作为司法机关所实施的刑事司法行为区别开来。对于刑事司法行为是否属于行政诉讼受案范围，争论主要来自于公安机关或者国家安全机关的双重身份。以公安机关为例，公安机关既是具有刑事侦查权的侦查机关，又是具有治安管理职权的行政机关。因此，公安机关的行为哪些属于行政诉讼的受案范围，就要有一个明确的界定。《适用解释》第1条第2款第1项规定的刑事司法行为，即主要指公安、国家安全等机关依照《刑事诉讼法》的明确授权实施的行为，如公安、国家安全等机关依照《刑事诉讼法》的明确授权实施的侦查、拘留、执行逮捕、预审、拘传、扣押物证、书证、冻结存款汇款、保外就医等行为。起诉人对这些行为不服提起行政诉讼的，不属于行政诉讼的受案范围。反之，公安、国家安全等机关超出了《刑事诉讼法》的明确授权实施的行为，该行为就属于可诉的行政行为。这里的"明确授权实施的行为"包括两个方面的要求：既要符合授权的范围，也要符合《刑事诉讼法》的授权目的。[1]

（3）效果要件。这也是可诉性行政行为的一个核心的判断标准，即可诉性行政行为应当是行政主体作出的发生法律效果的行为，进而言之，就是对公民、法人或者其他组织的权利、义务已经产生了实际影响的行为，而不论该行为的外在表现形式如何。所谓对公民、法人或者其他组织的权利、义务已经产生了实际影响的行为，是指因行政机关的行政行为而使公民、法人或者其他组织的权利、义务发生了现实的变动，包括有利和不利的变动。反之，则属于对公民、法人或者其他组织的权利、义务不产生实际影响的行为。这类行为主要包括：

第一，行政调解行为。所谓行政调解，是指行政机关主持，按照平等自愿、互利互让原则，通过调停、斡旋等方式，促成争议各方达成和解解决行政、民事争议的行为。行政调解是否达成调解协议，完全是根据争议各方当事人的真实意思表示确定的，不会加入行政机关的任何单方强制意志。行政机关主持调

---

〔1〕 最高人民法院行政审判庭：《最高人民法院行政诉讼法司法解释理解与适用》（上），人民法院出版社2018年版，第48页。

解，并不会对当事人的权利、义务产生实际影响，不会侵犯当事人的合法权益。[1] 即使达成调解协议，当事人事后反悔的，因调解协议不具有强制执行力，协议的一方当事人仍可就原争议通过另行诉讼解决，而不能将主持调解的行政机关作为被告提起行政诉讼。

第二，行政指导行为。所谓行政指导，是指行政机关在职权或其管辖的范围内，为适应复杂多变的经济和社会生活需要，基于国家的法律或法律原则，灵活采取非强制手段，如倡导、示范、建议、咨询等，在行政相对人的同意或者协助下，实现一定行政目的的行为。随着政府由管理型政府向服务型政府的转变，越来越多的行政命令式行政管理的方式被柔性的行政管理方式所取代。行政指导就是这种行政管理方式转变的一种典型的柔性行政管理方式。因行政指导行为不会对行政相对人的权利、义务产生法律上的不利影响，也就没有必要将其纳入行政诉讼受案范围。但是，如果行政机关名为行政指导，实为采用行政命令或者行政强制的方式，作出影响行政相对人权利、义务的行为的，则属于行政诉讼的受案范围。

第三，重复处理行为。所谓重复处理行为，主要是指接受申诉的行政机关经审查对申诉人给予维持原决定的答复行为。该行为的特点是，没有给申诉人设定新的权利和义务，没有改变原有的行政法律关系。这种行为通常发生在以下情形：申诉人对处理历史遗留问题的行政行为、对已过起诉期限的行政行为或行政机关具有终局裁决权的行政行为不服，向行政机关提出申诉。行政机关经过审查，维持原有的行政行为，驳回申诉人的申诉。对这类行为不服，不能提起诉讼。否则，对行政诉讼起诉期限的规定就会失去实际的意义，行政法律关系就会始终处于一个不稳定的状态。但是，行政机关如果对申诉人申诉的行政行为作出了改变，也就是说改变了原行政行为确定的权利、义务关系的，则该行为应属于一个新的行政行为，对该行为不服提起诉讼的，属于行政诉讼的受案范围。

第四，内部行为，即不产生外部法律效力的行为。对外性亦即法效性，是可诉行政行为的重要特征之一。行政机关在行政程序内部所作的行为，如行政机关的内部沟通、会签意见、内部报批等行为，因对行政主体之外的公民、法人或者其他组织并不直接产生可导致法律关系发生、变更、消灭的法律效果，

---

〔1〕　江必新主编：《中华人民共和国行政诉讼法及司法解释条文理解与适用》，人民法院出版社 2015 年版，第 120 页。

因而对公民、法人或者其他组织合法权益不产生影响，故该类行为不可诉。

第五，过程性行为。所谓过程性行为，有的也称为不成熟的行为、预备性的行为、中间性行为，一般是指行政机关在作出行政行为之前，所进行的如准备、论证、研究、层报、咨询、告知等行为。这些行为往往不是一个最终的决定（即没有达到成熟的标准），不具备最终的法律效力，因而一般不会对当事人的权利、义务产生影响，故不属于可诉的行为。例如，行政许可过程中的告知补正申请材料、听证等告知、通知行为，对此起诉的，人民法院不予受理，但导致许可程序事实上终止的除外。另外，也不是所有中间性行为都不可诉，如行政机关在查处违法行为时，采取的查封、扣押、冻结等行政强制措施。这类行为不是一个最终的处理决定，从行政程序阶段性来讲，应该属于中间的行为，但由于这类行为已经限制了相对人的权利，对相对人的财产权产生了实际影响，故应属于可诉的行政行为。

第六，协助执行行为。可诉的行政行为必须是行政机关基于自身意思表示作出的行为，是行政机关依照人民法院生效裁判、协助执行通知书作出的执行行为，如根据人民法院生效裁判确定不动产物权的行为、不动产登记机构作出的不动产登记行为，本质上属于履行人民法院生效裁判的行为，属于人民法院司法行为的延伸和实现，并非行政机关自身依职权主动作出的行为。此类行为外观上虽然改变了不动产登记的权利、义务关系，但这种改变的权利、义务关系基础实际上是由人民法院生效裁判所决定的，不动产登记的行为只是加以确认而已，其本身并没有改变人民法院生效裁判所确定的权利、义务关系。从这个意义上来讲，不动产登记的行为效力应该类似于重复处置行为的效力，故不动产登记行为不属于可诉的行政行为。但是，如果"行政机关扩大执行范围或者采取违法方式实施"某种行为，因行政机关的此种行为已经失去了人民法院生效裁判的依托，超出了人民法院协助执行通知书的范围和本意，导致行政主体与当事人之间形成了新的行政法律关系，在性质上不再属于实施司法协助的执行行为，故该类行为属于可诉的行政行为。

此外，公民、法人或者其他组织对行政行为在法定期限内不提起诉讼又不履行的，行政机关申请人民法院强制执行，人民法院经审查准予强制执行，行政机关据此作出的执行行为的可诉性问题按照上述规定处理。

第七，内部层级监督行为。内部层级监督属于行政机关的内部监督管理范畴，上级行政机关对下级行政机关监督职责的履行与否，一般并不直接设定当事人新的权、义务。因此，该类行为属于不可诉的行为。此外，从诉的利益考虑，当事人如果认为下级行政机关的行政行为侵犯其合法权益的，可以通过直接针对下级行政机关提起行政诉讼的方式寻求救济。为避免诉权滥用，尽量采用更为便捷直接的救济方式。

第八，信访办理行为。信访办理行为不是行政机关行使"首次判断权"的行为。根据《信访条例》的规定，信访工作机构依据《信访条例》作出的登记、受理、交办、转送、承办、协调处理、监督检查、指导信访事项等行为，对信访人不具有强制力，对信访人的实体权利、义务不产生实质影响，因此，不具有可诉性。

需要注意的问题：信访行为认定的泛化。如果通过信访途径反映，使得行政机关作出改变原行政行为的处理决定的，因该行为改变了原有的权利、义务关系，对当事人的权利、义务产生了实际影响，故属于可诉的行为。

第九，其他对公民、法人或者其他组织的权利、义务不产生实质影响的行为。

上述所列举的对公民、法人或者其他组织的权利、义务不产生实质影响的行为只是司法实践中较为常见的几种情形，并未囊括所有的情形。因此，在判断行政行为的可诉性时，要掌握核心判断标准，防止"挂一漏万"。

（二）起诉符合原告资格

行政诉讼的原告资格，是指公民、法人或者其他组织提起行政诉讼，在主体上获得法律认可的条件。[1] 界定原告资格"是为了防止滥诉，正确地执行司法审查的职能，使司法审查成为解决争端、保证行政机关合法地行使职权、尊重个人权益的工具，而不是成为妨碍行政的绊脚石"。[2] 与行政诉讼的原告资格有关的主要规定体现在《行政诉讼法》第 25 条。该条第 1 款规定："行政行为的相对人以及其他与行政行为有利害关系的公民、法人或者其他组织，有权提起诉讼。"第 2、3 款是原告资格转移的问题，第 4 款是新增加的、人民检察院提起行政公益诉讼的原告资格问题。最高人民法院、最高人民检察院《关于检察公益诉讼案件适用法律若干问题的解释》第 4 条规定："人民检察院以公益诉讼起诉人身份提起公益诉讼，依照《民事诉讼法》《行政诉讼法》享有相应的诉讼权利，履行相应的诉讼义务，但法律、司法解释另有规定的除外。"据此，对人民检察院提起行政公益诉讼的原告身份的表述，通常应表述为公益诉讼起

---

〔1〕　蔡小雪主编：《行政审判与行政执法实务指引》，人民法院出版社 2009 年版，第 33 页。
〔2〕　王明扬：《美国行政法》，中国法制出版社 1995 年版，第 617 页。

诉人。

鉴于上述第2、3款和第4款的规定在实践中相对争议不大，故在此不再论述。下面就上述第1款的内容作重点讲述。

1. 判断行政诉讼原告资格的标准。根据上述第1款的规定，符合行政诉讼原告资格规定的当事人包括两类：一是行政行为的相对人；二是其他与行政行为有利害关系的公民、法人或者其他组织。这里的"行政行为的相对人"，应理解为行政行为的直接相对人，直观的表现就是行政行为载体中所列明的与行政主体相对的另一方，即被管理方，如行政处罚决定中的被处罚人、行政许可决定中的申请人（被许可人）、行政征收决定中的被征收人等。行政行为作出后，可能受到行政行为影响的不仅限于直接相对人，直接相对人以外的公民、法人或者其他组织的权益（通常称之为行政行为的相关人）也可能受到影响。

为了保证这些直接相对人以外的公民、法人或者其他组织在其权益受到行政行为侵害时享有提起诉讼的权利，而又不使这种诉权"失控"，上述"其他与行政行为有利害关系的公民、法人或者其他组织"的规定，实际将"利害关系"确定为原告资格的唯一客观标准，且直接相对人是当然的利害关系人。据此，上述第1款的规定，虽然看似将适格原告区分为两大类，但事实上适用了一个相同的标准，这就是"利害关系"。[1] 但《行政诉讼法》第25条第1款规定的"利害关系"，较之原《若干解释》第12条规定的"与具体行政行为有法律上利害关系的公民、法人或者其他组织对该行为不服的，可以依法提起行政诉讼"相比，表述上删去了"法律上"的字样，这是否意味着两者有实质性的区别？其实不然。虽然此次《行政诉讼法》修改将原告资格的判断标准明确为行政行为的利害关系人，没有强调"法律上"这一限定词，但综合考虑《行政诉讼法》的基本功能，利害关系标准与《若干解释》第12条规定的"法律上利害关系"标准无本质区别。二者的不同之处在于，利害关系标准虽然离不开法律因素的制约和限制，但是淡化了《行政诉讼法》制定之初和《若干解释》实施之后，关于法律上利害关系中"合法权益"以及"实质影响"的认识上过分强调法律依据的保守态度。裁判者在事实性利益或者一般性影响是否具有《行政诉讼法》保护价值的判断上，可以采取更加灵活和更为开放的、积极的态度。[2]

---

[1] 李广宇：《理性诉权观与实质法治主义》，法律出版社2018年版，第8页。

[2] 江必新主编：《中华人民共和国行政诉讼法及司法解释条文理解与适用》，人民法院出版社2015年版，第154~155页。

因此，无论是原《若干解释》规定的"法律上利害关系"，还是现《行政诉讼法》规定的"利害关系"，"利害关系"已成为判断行政诉讼原告资格的基本标准。准确把握好这一标准，是我们解决复杂多样原告资格问题的关键和钥匙。

2. 对行政诉讼原告资格"利害关系"的理解。所谓与行政行为有利害关系，是指行政主体的行政行为对公民、法人或者其他组织的权利、义务已经或者将会产生实际的影响。具体地讲，可以从以下几个方面进行理解：

（1）所主张的权益乃是法律能够或者可以保护的权益，即适合于法律保护或者具有法律保护的价值。如果行政行为涉及的仅是建立在单纯个人偏好、兴趣基础上的所谓利益，则不能认定为存在利害关系。此外，因反射利益受到影响提起行政诉讼的，也不能认定为存在利害关系。所谓反射利益，是指当法律完全为了实现公共利益，而不是以保护特定个人的利益为目的时，实施该法给私人带来的利益，即为反射利益。反射利益受到侵害，公民个人无权以此为由请求法律救济。例如，某甲在某小学附近居住，子女上学非常便利。后政府决定搬迁学校，这将会给某甲孩子上学造成不便，某甲不能对政府搬迁决定提起诉讼。因为，某甲孩子上学便利的利益虽然有其正当性，但该利益系因客观上离学校距离近而获得的反射利益，属于事实上的利益，不受法律的保护。

（2）这种利害关系应当是特定的利害关系。也就是说，主张权利的主体与权益受到侵害的主体应当具有同一性，即必须是认为"自己的"合法权益受到侵犯，而不是他人的权益，至于人民检察院作为公益诉讼起诉人提起行政公益诉讼，则属于法律的特别规定，是另一种类型的行政诉讼，因该类诉讼的目的在于保护公益，因此不要求起诉人与被诉行为具有利害关系。

（3）这种利害关系应当是一种现实的利害关系。也就是说，行政行为对公民、法人或者其他组织权利、义务的影响是现实的、实际的，而非主观臆想、推断的。

（4）这种利害关系应当是直接利害关系，而不是间接利害关系。即行政行为直接的效果是导致公民、法人或者其他组织权利、义务的得失增减。如果公民、法人或者其他组织的权利、义务并没有发生得失增减，只是间接地受到不利影响，这种影响不构成与行政行为的利害关系。例如，工商局以某企业造假为由作出了没收产品并处以罚款的行政处罚决定，致使该企业无力偿还债务。企业债权人的债权不能得以实现，虽然与工商局的处罚行为有一定的关系，但这种关系是一种间接的利害关系，债权人的权利并未因此灭失。因此，此处债权人与行政行为没有利害关系。

（5）诉请保护的权益应当在行政机关作出被诉行政行为所应依据的法律规范保护的范围之内，亦即该法律规范以保护此权益为目的。只有在属于被诉行政行为应依据的法律规范保护范围内的权益，才可以认定主张该权益的公民、法人或者其他组织与被诉的行政行为有利害关系。因为，诉请的权益也只有在被诉行政行为应依据的法律规范保护范围内，行政机关在作出行政行为时，才可能将该诉请的权益纳入到考虑的范围内。否则，如果要求行政机关作出行政行为时也要考虑法律之外的一些因素，行政管理可能将无法进行。例如，上述工商局处罚案，工商局根据法律的规定，主要是认定企业造假的违法行为是否存在，企业是否应当受到处罚。至于企业是否欠外债，不属于工商局处罚时应考虑的问题。企业是否欠外债，与违法行为该不该处罚没有因果关系。否则，工商行政部门执法将难以正常进行。

3. 与行政行为有利害关系的若干情形。《适用解释》第 12 条列举了属于《行政诉讼法》第 25 条第 1 款规定的"与行政行为有利害关系"的六种情形：

（1）被诉的行政行为涉及其相邻权或者公平竞争权的。关于涉及相邻权的原告资格。所谓相邻权属于民事权利范畴，是指不动产的占有人在行使物权时，对相邻的他人的不动产享有特定的支配权。相邻权属于不动产物权，可分为土地的相邻权、水流的相邻权、建筑物的相邻权等。[1]一般情况下，符合以下三个条件的，相邻权人具有提起行政诉讼的原告资格：①行政行为通常针对相邻不动产而为，比如批准相邻土地上的工程建设。②从诉讼主张看，相邻权受到损害具有可能性，比如当事人提出上述批准建设的工程与原告的建筑物间距过窄，由此可以预见到其通风、采光等相邻权受到影响。③相邻权在特定执法活动中受到行政法的保护，比如行政机关作出批准建设的行为时，相关规则要求其审查是否符合间距等技术标准，这就说明通风、采光等相邻权受到行政法层面的保护。但如果相邻权人起诉批准建设行为之前的投资项目立项审批行为，其原告资格不能得到确认。原因就是相关规划规定并不要求发改委在审批时考虑是否影响相邻权的问题。

关于涉及公平竞争权的原告资格。公平竞争权是经营者相对于其他具有竞争关系的经营者所享有的一种权利，这种权利的内容要求其他经营者在市场活

---

[1] 最高人民法院行政庭主编：《关于执行〈中华人民共和国行政诉讼法〉若干问题的解释释义》，中国城市出版社 2000 年版，第 28 页。

动中进行公平竞争，不得采取任何不正当竞争行为损害其合法权益。公平竞争权也属于民事权利范畴。通常情况下，应当通过民事诉讼解决。不过，在有些情况下，行政机关的行政行为可能会对有关经营者的竞争关系产生影响，要么直接剥夺或者限制某个经营者的竞争机会，消除或者削弱其竞争能力，要么不正当地帮助其竞争对手。此时，受到损害的经营者提起行政诉讼，是否承认其原告资格，关键就看行政行为是否"涉及"公平竞争权，即公平竞争权是否在相关行政法的保护范围内。《反不正当竞争法》第6条、第7条规定的不正当竞争情形，以及《反垄断法》第五章规定的行政垄断情形，都表明在相关的执法活动中，行政机关不得无视公平竞争权的保护问题。在这一领域，竞争权人如果认为行政机关作出的行政行为损害了其公平竞争的利益，就应认可其原告资格。如果明显公平竞争权不在特定规范保护范围，就不应认可其原告资格。[1]

（2）在行政复议等行政程序中被追加为第三人的。在行政复议等行政程序中，行政机关在复议申请人和被申请人等两造当事人之外，又追加了第三人，往往基于行政复议或者行政处理可能涉及第三人的权利、义务关系，如治安案件的受害人、土地权属确权案件申请确权一方的对方当事人等，或者追加第三人有利于案件事实的查清等。那么，上述情形下的第三人，是否都可以因与行政行为有利害关系而具有原告资格呢？从法条的字面规定似乎可以得出具有原告资格这样的结论。但是，从法律的整体规定来看，法律着重保护的是那些权利、义务有可能受到行政行为实际影响的当事人。对于那些权利、义务没有明显受到行政行为实际影响的当事人，因其没有诉的利益，赋予其原告资格也就没有必要。因此，对于那些在行政复议等行政程序中被追加为第三人，只是为了查清案件事实，但行政行为未涉及其权利、义务的，该被追加的第三人与行政行为没有利害关系，进而也就不具有原告资格。

（3）要求行政机关依法追究加害人法律责任的。当一方当事人的人身或者财产权受到另一方平等民事主体的侵害时，通常情况下，受侵害的一方当事人可以通过民事诉讼的途径加以解决。此外，我国的一些法律还赋予了特定行政机关作出处理决定的职责，如《治安管理处罚法》。法律之所以赋予特定行政机关追究权利侵害人（加害人）法律责任的权力，一方面是为了维护社会公共秩序和公共利益，另一方面也是为了保护受害人的权利。因此，受害人为了维护

---

[1]　最高人民法院行政审判庭：《最高人民法院行政诉讼法司法解释理解与适用》（上），人民法院出版社2018年版，第99页。

自己的权益要求公安机关惩戒违法行为人，公安机关不作为或者作出处理，受害人不服认为加害人未受到处罚或者处罚过轻提起行政诉讼的，其原告资格应予认可。

（4）撤销或者变更行政行为涉及其合法权益的。这种情况通常发生在行政机关作出行政行为之后，因第三人的反映或者执法检查等，行政机关发现原作出的行政行为存在错误，通过自我纠错撤销或者变更原行政行为。因行政机关撤销或者变更原行政行为，造成原行政法律关系的变动，那么受到该行政法律关系变动即权利、义务关系影响的公民、法人或者其他组织，如不服行政机关作出的撤销或者变更行政行为的，应具有原告资格。例如，公安机关针对受害人的报案，对某甲作出治安处罚。但受害人认为，公安机关作出的治安处罚遗漏了侵害人某乙，某乙也应受到处罚。于是，受害人多次向公安机关反映，要求公安机关追究某乙的法律责任。公安机关经复查，发现原对某甲作出的治安处罚存在事实认定错误，某乙也应受到处罚。因此，公安机关决定撤销原治安处罚，对某甲、某乙重新作出处罚。对该处罚和原处罚，受害人、某甲具有提起行政诉讼的原告资格自不待言。对某乙来说，因原治安处罚未涉及其权利、义务，故其对原治安处罚不具有原告资格。但对公安机关重新作出的治安处罚，新增的处罚内容涉及某乙的权利、义务关系，故某乙如不服提起诉讼，具有原告资格。

（5）为维护自身合法权益向行政机关投诉，具有处理投诉职责的行政机关作出或者未作出处理的。近年来，因投诉举报引起的行政争议大量的增加，导致审判实践中，对投诉举报人的原告资格认识不一、裁判标准不一。一些当事人借举报滥诉的现象时有发生，影响了司法的公信和权威。因此，统一对投诉举报人行政诉讼原告资格的认定标准，是实践中迫切需要解决的问题。2018年2月实施的新的《适用解释》为了适应审判实践的需要，对此作出了积极的回应，即新增了投诉举报人原告资格的规定。

如何理解该规定？最高人民法院（2017）最高法行申281号梁某某诉山西省人力资源和社会保障厅劳动保障行政监察及山西省人民政府行政复议案[1]对投诉举报人的原告资格涉及的问题作出了明确的阐释，可以此为鉴。

---

[1] 最高人民法院（2017）最高法行申281号梁某某诉山西省人力资源和社会保障厅劳动保障行政监察及山西省人民政府行政复议案，载中国裁判文书网，http://wenshu.court.gov.cn/，最后访问时间：2019年6月22日。

在本案中，最高人民法院裁定认为：能否就投诉举报事项提起行政诉讼，也需要根据法律、法规或者规章对于投诉举报请求权的具体规定作出判断。通常情况下，对是否具备原告资格的判断，取决于以下方面：其一，法律、法规或者规章是否规定了投诉举报的请求权；其二，该投诉举报请求权的规范目的是否在于保障投诉举报人自身的合法权益。就本案所涉及的劳动保障领域而言，《劳动保障监察条例》分别规定了投诉与举报两种方式。关于投诉，《劳动保障监察条例》第 9 条第 2 款规定："劳动者认为用人单位侵犯其劳动保障合法权益的，有权向劳动保障行政部门投诉。"其规范目的显然在于保障劳动者自身的合法权益。如果行政机关对于劳动者的投诉不予受理或者不履行依法纠正、查处的法定职责，劳动者可以依法提起履行职责之诉。关于举报，《劳动保障监察条例》第 9 条第 1 款规定："任何组织或者个人对违反劳动保障法律、法规或者规章的行为，有权向劳动保障行政部门举报。"举报的作用并非直接保障劳动者自身的合法权益，主要是为行政机关查处违反劳动保障法律、法规或者规章的行为提供线索或者证据，因此其规范目的在于维护公共利益，而非保障举报人自身的合法权益。虽然《劳动保障监察条例》第 10 条第 3 项规定，劳动保障行政部门应当履行，受理对违反劳动保障法律、法规或者规章的行为的举报、投诉的职责，但行政机关对于举报所作的处理，包括答复或者不答复，均与举报人自身合法权益没有直接关系，由此举报人也就不具备提起行政诉讼的原告资格。本案中，再审申请人向山西省人社厅提出的投诉，既包括作为劳动者对于用人单位侵犯其劳动保障合法权益的投诉，又混杂着反映太钢公司内设劳务派遣非法用工，存在岗位出租、套取工资等违反劳动法律、法规的问题，这类与其本人合法权益没有直接关系的一般性举报，山西省人社厅对其中四个方面存在侵害其本人劳动保障权益的行为进行了调查核实，并向太钢公司下达了《责令改正决定书》，又将调查结果告知了再审申请人，应当属于履行了相应的法定职责。再审申请人质疑山西省人社厅对于其投诉反映的太钢公司内设劳务派遣非法用工、存在岗位出租、套取工资等违反劳动法律、法规的问题未审查处理，也未告知投诉人，要求人民法院判决山西省人社厅履行法定查处职责，就属于对于与其合法权益没有直接关系的举报处理行为的起诉，人民法院应当裁定不予立案或者驳回起诉。尽管劳动保障行政部门对于再审申请人的投诉履行了相应法定职责，但再审申请人仍然不满，于是提起了行政诉讼，其核心诉求是要求作出或者加重对用人单位的处罚。这就涉及投诉举报诉讼中另一个重要问题：对行政机关受理投诉之后的调查处理结果不服，能否提起行政诉讼？通常认为，法律、法规或者规章规定的投诉请求权，在于促使行政机关对于投诉事项发动行政权。如果行政机关发动了行政权，并将调查处理结果告知投诉人，就属于履行了法定职责。如果投诉人对调查处理结果不服，其提起诉讼的目的是想为第三人施加负担，如要求作出或者加重对于第三人的处罚，则应依赖于法律、法规或者规章是否规定了为第三人施加负担的请求权。就《劳动保障监察条例》而言，该条例仅规定，劳动者认为用人单位侵犯其劳动保障合法权益的，有权向劳动保障行政部门投诉，但投诉请求权并不必然包括为第三人施加负担的请求权。该条例第 19 条还规定：劳动保障行政部门对违反劳动保障法律、法规或者规章的行为作出行政处罚或者行政处理决定前，应当听取用人单位的陈述、申辩；作出行政处罚或者行政处理决定，应当告知用人单位依法享有申请行政复议或者提起行政诉讼的权利。这些权利也是赋予作为投诉对象的第三人的，而非投诉人。综上理由，最高人民法院认为，再审申请人梁某某的再审申请理由不能成立，裁定驳回再审申请人梁志斌的再审申请。

从以上案例，在理解投诉举报人原告资格上应注意把握：

第一，投诉举报人须具备诉讼实益，即法律、法规、规章是否赋予其投诉举报请求权，如果没有法律上的该项权利，投诉举报人对行政机关不处理提起诉讼的，即不具有原告资格。反之，投诉举报人是否就一定有原告资格呢？这就要进一步区分投诉人与举报人的区别。

第二，投诉人与举报人不同。投诉人一般是为了自身权益，原则上有原告资格；举报人一般与自身权益没有关系，举报的目的主要在于监督，原则上没有原告资格，但有特别规定的除外。

第三，投诉人要求加重加害人责任起诉的，一般没有原告资格，但治安处罚除外。

（6）其他与行政行为有利害关系的情形。

法律的兜底条款。其判断标准不再赘述。

（三）必须有明确且适格的被告

1. 有明确的被告。有明确的被告，就是指原告所诉被告，一般是指起诉状所列被告，表述清楚、具体、可以指认，达到特定化的标准。但被告"明确"，并不等于被告"正确"或者说"适格"。

2. 被告适格。《行政诉讼法》第 26 条、《适用解释》第 19 ~ 25 条，涉及行政诉讼适格被告的确定问题。

（1）适格被告确立的一般规定。所谓行政诉讼的被告，是指被原告起诉侵犯其合法权益，而由人民法院通知应诉的具有国家行政职权的机关或者组织。行政诉讼中的被告，一般应具备以下四个条件：①须是具有国家行政管理职权的机关或者组织；②须是原告认为侵犯其合法权益而被起诉的机关或者组织；③须是能够独立承担法律责任的机关或者组织；④须是由人民法院通知其应诉的机关或者组织。[1] 按照"谁行为，谁被告"的一般原则，《行政诉讼法》第26条第1款对行政诉讼被告的确定，作出了一般的规定："公民，法人或者其他组织直接向人民法院提起诉讼的，作出行政行为的行政机关是被告。"

（2）适格被告确立的特殊规定。

第一，关于复议机关的被告的确定。经过复议的行政行为，原行政机关与复议机关都具有行政主体资格，因此，要根据复议机关作出的维持、改变、不作为等不同的情形确立适格的被告。

第一种：复议机关决定维持原行政行为的，作出原行政行为的行政机关和复议机关为共同被告。这里"复议机关决定维持原行政行为的"，包括复议机关驳回复议申请或者复议请求的情形，但以复议申请不符合受理条件为由驳回的除外。复议机关与作出原行政行为的行政机关作为共同被告，是2014年修订的《行政诉讼法》新增加的规定，旨在改变过去因复议机关避免当被告而出现的行政复议"维持率高，改变率低"的状况，以促进复议机关积极履行职能，发挥行政复议制度在行政争议解决中应有的作用。

第二种：复议机关改变原行政行为的，复议机关为被告。改变原行政行为，主要是指复议机关改变原行政行为的处理结果，包括撤销、变更、确认原行政行为无效、确认原行政行为违法，但复议机关以违反法定程序为由确认原行政行为违法的除外。下列情形不属于改变原行政行为：复议机关改变原行政行为所认定的主要事实和证据、改变原行政行为所适用的规范依据，但未改变原行政行为处理结果的，这与原《若干解释》第7条的规定有了较大的改变。原《若干解释》第7条规定："复议决定有下列情形之一的，属于《行政诉讼法》规定的'改变原具体行政行为'：①改变原具体行政行为所认定的主要事实和证据的；②改变原具体行政行为所适用的规范依据且对定性产生影响的；③撤销、部分撤销或者变更原具体行政行为处理结果的。"《适用解释》更强调了处理结果。以处理结果的改变（不包括部分维持、部分改变）作为复议机关改变原行

---

〔1〕 最高人民法院行政审判庭编：《关于执行〈中华人民共和国行政诉讼法〉若干问题的解释释义》，中国城市出版社2000年版，第36页。

政行为的判断标准，克服了原标准判断的复杂性和认识的不确定性。比如，对于"何为原具体行政行为所认定的主要事实和证据？"带有一定的主观认识。且在程序上有时需要经过实体审查后，才能作出判断，而这些对于确定被告这一起诉条件的判断陡增了难度。因此，以处理结果的改变作为复议机关改变原行政行为的判断标准，简便易行，且易统一。之所以规定复议机关改变原行政行为的，复议机关为被告，是因为复议机关改变原行政行为意味着否定了原行政行为的效力，构成一个新的行政行为，对行政相对人的权利、义务产生了新的影响。因此，本着"谁行为，谁被告"的确认原则，应当由复议机关为被告。

第三种：复议机关在法定期限内未作出复议决定，公民、法人或者其他组织起诉原行政行为，作出原行政行为的行政机关为被告，起诉复议机关不作为的，复议机关是被告。此种情形下的被告确定，依据当事人的选择确定。

第四种：复议决定涉及多项内容的，依照《适用解释》第 134 条第 2 款的规定："行政复议决定既有维持原行政行为的内容，又有改变原行政行为的内容或者不予受理申请内容的，作出原行政行为的行政机关和复议机关为共同被告。"

第二，作出同一行政行为的主体为多数的被告的确定。这主要是指两个以上行政机关共同作出同一行政行为的，共同作出行政行为的行政机关为被告。

第三，受委托作出行政行为的被告的确定。行政机关委托的组织所作的行政行为，委托的行政机关是被告。

第四，被告资格的转移。行政机关作出行政行为后，被撤销或者职权发生变更，当事人不服该行政行为提起诉讼的，被告如何确定？显然，一般的"谁行为，谁被告"原则已经不能适用，由此就产生了被告资格转移的问题。具体地讲，有两种情形：①由继续行使其职权的行政机关为被告。例如，根据《土地管理法》和《土地管理法实施条例》的规定，县级以上人民政府具有核发国有土地使用权证书，确认使用权的法定职责。但 2015 年 3 月 1 日《不动产登记暂行条例》（已修改）施行之后，土地登记已经转变为不动产统一登记，该登记职责已经转由不动产登记机构行使。当事人对原县级以上人民政府土地登记行为不服提起行政诉讼的，应当以继续行使其职权的不动产登记机构为被告。②没有继续行使其职权的行政机关的，以其所属的人民政府为被告；实行垂直领导，以垂直领导的上一级行政机关为被告。前者，如在废止劳动教养制度、撤销劳动教养管理委员会之后，当事人对劳动教养决定不服提起行政诉讼的，应当以谁为被告？由于劳动教养制度被废除之后，劳动教养管理委员会也被撤销，不存在其他机关继续行使该项职权的情形，依上，应当以其所属的人民政府为被告。因为劳动教养管理委员会原属于当地政府的职能部门，其被撤销后的遗留问题应当由其所属的人民政府承担。后者，垂直领导主要有两种垂直领导的管理模式：第一种是中央垂直管理，又称为全国范围内垂直管理，例如海关、金融、税务、外汇管理等；第二种是省以下垂直管理，例如原工商、质量技术监督、食品药品监督等。

第五，经上级行政机关批准的行政行为被告的确定。当事人不服经上级行政机关批准的行政行为，向人民法院起诉的，以对外发生法律效力的文书上署名的机关为被告。简而言之，就是采取"外观主义""形式主义"的原则，以对外发生法律效力的文书上的署名为判断标准。文书上署名是哪个机关，哪个机关就为被告；如果上级行政机关和下级行政机关共同署名，则上级行政机关和下级行政机关就为共同被告。

第六，行政机关组建的机构作出行政行为的被告的确定。行政机关组建并赋予行政管理职能但不具有独立承担法律责任能力的机构，以自己的名义作出行政行为，当事人不服提起诉讼的，以组建该机构的行政机关为被告。在实践中，这类机构往往是行政机关由于临时性的管理或者执法的需要，组建并赋予一定的行政管理职能的临时机构，比如某某建设指挥部、某某建设领导小组办公室等。这类机构既不属于法定的行政机关，又未得到法律、法规或者规章的授权，本身又不具有行政主体资格和独立的承担法律责任的能力。因此，这类机构以自己的名义作出行政行为的，应以组建该机构的行政机关为被告。

第七，内设机构、派出机构或者其他组织作出行政行为的被告的确定。内设机构、派出机构或者其他组织是否具有被告主体的资格，取决于这类机构或者组织是否经过法律、法规或者规章的授权。

经法定授权的情形。内设机构、派出机构或者其他组织经法律、法规或者规章的授权，作出行政行为的，具有被告的主体资格没有异议。但是内设机构、派出机构或者其他组织超出法定授权范围实施的行政行为，谁应为被告？由于越权行为在性质上仍属于行政行为，因此，按照"谁行为，谁被告"的确认原则，当事人不服提起诉讼的，仍应以实施该行为的机构或者组织为被告。否则，如果以有权机关为被告，就不存在越权这一违法问题，以越权为由对有权机关作出裁判不具有逻辑上的正当性。

未经法定授权的情形。行政机关内设机构、派出机构或者其他组织，未经法律、法规或者规章授权的，即使有行政机关授权其行使行政职权，也只能视为行政委托关系。当事人对其作出的行政行为不服，提起诉讼的，应当以该行政机关为被告。

第八，《适用解释》新明确的几类被告主体。

第一类：开发区管理机构及其职能部门的被告主体。《适用解释》第 21 条规定："当事人对由国务院、省级人民政府批准设立的开发区管理机构作出的行政行为不服提起诉讼的，以该开发区管理机构为被告；对由国务院、省级人民政府批准设立的开发区管理机构所属职能部门作出的行政行为不服提起诉讼的，以其职能部门为被告；对其他开发区管理机构所属职能部门作出的行政行为不服提起诉讼的，以开发区管理机构为被告；开发区管理机构没有行政主体资格的，以设立该机构的地方人民政府为被告。"从司法解释立法本意来看，开发区管委会的权力来源主要有：一是经国务院、省级人民政府批准设立后获得。这类开发区管委会不仅可以为被告，其所属的职能部门也能成为被告。二是通过法规、规章授权后获得。对国务院、省级人民政府以下批准，如具有法规、规章授权的管理机构，具有行政主体资格，不仅对其作出的行为负责，还需对其所属的职能部门作出的行为负责，并以被告身份应诉。没有法规、规章授权的，则不具有独立行政主体的资格，以设立该机构的地方人民政府为被告。

第二类：明确公务组织的被告主体。公务组织的被告资格实行授权标准。其一，村委会和居委会的被告资格。《适用解释》第 24 条第 1 款规定："当事人对村民委员会或者居民委员会依据法律、法规、规章的授权履行行政管理职责的行为不服提起诉讼的，以村民委员会或者居民委员会为被告。"其二，事业单位和行业协会的被告主体。《适用解释》第 24 条第 3 款规定："当事人对高等学校等事业单位以及律师协会、注册会计师协会等行业协会依据法律、法规、规章的授权实施的行政行为不服提起诉讼的，以该事业单位、行业协会为被告。"

第三类：征收部门的被告主体。《适用解释》第 25 条第 1 款规定："市、县级人民政府确定的房屋征收部门组织实施房屋征收与补偿工作过程中作出行政行为，被征收人不服提起诉讼的，以房屋征收部门为被告。"

3. 错列被告且拒绝变更。《适用解释》第 26 条规定："原告所起诉的被告不适格，人民法院应当告知原告变更被告；原告不同意变更的，裁定驳回起诉。"因此，错列被告，必须经告知程序，未经告知原告变更被告即裁定驳回起诉的，不符合该条的情形。

（四）有具体的诉讼请求和事实根据

1. 具体的诉讼请求。"无诉则无判"，诉乃发动审判权的前提。如果当事人提起诉讼不能提出"具体的诉讼请求"，则一方面被告不能有效的应诉，另一方面，法院也无从确定具体的审查对象和内容，诉讼的大门将难以开启。[1] 实践中，当事人在起诉时虽然都能提出诉讼请求，但是，不具体、不明确的情况时常发生。例如，当事人诉请要求确认征收土地行政行为违法，因征收土地行政行为包含一系列的行为，从征收公告、征收土地批复、征收决定、安置补偿方案，到征收安置补偿决定或者协议，再到强制拆除、交出土地等，包含诸多独立的行政行为，当事人如果仅起诉确认征收土地行政行为违法，未明确是指上述一系列行为中的哪一个或者哪几个行为的，因诉讼请求表述过于笼统，则属于诉讼请求不明确。因此，所谓具体的诉讼请求，关键是要有明确的被诉行政行为。为规范当事人的诉讼请求，《适用解释》对此作出了指引性的规定。《适用解释》第 68 条第 1 款规定："《行政诉讼法》第 49 条第 3 款规定的'有具体的诉讼请求'是指：①请求判决撤销或者变更行政行为；②请求判决行政机关履行特定法定职责或者给付义务；③请求判决确认行政行为违法；④请求判决确认行政行为无效；⑤请求判决行政机关予以赔偿或者补偿；⑥请求解决行政协议争议；⑦请求一并审查规章以下规范性文件；⑧请求一并解决相关民事争议；⑨其他诉讼请求。"第 2 款规定："当事人单独或者一并提起行政赔偿、补偿诉讼的，应当有具体的赔偿、补偿事项以及数额；请求一并审查规章以下规范性文件的，应当提供明确的文件名称或者审查对象；请求一并解决相关民事争议的，应当有具体的民事诉讼请求。"

2. 事实依据。通常认为，所谓事实根据，是指一种"原因事实"，也就是能使诉讼标的特定化或者能被识别所需的最低限度的事实。通俗地说，它是指至少能够证明所争议的行政法上的权利、义务关系客观存在。例如，如果请求撤销一个行政决定，就要附具该行政决定；如果起诉一个事实行为，则要初步证明是被告实施了所指控的事实行为。[2] 由此可见，事实依据就是要证明所诉行政行为的存在。行政行为不存在，行政诉讼就失去了进行的前提。至于行政行为是否合法，属于当事人实体胜诉权涉及的问题，因此，不能将属于起诉权的事实依据问题与属于胜诉权的行政行为合法性的问题混淆。前者是行政行为"有与无"，后者是行政行为"对与错"。将两者区分的意义在于：防止将胜诉权

---

〔1〕 最高人民法院行政审判庭：《最高人民法院行政诉讼法司法解释理解与适用》（上），人民法院出版社 2018 年版，第 342 页。

〔2〕 最高人民法院（2016）最高法行申 2301 号行政裁定书杨学奎诉天津市津南区人民政府、天津市津南区咸水沽镇人民政府房屋行政强制案，载中国裁判文书网，http://wenshu.court.gov.cn/，最后访问时间：2019 年 6 月 22 日。

取代起诉权，进而以是否能够胜诉决定是否立案的错误做法。

（五）属于受诉人民法院管辖

管辖，是指确定法院之间受理案件的分工和权限。与受案范围不同，受案范围明确的是人民法院对哪些行政案件拥有审判权，是与人民法院以外的其他国家机关之间的权限划分。关于行政诉讼的管辖，主要体现在《行政诉讼法》第14~17条级别管辖、第18~21条地域管辖、第22~24条移送管辖、指定管辖、管辖权转移的规定中。同时，《适用解释》第3~11条，又对前述《行政诉讼法》管辖的规定作出了进一步解释和细化。这里，重点介绍以下几个问题：

1. 关于"因不动产提起的行政诉讼"的理解。《行政诉讼法》第20条规定："因不动产提起的行政诉讼，由不动产所在地人民法院管辖。"这里的"因不动产提起的行政诉讼"，根据《适用解释》第9条第1款的规定："是指因行政行为导致不动产物权变动而提起的诉讼。"由此，在理解时，注意把握以下几点：

（1）"因不动产提起的行政诉讼"属于专属管辖，只能由特定的法院管辖，其他法院没有管辖权，当事人更不能通过协议改变管辖权。

（2）"因不动产提起的行政诉讼"不能理解为行政行为只要涉及不动产或者说只要包含有不动产因素的，一律由不动产所在地人民法院专属管辖。如涉及不动产信息公开的案件，就不属于此类案件。

（3）"因不动产提起的行政诉讼"是指因行政行为导致不动产物权变动而提起的行政诉讼。这里的"不动产物权变动"则是指不动产的设立、变更、转让和消灭。[1] 实践中，常见的涉及不动产物权变动而提起的行政诉讼主要有：①因不动产所有权、使用权而提起的诉讼，如因土地权属争议引起的诉讼；②因违章建筑的房屋和其他建筑物的拆除提起的诉讼；③因污染不动产，如污染鱼塘、水流等提起的诉讼。这类案件由不动产所在地人民法院管辖，便于受诉人民法院调查、勘验、收集证据和对案件作出正确、及时的处理。[2]

2. 经过行政复议的案件管辖问题。要正确处理好《行政诉讼法》第18条第1款和《适用解释》第134条第3款规定之间的关系。《行政诉讼法》第18条第1款规定："行政案件由最初作出行政行为的行政机关所在地人民法院管辖。经

---

〔1〕 最高人民法院行政审判庭编：《最高人民法院行政诉讼法司法解释理解与适用》（上），人民法院出版社2018年版，第85页。

〔2〕 江必新、梁凤云：《行政诉讼法理论与实务》（上卷），北京大学出版社2009年版，第313页。

复议的案件，也可以由复议机关所在地人民法院管辖。"该规定虽然明确了经复议的案件的地域管辖问题，亦即，既可以由最初作出行政行为的行政机关所在地的人民法院管辖，也可以由复议机关所在地的人民法院管辖，由当事人自行选择。[1] 但是，却没有对选择管辖的情况下如何确定级别管辖作出明确。对此，《适用解释》第 134 条第 3 款规定："复议机关作为共同被告的案件，以作出原行政行为的行政机关确定案件的级别管辖。"据上可见，《行政诉讼法》第 18 条第 1 款规定的地域管辖，既适用于复议机关维持原行政行为的情况，也适用于复议机关改变原行政行为的情况。在这两种情况下，当事人可选择由最初作出行政行为的行政机关所在地人民法院管辖，也可以选择由复议机关所在地人民法院管辖。但是，在复议机关维持原行政行为、复议机关与作出原行政行为的行政机关为共同被告的情况下，则应当以作出原行政行为的行政机关确定案件的级别管辖，此时级别管辖为法定。比如：A 县国土局（原行政机关）——市国土局（复议机关），涉及两个基层法院均有管辖权，当事人可选择；B 县国土局（原行政机关）——县政府（复议机关）为共同被告的情况下，则由县国土局所在地基层法院管辖。

（六）必须在法定的起诉期限内提起诉讼

所谓的起诉期限，是指法律规定的当事人不服某项行政行为时向法院请求司法救济、行使行政撤销权的时间限制。[2] 实践中，甚至理论界，常常将行政诉讼的起诉期限与民事的诉讼时效混淆，其实两者有着根本性的区别。主要在于：

1. 性质不同。起诉期限属于行政诉讼的起诉条件之一，起诉超过了起诉期限的，丧失的是起诉权。因此，起诉期限属于程序法调整的范畴。而诉讼时效，也叫消灭时效，是指民事权利受到侵害的权利人在法定的时效期间内不行使权利，当时效期间届满时，即丧失了请求人民法院依诉讼程序强制义务人履行义务的权利，亦即丧失了胜诉权。因此，诉讼时效属于实体法调整的范畴。

2. 期间计算的方式不同。在起诉期限中，因法定事由被耽误的时间不计算在起诉期限内，但不同于诉讼时效的中止、中断。诉讼时效的中止主要发生在诉讼时效期间的最后 6 个月，而起诉期限因法定事由被耽误的时间可以发生在

---

[1]　全国人大常委会法制工作委员会行政法室：《中华人民共和国行政诉讼法解读》，中国法制出版社 2014 年版，第 58 页。

[2]　李广宇：《理性诉权观与实质法治主义》，法律出版社 2018 年版，第 99 页。

期限内的任何时间段。诉讼时效因权利人向义务人提出主张即可中断，并重新计算诉讼时效的期间，而起诉期限不存在因当事人向行政机关提出要求而重新计算的问题。

3. 审查的动因不同。起诉期限如上所述因属于行政诉讼的起诉条件，属于程序法的范畴，因而，法院可以依职权主动对起诉期限进行审查。而诉讼时效属于实体法调整的范畴，在义务人未提出抗辩的情况下，法院不能依职权主动审查。

根据《行政诉讼法》和司法解释的规定，行政诉讼的起诉期限主要分为一般起诉期限和特殊起诉期限。

1. 一般起诉期限。

（1）直接向人民法院起诉的。《行政诉讼法》第 46 条第 1 款规定："公民、法人或者其他组织直接向人民法院提起诉讼的，应当自知道或者应当知道作出行政行为之日起 6 个月内提出。法律另有规定的除外。"对于这里的"6 个月"，修改前的《行政诉讼法》规定的是"3 个月"，理解时需要注意新、旧法的区别。

（2）经复议后向法院起诉的。《行政诉讼法》第 45 条规定："公民、法人或者其他组织不服复议决定的，可以在收到复议决定书之日起 15 日内向人民法院提起诉讼。复议机关逾期不作决定的，申请人可以在复议期满之日起 15 日内向人民法院提起诉讼。法律另有规定的除外。"

2. 特殊起诉期限。

（1）单行法律另有规定的。依照特别法优于普通法的原则，当其他法律对相应的行政行为或者复议决定另行规定了起诉期限的，应当以该法律的规定为准。《土地管理法》第 16 条第 3 款规定："当事人对有关人民政府的处理决定不服的，可以自接到处理决定通知之日起 30 日内，向人民法院起诉。"第 83 条规定："依照本法规定，责令限期拆除在非法占用的土地上新建的建筑物和其他设施的，建设单位或者个人必须立即停止施工，自行拆除；对继续施工的，作出处罚决定的机关有权制止。建设单位或者个人对责令限期拆除的行政处罚决定不服的，可以在接到责令限期拆除决定之日起 15 日内，向人民法院起诉；……"这里的"30 日""15 日"就是特别的规定。

（2）最长诉讼保护期限。

第一，不知道行政行为内容的。《行政诉讼法》第 46 条第 2 款规定："因不动产提起诉讼的案件自行政行为作出之日起超过 20 年，其他案件自行政行为作出之日起超过 5 年提起诉讼的，人民法院不予受理。"行政行为在很多情况下只是送达直接相对人，其他因该行政行为受到不利影响的人未必能够及时得知，如果因为利害关系人无法"知道或者应当知道"行政行为而不能开始计算起诉期限，将会造成行政行为的效力随时都可以争议，行政法律关系也将无限期地处于不稳定状态。为了实现行政法律关系的尽早安定，修改后的《行政诉讼法》通过本条增加了最长诉讼保护期限的规定，其含义是指：自行政行为作出之日起，经过一定的期间就不得提起撤销诉讼。这一期间属于客观期间，不论当事人是否知道或者应当知道行政行为的存在。即使确实是在知道或者应当知道行政行为之后的 6 个月内提起诉讼，但也会因超过了 20 年（或者 5 年）的最长诉讼保护期限，从而丧失了寻求司法救济的权利。[1]

第二，未告知诉权或者起诉期限的。《适用解释》第 64 条第 1 款规定："行政机关作出行政行为时，未告知公民、法人或者其他组织起诉期限的，起诉期限从公民、法人或者其他组织知道或者应当知道起诉期限之日起计算，但从知道或者应当知道行政行为内容之日起最长不得超过 1 年。"第 2 款规定："复议决定未告知公民、法人或者其他组织起诉期限的，适用前款规定。"这里的"1年"较之原《若干解释》规定的"2 年"缩短了 1 年。

3. 起诉期限的扣除与延长。

（1）起诉期限的扣除。《行政诉讼法》第 48 条第 1 款规定："公民、法人或者其他组织因不可抗力或者其他不属于其自身的原因耽误起诉期限的，被耽误的时间不计算在起诉期限内。"理解该条的关键就在于，只要是不可归责于当事人自身的原因造成了期限的耽误，即属于该条所规定可以扣除被耽误的时间的情形。但实践中，情况比较复杂，必须具体案件具体分析和甄别。比如，最高人民法院在（2017）最高法行申 974 号再审申请人刘某某诉被申请人黑龙江省大庆市让胡路区人民政府、黑龙江省大庆市房产管理局拆除房屋并行政赔偿一案中认为，《若干解释》第 41 条规定，行政机关作出行政行为时，未告知公民、法人或者其他组织诉权或者起诉期限的，起诉期限从知道或者应当知道行政行为内容之日起最长不得超过 2 年。本案中，涉案房屋于 1999 年 6 月被强制拆除，刘某某当时已经知道房屋被强制拆除的事实，至 2015 年 6 月提起本案诉讼，已经远远超过了 2 年的法定起诉期限。一、二审裁定驳回起诉，并无不当。刘某某主张，她一直通过信访要求解决问题，没有超过起诉期限。但是根据《若干解释》第 43 条的规定，"不属于起诉人自身的原因被耽误的时间"是指基于地

〔1〕 李广宇：《理性诉权观与实质法治主义》，法律出版社 2018 年版，第 109 页。

震、洪水等客观因素耽误的期间，或者基于对相关国家机关的信赖，等待其就相关争议事项进行协调、处理的期间。刘某某主张通过上访维权，但诉讼中并未提供证据证明存在相关国家机关已经受理其申请，并进行协调、处理的事实。未在法定期限内起诉，完全是刘某某本人放弃诉讼救济渠道解决问题造成的。所以，刘某某上访维权期间不属于应予扣除的情形。以此为由申请再审，理由不成立。[1]

（2）起诉期限的延长。《行政诉讼法》第48条第2款规定："公民、法人或者其他组织因前款规定以外的其他特殊情况耽误起诉期限的，在障碍消除后10日内，可以申请延长期限，是否准许由人民法院决定。"由以上规定可以看出，起诉期限的延长必须由起诉人主动提出申请，而且申请的时间为障碍消除后的10日内，否则视为起诉人放弃延长起诉期限的权利，推定其认为在剩余的起诉期限内可以充分行使诉讼权利而无需延长。在适用条件上，必须在未超过起诉期限时提出申请，理由为：延长起诉期限的目的是使起诉期限更长以避免超过，否则延长起诉期限并无实际意义。如果超过起诉期限后再提出延长申请，法院应当认为起诉人放弃延长权利而超过起诉期限。对于是否准许延长，法院具有自由裁量权，但必须严格审查"其他特殊情况"，必须以公平合理、公序良俗等法律精神，确定"其他特殊情况"是否足以耽误起诉期限，所耽误的期限是否足以影响起诉人行使诉讼权利等。关于对"其他特殊情况"的理解，其核心特征为：属于当事人自身原因耽误起诉期限，但又情有可原。对于其具体情形，可由人民法院行使自由裁量权，根据其特征进行判断。[2]

（七）必须符合有关诉讼代表人和代理人的法律规定

这主要涉及的是诉讼行为能力和推选代表人的问题。没有诉讼行为能力的公民，由于其诉讼行为能力的缺乏，不能独立为诉讼行为，亦不具有对代理权限表达个人独立意志的能力。法律为了保护其合法权益，设置了法定代理人制度。《行政诉讼法》第30条规定："没有诉讼行为能力的公民，由其法定代理人代为诉讼。法定代理人互相推诿代理责任的，由人民法院指定其中一人代为诉讼。"至于法定代理人的范围，可以参照民事法律规范的规定。

---

[1] "再审申请人刘某某诉被申请人黑龙江省大庆市让胡路区人民政府、黑龙江省大庆市房产管理局拆除房屋并行政赔偿一案"，载中国裁判文书网，http://wenshu.court.gov.cn/，最后访问时间：2019年6月22日。

[2] 江必新主编：《中华人民共和国行政诉讼法及司法解释条文理解与适用》，人民法院出版社2015年版，第297、298页。

关于推选代表人的问题。《行政诉讼法》第 28 条规定："当事人一方人数众多的共同诉讼，可以由当事人推选代表人进行诉讼。代表人的诉讼行为对其所代表的当事人发生效力，但代表人变更、放弃诉讼请求或者承认对方当事人的诉讼请求，应当经被代表的当事人同意。"《适用解释》第 29 条对此又作出了进一步的解释，规定："《行政诉讼法》第 28 条规定的'人数众多'，一般指 10 人以上。根据《行政诉讼法》第 28 条的规定，当事人一方人数众多的，由当事人推选代表人。当事人推选不出的，可以由人民法院在起诉的当事人中指定代表人。《行政诉讼法》第 28 条规定的代表人为 2 ~ 5 人。代表人可以委托 1 ~ 2 人作为诉讼代理人。"

（八）必须符合有关复议程序的规定

行政诉讼与行政复议是解决行政争议的两种不同的法律制度。在两者的关系衔接上，存在着当事人选择和复议前置两种情形。前者即当事人对行政行为不服的，既可以直接向人民法院提起诉讼，也可以向行政机关申请复议，对行政复议不服的，仍可以向人民法院起诉。后者即当事人对行政行为不服的，法律、法规规定必须先向行政机关申请复议，未经复议的，不能直接向人民法院起诉。例如，《税收征收管理法》第 88 条第 1 款规定："纳税人、扣缴义务人、纳税担保人同税务机关在纳税上发生争议时，必须先依照税务机关的纳税决定缴纳或者解缴税款及滞纳金或者提供相应的担保，然后可以依法申请行政复议；对行政复议决定不服的，可以依法向人民法院起诉。"第 2 款规定："当事人对税务机关的处罚决定、强制执行措施或者税收保全措施不服的，可以依法申请行政复议，也可以依法向人民法院起诉。"这里第 1 款规定，即为复议前置，第 2 款规定，即为当事人选择。属于复议前置的，当事人未经复议，直接向人民法院提起诉讼的，不符合起诉条件。

（九）不属于重复起诉的情形

禁止重复起诉，其法理基础在于一事不再理的原则。其内容是"当事人不得就已起诉之事件，于诉讼中更行起诉"，"其目的在于避免同一事件重复审判，造成前后判决之矛盾及诉讼之不经济"[1] 关于重复起诉的认定，《适用解释》第 106 条作出了明确的规定，即"当事人就已经提起诉讼的事项在诉讼过程中或者裁判生效后再次起诉，同时具有下列情形的，构成重复起诉：①后诉与前诉的当事人相同；②后诉与前诉的诉讼标的相同；③后诉与前诉的诉讼请求相

---

[1] 徐瑞晃：《行政诉讼法》，五南图书出版股份有限公司 2012 年版，第 291 页。

同，或者后诉的诉讼请求被前诉裁判所包含。"

（十）不属于撤回起诉后无正当理由再行起诉的情形

撤诉是当事人放弃或者处分自己诉讼权利的行为，也是当事人放弃其诉讼请求的一种方式。当事人可以依法提起诉讼，也可以在一定条件下依法撤回诉讼，这表明法律对当事人处分自己诉讼权利的尊重。但当事人撤回诉讼，亦经人民法院裁定准许后，当事人能否就同一事实和理由重新起诉？《适用解释》第60条第1款规定："人民法院裁定准许原告撤诉后，原告以同一事实和理由重新起诉的，人民法院不予立案。"这与《民事诉讼法》的规定明显不同。《最高人民法院关于适用〈中华人民共和国民事诉讼法〉的解释》第214条第1款规定："原告撤诉或者人民法院按撤诉处理后，原告以同一诉讼请求再次起诉的，人民法院应予受理。"这一点需要在实践中注意。

（十一）行政行为对其合法权益明显不产生实际影响

《适用解释》第69条第8项的规定，是在《适用解释》第1条第10项规定的基础上进行了一定的调整，表现在：一是将《适用解释》第1条第10项规定"对公民、法人或者其他组织权利义务不产生实际影响的行为"中的"权利义务"调整为"合法权益"；二是增加了"明显"不产生实际影响。上述调整更强调的是所谓的"诉的利益"。正如最高人民法院在（2016）最高法行申5034号再审申请人崔某某等8人诉天津市人民政府行政复议一案中认为，"无诉则无判"，诉乃发动审判权的前提。然而，是不是只要诉具备了法定形式并符合法定程序，人民法院就必须进行实体审理？现有法律虽然未作出明确规定，但根据审判权的应有之义，结合立法精神以及司法实践可知，答案并非绝对的。诉最终能否获得审理判决还要取决于诉的内容，即当事人的请求是否具有利用国家审判制度加以解决的实际价值和必要性。[1] 而《适用解释》第1条第10项"对公民、法人或者其他组织权利义务不产生实际影响的行为"的规定，存在着单纯从行政行为的性质以及受案范围的角度进行规范的缺憾，对诉的利益的内在含义宣示得并不十分鲜明。[2]

---

[1] 最高人民法院在（2016）最高法行申5034号再审申请人崔某某等8人诉天津市人民政府行政复议一案，载中国裁判文书网，http://wenshu. court. gov. cn/，最后访问时间：2019年6月22日。

[2] 最高人民法院行政审判庭：《最高人民法院行政诉讼法司法解释理解与适用》（上），人民法院出版社2018年版，第355页。

（十二）诉讼标的已为生效裁判或者调解书所羁束

这里所讲的诉讼标的主要是指被诉的行政行为。如果已有生效的裁判或者调解书，对被诉的行政行为作出了处理，则除非经过审判监督程序，否则不能再对该行政行为进行审理。同样，这也是基于"一事不再理"原则，对法律的统一性、稳定性和权威性的要求所决定的。

二、开启诉讼之门——起诉与受理

当事人的起诉是启动诉讼程序的前提，但是起诉并不意味着人民法院一定会受理。受理是人民法院依据国家司法权力对起诉行为进行审查的单方面行为的结果。因此，受理对于行政诉讼具有重要的意义，关系到行政诉讼程序能否开始，关系到人民法院审判权的正确行使和对当事人诉讼权利以及公法上合法权益的保护。受理包括两个重要的环节：一个是审查起诉，另一个是决定是否立案。[1]

（一）审查起诉

1. 立案登记与立案审查关系的问题。自 2015 年立案登记制实施以来，"有案必收，有诉必理"成为社会各界对立案登记制的解读。随之带来的问题是：大量的起诉未经必要的审查，就登记立案；在案件数量激增的情况下，不符合法院立案起诉条件的案件亦大量出现，导致出现案件数量的"泡沫"现象。因此，正确处理立案登记与立案审查的关系十分重要。

《行政诉讼法》第 51 条第 1 款规定："人民法院在接到起诉状时对符合本法规定的起诉条件的，应当登记立案。"新旧司法解释也都进一步规定：对当事人依法提起的诉讼，人民法院应当根据《行政诉讼法》第 51 条的规定，一律接收起诉状。能够判断符合起诉条件的，应当当场登记立案；当场不能判断是否符合起诉条件的，应当在接收起诉状后 7 日内决定是否立案；7 日内仍不能作出判断的，应当先予立案。为厘清对立案登记制的认识，《最高人民法院关于进一步保护和规范当事人依法行使行政诉权的若干意见》（法发〔2017〕25 号 2017 年 8 月 31 日）第 9 条规定："要正确理解立案登记制的精神实质，在防止过度审查的同时，也要注意坚持必要审查。人民法院除对新《行政诉讼法》第 49 条规定的起诉条件依法进行审查外，对于起诉事项没有经过法定复议前置程序处理、起诉确已超过法定起诉期限、起诉人与行政行为之间确实没有利害关系等明显

---

〔1〕 江必新、梁凤云：《行政诉讼法理论与实务》（上卷），北京大学出版社 2009 年版，第 751 页。

不符合法定起诉条件的，人民法院依法不予立案，但应当向当事人说明不予立案的理由。"

由此可见，"有案必收，有诉必理"也要依法进行。立案登记制所要摒弃的是过去的"三不"（不接受诉状、不立案、不出具裁定），强调一律接受起诉状，能够当场登记立案的当场登记立案，即使不立案也要出具不予立案裁定，但这不意味着放弃法律规定的起诉条件。那种认为"既然是立案登记制取代立案审查制，就是不要审查了"的认识显然是错误的。因此，对"有案必收，有诉必理"的正确解读应该是：存在一个前提，即符合法定起诉条件的，应当"有案必收，有诉必理"。不讲前提，只讲后者，实际上是一种对社会的误导。

当然，这涉及对审查强度的把握，审查过深，又成了立案审查制，不加任何审查，则不符合法律和司法解释的要求，成了照单全收。

2. 审查的内容。最高人民法院李广宇[1]从德国、日本等国学者的研究主张中总结出诉讼三阶段理论，以区分不同阶段审查的内容。李广宇认为，所谓诉讼三阶段，即第一阶段，也就是立案阶段，诉讼必须适法提起，解决的是"诉的有效性问题"。所谓诉的有效性，也就是对表面"外观"进行审查，要审查起诉是否具备必要的形式条件。第二阶段，一旦具备起诉要件，事件便系属于法院，其系属在程序上必须适法，解决的是"诉的适法性问题"，对应的是诉讼要件。第三阶段，就原告的诉讼请求进行审理判决。要使法院判决原告的请求有理，必须满足"权利保护要件"。对起诉的审查，主要涉及第一、第二阶段。

（1）第一阶段审查的内容。

第一，对起诉条件完备性的审查。对此，《适用解释》第 55 条第 1 款规定："依照《行政诉讼法》第 51 条的规定，人民法院应当就起诉状内容和材料是否完备以及是否符合《行政诉讼法》规定的起诉条件进行审查。"第 2 款规定："起诉状内容或者材料欠缺的，人民法院应当给予指导和释明，并一次性全面告知当事人需要补正的内容、补充的材料及期限。在指定期限内补正并符合起诉条件的，应当登记立案。当事人拒绝补正或者经补正仍不符合起诉条件的，退回诉状并记录在册；坚持起诉的，裁定不予立案，并载明不予立案的理由。"

第二，审查基本的起诉条件。这里"基本的起诉条件"就是《行政诉讼法》第 49 条的规定。即①原告是符合本法第 25 条规定的公民、法人或者其他组织；

---

〔1〕 原最高人民法院行政审判庭副庭长，现最高人民法院第四巡回法庭分党组副书记、第一副庭长，一级高级法官，全国审判业务专家。

②有明确的被告；③有具体的诉讼请求和事实根据；④属于人民法院受案范围和受诉人民法院管辖。

之所以强调符合基本的起诉条件，就是为了防止过度的审查。

（2）第二阶段审查的内容。这是立案之后由行政审判庭在作出实体判决之前进行的审查。一旦经过了第一阶段对诉的外观，也就是诉的有效性的审查，便会正式立案。但这不是说任何一个案件都会直接进入实体审理，都要作出实体判决，这时只是进入了诉讼的第二阶段，对诉的适法性进行审查。为什么还要有这个阶段？因为，诉一旦系属于法院就必须适法，而在立案审查阶段不可能审查得这么全面、这么有深度。有些适法条件需要阅卷、调查，甚至言词审理才能查清。有的还需要行政审判法官的专业知识。此外，有些案件虽然看似形式上都符合起诉条件，但并没有进入实体审判的实际需要，需要一定的过滤。那么，进入第二阶段，对诉的适法性进行审查，主要内容是什么？这里审查的内容主要就是《适用解释》第 69 条的规定。根据第 69 条的规定：有下列情形之一，已经立案的，应当裁定驳回起诉：①不符合行政诉讼法第 49 条规定的；②超过法定起诉期限且无《行政诉讼法》第 48 规定情形的；③错列被告且拒绝变更的；④未按照法律规定由法定代理人、指定代理人、代表人为诉讼行为的；⑤未按照法律、法规规定先向行政机关申请复议的；⑥重复起诉的；⑦撤回起诉后无正当理由再行起诉的；⑧行政行为对其合法权益明显不产生实际影响的；⑨诉讼标的已为生效裁判或者调解书所羁束的；⑩其他不符合法定起诉条件的情形。

第一项即不符合《行政诉讼法》第 49 条的规定，如上所述，应属于第一阶段审查的内容。但是，第二阶段与第一阶段并不是特别泾渭分明，如果不符合起诉条件的情形特别明显，依照上述《最高人民法院关于进一步保护和规范当事人依法行使行政诉权的若干意见》第 9 条的规定："人民法院除对新行政诉讼法第 49 条规定的起诉条件依法进行审查外，对于起诉事项没有经过法定复议前置程序处理、起诉确已超过法定起诉期限、起诉人与行政行为之间确实没有利害关系等明显不符合法定起诉条件的，人民法院依法不予立案。"因此，此时对起诉的审查，也就没有必要进入第二阶段。反之，在第一阶段没有审查出来，或者无法深入审查的，第二阶段可以继续审查。

（二）对起诉的处理

由以上相关法律的规定可以看出，人民法院对当事人的起诉经过审查后，其法律效果主要有三种情形：一是对符合法定起诉条件的，登记立案，即受理此案；二是对不符合法定起诉条件的，裁定不予立案；三是立案之后，又发现不符合起诉条件的，裁定驳回起诉。

这里需要注意的是，裁定不予立案和裁定驳回起诉、驳回起诉与驳回诉讼请求的区别。实践中，经常会出现将上述概念混淆的问题。

1. 裁定不予立案和裁定驳回起诉的区别。前者是指在未立案前亦即立案阶段，人民法院经对当事人起诉的审查，认为不符合起诉条件的，作出不予立案的处理。此时，当事人的称谓为起诉人。后者是指在立案之后，人民法院又发现当事人的起诉不符合法定条件，作出驳回当事人起诉的处理。此时，当事人的称谓由起诉人变为原告，同时被诉的行政机关以被告身份应诉。

2. 驳回起诉与驳回诉讼请求的区别。主要体现在：一是裁判的性质不同。前者属于程序处理，后者属于实体处理。二是适用文书不同。与裁判的性质相对应，前者适用裁定，后者适用判决。

三、诉讼的"靶子"——审理对象

随着行政诉讼大门地开启，法官面临纷繁复杂的案件，首先不是"东张西望"，而是应当明确诉讼的"靶子"，也就是说解决主要审什么的问题。关于主要审什么的问题，具体地说就是行政诉讼的审理对象。

（一）对行政诉讼审理对象的理解

关于行政诉讼的审理对象，理论界有不同的认识：一种观点认为，行政案件的审理对象就是行政机关的行政行为。理由是根据《行政诉讼法》第 2 条和第 6 条的规定，行政诉讼是因公民、法人和其他组织不服行政机关的行政行为而提起的，人民法院审理行政案件，对行政行为是否合法进行审查。另一种观点认为，根据《行政诉讼法》第 6 条的规定，行政行为的合法性是人民法院司法审查的对象，而非行政案件的审理对象。行政案件的审理对象是因行政行为所引起的发生、变更、消灭的行政法律关系以及引起行政法律关系发生、变更、消灭的案件事实，其中包括相对人的行为事实。审查对象与审理对象虽有联系但有区别，但不能混为一谈。[1] 对此，最高人民法院在（2017）最高法行申411 号张某诉武汉市武昌区人民政府城建行政征收一案的裁定中也认为："即使在撤销诉讼中，行政行为的合法性也仅只属于人民法院的审查对象，而审理对象则还包括该行政行为是否对原告合法权益构成侵犯等因行政行为而引起的行

---

[1] 李轩："试论行政案件的审理对象"，载《行政法学研究》1997 年第 4 期。

政法律关系。如果将审查对象等同于审理对象，就不能揭示诉讼的本质，不会着眼于案件的全部事实。"〔1〕 上述两种观点相比较，笔者倾向于第一种观点。因为一事物之所以能成为另一事物的对象，必须与之有内在的联系。这种内在的联系，就行政诉讼而言，就是行政法律关系和行政诉讼法律关系。法律关系是抽象的，对象是具体的，法律关系不能成为具体的对象。对象作为法律关系的构成要素之一，它承载着双方当事人具体的权利和义务。行政行为一产生，行政机关和相对人之间的行政法律关系即形成，双方实体上的权利和义务即被设定。当相对人一方依法行使诉权，针对行政行为起诉行政机关时，行政诉讼法律关系和权利义务亦随之产生。由此可见，行政行为不可避免地成了行政机关和相对人之间一切矛盾和争议的焦点。人民法院审理行政案件，解决行政争议，就必须审查行政行为。案件事件和规范性文件是行政行为本身具有的内容，不能独立成为行政案件的审理对象。行政行为及其合法性，是一个问题的两个方面，前者是事物的整体，后者是该整体的内容；前者是行政案件的审理对象，后者是行政案件的审查内容。司法审查是人民法院审理行政案件的活动，它与行政案件是一种包容与被包容的关系，因此行政行为成为司法审查的对象并不排斥行政行为成为行政案件的审理对象。换言之，司法审查的对象与行政案件的审理对象是同一的，都是被诉的行政行为。这种同一性来源于法律的相关规定，即《行政诉讼法》第 6 条的规定："人民法院审理行政案件，对行政行为是否合法进行审查。"这就清楚地表明，行政案件的审理对象是行政行为，而不是原告的违法行为。相对人的违法行为是行政违法案件的审查对象，而非行政诉讼案件的审理对象。当行政行为作出后，相对人的违法行为作为行政行为所认定的事实，就成为行政行为的组成部分，属于人民法院审理行政案件时审查的内容之一。至于行政行为是否对原告合法权益构成侵犯，比如行政行为违法给原告合法财产造成的损失，当然也是行政案件审查的内容，但这并不影响行政行为成为行政诉讼审理对象的"靶子"地位或者说"诉讼的支柱"地位。

综上，可以将行政诉讼的审理对象概括为：人民法院审理行政案件或进行行政诉讼所指向或所针对的行为或事项。与民事案件的审理对象相比较，二者有共性也有个性。共性表现在作为案件的审理对象，两者都是法律关系的承载者，是双方当事人权利和义务共同指向的对象，即法律关系的客体；个性表现

---

〔1〕 最高人民法院在（2017）最高法行申 411 号张刚诉武汉市武昌区人民政府城建行政征收一案，载中国裁判文书网，http://wenshu. court. gov. cn/，最后访问时间：2019 年 6 月 22 日。

在对象的具体内容不同。[1]

（二）明确行政诉讼审理对象的实践意义

对行政行为进行合法性审查原则，作为行政诉讼最基本的或者说特有的原则，成为行政诉讼所有程序和基本制度构建的基础。基于此，也使得行政诉讼的审理对象成为行政诉讼活动的核心。无论是法官，还是两造当事人，都是围绕审理对象展开和进行庭审活动的。可以说，行政诉讼的审理对象，就像一个"指挥棒"，决定着行政诉讼活动的方向，决定着司法审查的范围、举证责任的分配、庭审的重心、甚至庭审的规范用语，决定着原告的诉讼请求能否得到正确的审理和判决等。因此，明确行政诉讼的审理对象，正确地把握行政诉讼的审理对象，对审判实践有着重要的指导意义。一般地讲，原告的行为是否违法与被告的行政行为是否合法之间没有必然的因果关系，原告的行为即使不合法，并不意味着行政行为一定合法。比如，行政机关超越职权或者违反法定程序等强行拆除违法建筑，导致行政机关败诉的情形，实践中屡有发生，就属于此类。正因为如此，要从整体上认识和把握行政诉讼制度的特点和程序，减少审理的盲目性，提高审判的质量，掌握行政诉讼审理对象是关键。

四、审查的路径——审理规则

明确了诉讼的"靶子"，那么，怎样才能使得审理不"脱靶"，真正地实现行政诉讼的立法目的和宗旨？这就涉及怎么审的问题。

（一）行政诉讼的证据规则

人民法院审查被诉行政行为是否合法，其方法是违法推定法。就是说，先假定被诉行政行为违法，再由作为被告的行政机关向法庭提举其作出行政行为的事实根据和法律依据。因为，"先取证、后裁决"是行政机关作出行政行为的一个最基本的要求。如果行政机关所举证据能够证明被诉行政行为合法，则行政机关就有可能胜诉。反之，行政机关就可能需要承担败诉的后果。由此，在行政诉讼中，就引出一个很重要的原则，它可以说是行政诉讼"标签式"的、特有的原则，以此与民事诉讼"谁主张，谁举证"原则相区别，即被告负举证责任的原则。

1. 被告负举证责任。《行政诉讼法》第 34 条规定："被告对作出的行政行为负有举证责任，应当提供作出该行政行为的证据和所依据的规范性文件。被

---

[1] 李轩："试论行政案件的审理对象"，载《行政法学研究》1997 年第 4 期。

告不提供或者无正当理由逾期提供证据，视为没有相应证据。但是，被诉行政行为涉及第三人合法权益，第三人提供证据的除外。"据此，正确理解行政诉讼被告负举证责任，应注意把握以下几点：

（1）《行政诉讼法》第 34 条"被告对作出的行政行为负有举证责任"中的"作出的行政行为"从字面理解，是否只包括行政机关作为的行为？笔者认为，其实不然，从行政诉讼的立法目的和宗旨来讲，还应包括行政机关的不作为。否则，对行政机关不作为举证责任的弱化，在一定程度上，会给行政机关规避责任留有可控的余地，而这与行政诉讼监督行政机关依法行使职权的立法目的显然是相悖的。对行政机关监督的"笼子"越织越密，实现对行政机关依法行使职权的环节不留漏洞的监督，显得尤为重要。据此，为全面监督行政机关依法行使职权，笔者认为，应将条文中"作出的行政行为"理解为包容性更强的"被诉的行政行为"。

（2）行政诉讼被告负举证责任，仅限于对被诉行政行为合法性负举证责任。而被诉行政行为的合法性虽然是行政诉讼的"靶子"，是诉讼的核心环节，但毕竟不是行政诉讼审理范围的全部。因此，行政机关作为被告，在行政诉讼中并不是唯一的举证主体。

（3）行政诉讼被告负举证责任，并不排斥原告可以提供证明行政行为违法的证据，但原告提供的证据不成立的，不免除被告的举证责任。显然，这里"原告可以提供证明行政行为违法的证据"对原告来讲，是一种诉讼权利，而不是诉讼的义务。正基于此，被告负举证的责任不能免除。

（4）被告对被诉行政行为合法性负举证责任，决定了被告承担的是严格的说服责任。所谓说服责任，相对于推进责任（下面另述）而言，是指被告要承担提供的证据使法官确信其行政行为合法的义务。否则，就会遭受不利的裁判结果。这里的"严格"，主要体现在举证的范围、举证的期限、证据的收集等方面。

第一，举证的范围。这主要包括证明被告作出的被诉行政行为的职权依据、认定的事实、执法程序和法律依据等与认定行政行为合法性相关的证据。但这里的"法律依据"或者说《行政诉讼法》第 34 条规定的被告提供作出行政行为"所依据的规范性文件"，本身很难说是举证责任，如被告依据《土地管理法》的相关规定对行政相对人作出处罚，法院因为被告没有提供《土地管理法》，就判决认定该行政行为没有相应的依据，恐怕结论难以成立。一般地讲，被告在法定期限内是否提供依据，与被诉行政行为是否适用了该依据，并没有必然的关系。实践中，笔者经常遇到被告提供的规范性文件很多，但并无证据能够证明被诉行政行为就是依据这些规范性文件作出的情况。在这种情况下，法官当然不能够将这些规范性文件作为被诉行政行为合法性的依据。相反，如果有证据证明被诉行政行为适用了某法律规范，即使被告未提供，但由于所援引的法律规范是众所周知的，相信法官也不会因此认定被告作出的行政行为为无法律依据（假定适用法律是正确的）而判被告败诉。因此，被诉行政行为有无相应的依据，判断的标准不是看被告在法定期限内是否提供证据，关键是要看被告提供的证据是否能够证明被诉行政行为所适用的依据与其所提供的依据相一致。如果被告提供的证据不能证明行政行为的作出就是依据了其所提供的规范性文件，那么提供的这些依据是不能被认定的。但需指出的是，当规范性文件作为书证使用，以证明被诉行政行为所认定的事实时，则属于证据范畴。

第二，举证的时限。《行政诉讼法》第 67 条第 1 款规定："被告应当在收到起诉状副本之日起 15 日内向人民法院提交作出行政行为的证据和所依据的规范性文件，并提出答辩状。"第 36 条第 1 款规定："被告作出行政行为时已经收集了证据，但因不可抗力等正当事由不能提供的，经人民法院准许，可以延期提供。"《适用解释》第 34 条规定："根据《行政诉讼法》第 36 条第 1 款的规定，被告申请延期提供证据的，应当在收到起诉状副本之日起 15 日内以书面方式向人民法院提出。人民法院准许延期提供的，被告应当在正当事由消除后 15 日内提供证据。逾期提供的，视为被诉行政行为没有相应的证据。"

第三，禁止自行补证。在诉讼中，被告及其代理人不得自行向原告、第三人和证人收集证据。除非原告和第三人提出了其在行政程序中没有提出过的理由或者证据的，经人民法院准许，被告可以补充相应的证据。如前所述，行政机关作出行政行为，按照"先取证、后裁决"的基本原则，行政机关应当在行政程序中，充分调查收集证据，查明案件事实，方能作出行政行为。当然，针对原告或者第三人提出了其在行政程序中没有提出过的理由或者证据的，被告可以在人民法院的准许下补充证据。但补充的证据仅限于反驳原告或者第三人提出其在行政程序中没有提出过的理由或者证据。实践中，在下列情形下，原告或者第三人提出了在行政程序中未提出的证据或者反驳理由的，应准许被告补充证据的申请：①被告履行了告知义务，但原告因客观原因在行政程序中未能收集到证据，故未能提供，在诉讼中提供行政程序之后收集到的证据；②因被告告知拟处罚的事实和法律依据与最终作出的行政处罚所认定的事实和法律依据不同，原告和第三人在行政诉讼中再提出新的证据；③原告或第三人在被告作出行政行为后，为驳倒被告而收集的证据在行政诉讼中提出；④原告或第三人在诉讼中对被告提供证据的合法性提出了行政程序中未提出的异议。[1] 对于因被告未告知原告或者第三人有提供证据和进行陈述申辩的权利，原告或者第三人在行政程序中未提出反驳理由和证据的，此情形下的补正申请，因被告属行政程序违法，故不予准许再补充证据。对于原告因对行政机关不信任或有抵触情绪，故而在行政程序中不愿提供证据；或者出于诉讼策略，在被告履行告知义务后，拒不向被告提供证据，而等到诉讼中搞"突然袭击"提出在行政程序中未提出的反驳理由和证据的，因人民法院对此证据不予采纳，故而一般情况下，被告无补正的必要。

第四，被告怠于举证的法律后果。被告不提供或者无正当理由逾期提供证据的，视为没有相应证据。这就意味着，被告要承担败诉的不利后果。但是，被诉行政行为涉及第三人合法权益，第三人提供证据的除外。这里"第三人提供证据的"例外情形，使笔者不由得想起了一起亲历的案件：甲单位自20世纪50年代即在争议的土地上建厂使用至今。1997年10月，甲单位取得了国有土地使用证，土地登记面积为7323.455平方米。2000年，甲单位所在的某市开展土地权属调查和土地勘丈，甲单位申请换发新证。期间，土地登记部门向土地相邻人乙单位发出违约缺席定界通知书并附有定界结果，乙单位接此通知后未提出异议，市政府即于2001年3月6日为甲单位换发了新的国有土地使用证，土地登记面积为7441.8平方米，比原登记的面积多出118.345平方米。2005年1月，该市丙单位根据有关文件，接收了原属乙单位使用的土地。同年11月17日，丙单位在土地部门查档时，认为甲单位所持有的国有土地使用证登记面积有误，侵犯了其土地使用权，随向省政府申请复议。在复议期间，市政府未能在法定的10日内提交当初作出具体行政行为的证据、依据和其他有关材料，但甲单位提出了答辩并提交了相关的证据。2006年1月25日，省政府作出行政复议决定书，认定被申请人市政府未提供书面答复及当初作出具体行政行为的证据、依据和其他有关材料，属程序违法。根据《行政复议法》第28条第1款第4项的规定，决定：撤销市政府向甲单位颁发国有土地使用证的具体行政行为。甲单位不服，向法院提起行政诉讼，诉称：行政复议决定将被申请人市政府不提交证据、依据这一程序违法的后果，让无任何过错的第三方承担，属适用法

---

[1] 江必新主编：《中华人民共和国行政诉讼法及司法解释条文理解与适用》，人民法院出版社2015年版，第223页。

律错误，故请求撤销行政复议决定。经审理，甲单位的诉讼请求被法院判决驳回。在此案中，无论是行政复议决定还是法院的行政判决，均遵循了行政机关在法定期限内未提供作出行政行为的证据、依据的，承担不利法律后果的证据规则。因此，该案的处理根据当时的法律规定，在法律的适用及规则的运用上，是无可挑剔的。

但是，这种证据规则的设置与适用的正当性是否需要重新审视与反思呢？对此应当规定，在被告怠于举证的非常态的状况下，第三人为保护自己的合法权益，提供证明被诉具体行政行为合法性的证据，如果这些证据能够证明被诉具体行政行为合法的，可判决驳回原告的诉讼请求。欣慰的是，最高人民法院审判委员会于 2009 年 11 月 9 日第 1476 次会议通过的《关于审理行政许可案件若干问题的规定》中，对被告不提供或者无正当理由逾期提供证据的，即规定"第三人提供或者人民法院调取的证据能够证明行政许可行为合法性的，人民法院应当判决驳回原告的诉讼请求"。2014 年《行政诉讼法》修改时，又将该规定上升为法律。

（5）复议机关作共同被告情形下的举证责任。《适用解释》第 135 条第 1 款规定："复议机关决定维持原行政行为的，人民法院应当在审查原行政行为合法性的同时，一并审查复议决定的合法性。"第 2 款规定："作出原行政行为的行政机关和复议机关对原行政行为合法性共同承担举证责任，可以由其中一个机关实施举证行为。复议机关对复议决定的合法性承担举证责任。"第 3 款规定："复议机关作共同被告的案件，复议机关在复议程序中依法收集和补充的证据，可以作为人民法院认定复议决定和原行政行为合法的依据。"要特别注意该条第 3 款的规定，对原审判思路的调整和带来的重大变化，可以说是"颠覆性的变化"。《最高人民法院关于行政诉讼证据若干问题的规定》（以下简称《证据规定》）第 61 条规定："复议机关在复议程序中收集和补充的证据，或者作出原具体行政行为的行政机关在复议程序中未向复议机关提交的证据，不能作为人民法院认定原具体行政行为合法的依据。"《若干解释》第 31 条第 2 款规定："复议机关在复议过程中收集和补充的证据，不能作为人民法院维持原具体行政行为的根据。"上述原有的规定基于单独被告（复议维持的，原行政机关是被告；复议改变的，复议机关是被告）作出复议机关不得为原行政行为的合法性举证的规定。而新的《适用解释》对此作出了重大调整。修改后的《行政诉讼法》一方面加大了复议机关维持原行政行为情况下的责任（即作共同被告），另一方面又强化了复议制度的"治愈"和"补正"功能：复议决定只要没有改变原行政行为的处理结果，无论改变原行政行为所认定的主要事实、证据，还是改变所适用的规范依据，原行政行为合法性的缺陷和不足已被复议决定治愈和弥补，二者的合法性成为一个不可分割的整体。复议机关收集和补充的证据，当然可以作为证明原行政行为合法性的证据。这仍符合"先取证后裁决"原则。[1]

2. 原告的举证责任。这里讲行政诉讼被告负举证责任，不是说原告在行政诉讼中不承担举证责任，只是在行政诉讼的不同阶段、举证的范围、时限上，双方当事人在举证责任上不具有同一性或者说一致性。

（1）原告举证责任的范围。根据《行政诉讼法》第 38 条、《国家赔偿法》第 15 条、《最高人民法院关于审理行政赔偿案件若干问题的规定》（以下简称《行政赔偿规定》）第 32 条、《证据规定》第 4 条、第 5 条的规定，原告主要对下列事项承担举证责任：

第一，证明起诉符合法定条件。原告向人民法院起诉时，应当提供其符合起诉条件的相应材料，这是决定原告的起诉能否受理的前提和基础。最高人民法院在（2016）最高法行申 2907 号刘成运诉山东省庆云县人民政府行政强制及行政赔偿一案裁定中认为，《行政诉讼法》第 34 条虽然规定："被告对作出的行政行为负有举证责任，应当提供作出该行政行为的证据和所依据的规范性文件"，但这不是说，行政诉讼中的所有待证事实都要由被告承担举证责任。对于指控的行政行为是否存在、该行政行为是否由被告实施，显然应当由原告举证证明，这属于原告赖以指控行政机关作出了侵犯其合法权益的行政行为的事实根据，也属于诉讼请求能够成立的实质理由，并非将行政行为违法的举证责任转嫁给原告一方。[2]《证据规定》第 4 条在规定原告对起诉符合法定条件承担举证责任的同时，还规定了例外情形，即被告认为原告起诉超过期限的，由被告承担举证责任。《证据规定》之所以这样规定，主要是根据行政程序合法原则的要求。行政机关作出行政行为后，负有向行政相对人送达并告知诉权和起诉期限的义务。因此，证明已向行政相对人送达和告知诉权的证明责任只能由被告来承担。如果被告对原告的起诉期限提出异议，但又不能提供充分的证据，只能推定被告没有告知或者送达。

第二，在起诉被告不履行法定职责的案件中，证明其向被告提出过申请的

---

〔1〕　本部分参见最高人民法院行政审判庭法官于泓的授课内容。

〔2〕　最高人民法院在（2016）最高法行申 2907 号刘成运诉山东省庆云县人民政府行政强制及行政赔偿一案，载中国裁判文书网，http://wenshu.court.gov.cn/，最后访问时间：2019 年 6 月 22 日。

事实。但根据《行政诉讼法》第38条第1款的规定，有下列情形的除外：一是被告应当依职权主动履行法定职责的；二是原告因正当理由不能提供证据的。这里"被告不履行法定职责的案件"主要指：一是"拒绝履行"。即行政机关以明示的方式不予履行，是一种作为的行为，如原告向行政机关申请某一行政许可，行政机关作出不予受理的决定。二是"在法定期限内不予答复"。即原告向行政机关提出申请后，行政机关在形式上和实质上都不作为，如完全置之不理、不完全答复、拖延答复等。在起诉被告不履行法定职责的案件中，要求原告承担证明向被告提出申请过的事实，实质还是证明起诉条件中的"事实依据"的问题。因为，在依申请履行法定职责的行政案件中，没有原告的申请，就不存在原告指向被告不作为的问题。也就是说，原告所诉的"行政机关不作为"这个被诉的行政行为不存在。被诉的行政行为不存在，就缺失了起诉条件的"事实依据"，原告的起诉就会被裁定不予立案或者裁定驳回起诉。由此，在理解原告承担证明向被告提出过申请的事实时，需注意：①原告提供的是曾经提出过申请的证据，而不是提供申请行为合法性的证据。换句话说，原告对其申请行为的存在负有举证责任，而不是对申请行为的合法性负有举证责任。②原告所提供的证据，不要求特别的形式和要件，只要能够在一定程度上证明原告提出过申请即可。③原告提供曾经提出过申请的证据，必须是在行政程序中提出的证据。[1]

关于原告负有举证责任的例外情形。对第一种情形，因为被告是应当主动履行法定职责，因此，不存在原告申请的问题，自然也不需要原告对此提供证据。对第二种情形，"正当理由"的范围相对较宽，如被告受理申请的登记制度不完备等。实践中，经常遇到原告称向被告提交了申请，但被告称没有收到的情况。对此，只要被告受理申请的登记制度不完备，原告又能够作出合理说明的，原告即完成了对申请的举证责任。

第三，在行政赔偿、补偿的案件中，原告应当对行政行为造成的损害提供证据。因被告的原因导致原告无法举证的，由被告承担举证责任（《行政诉讼法》第38条第2款）。《国家赔偿法》第15条第1款规定："人民法院审理行政赔偿案件，赔偿请求人和赔偿义务机关对自己提出的主张，应当提供证据。"一般地讲，构成行政赔偿责任需要满足以下几个要件：一是行政行为违法，即已

〔1〕 江必新主编：《中华人民共和国行政诉讼法及司法解释条文理解与适用》，人民法院出版社2015年版，第232页。

经通过法定的程序对行政行为作出否定性评价，如判决撤销、确认无效、违法等。二是原告的权益受到了损害。即发生了损害的事实，包括人身损害、财产损害，还包括因人身损害造成的精神损害。且作为损害的事实，必须是已经发生的或者将来必然要发生的，同时，损害须受法律的保护，对于违法利益或者法律不保护的利益不发生损害的问题。三是违法的行政行为与原告受到的损害之间存在因果关系。具体到原告的举证责任，在具备行政行为违法的前提下，其不仅要对有损害承担举证责任，而且还应对违法的行政行为与原告受到的损害之间是否存在因果关系承担举证责任。

关于行政补偿案件的原告举证责任的问题。行政补偿案件与行政赔偿案件两者在引发的原因、性质（前者因合法行为引起，后者为违法行为引起）上虽有不同，但损害以及行为与损害的因果关系上，两者别无二致，故行政补偿案件的原告举证责任在此不再赘述。

关于"因被告的原因导致原告无法举证的，由被告承担举证责任的规定"，实际涉及的是举证责任倒置的问题。举证责任倒置，一般同时要具备下列条件：一是由承担初始举证责任的一方提供证据，而进一步提供证据在通常情况下已经十分困难；二是根据一方提供的证据材料，对方可能具有过错或者与对方有因果关系；三是对方具有承担举证责任的更为优越的条件。实际上很多案件即使由被告承担举证责任，仍然对造成的损失无法确定，那是不是原告主张多少就支持多少呢？实践中经常会遇到原告主张屋内有金条、古董、名人字画等的情况。例如，原告主张其家被拆的房屋内有价值1000多万元的历代古董、收藏品等。显然，如支持原告不符合生活常理和一般公众的判断，这样的判决是缺乏理性的判决。对此，《适用解释》第47条第3款在法律上提供了依据。该条款规定："当事人的损失因客观原因无法鉴定的，人民法院应当结合当事人的主张和在案证据，遵循法官职业道德，运用逻辑推理和生活经验、生活常识等，酌情确定赔偿数额。"最高人民法院发布的沙某某等诉马鞍山市花山区人民政府房屋强制拆除行政赔偿案（最高人民法院指导案例91号），即是对该规定的很好注解。该案裁判要旨指出："在房屋强制拆除引发的行政赔偿案例中，原告提供了初步证据，但因行政机关的原因导致原告无法对房屋内物品进行举证，行政机关亦因未依法进行财产登记、公证等措施无法对房屋内物品进行举证的，人民法院对原告未超出市场价值的符合生活常理的房屋内物品的赔偿请求，应当予以支持。"

此外，《国家赔偿法》第15条第2款的规定，也属于举证责任倒置的情形。

该条款在第 1 款规定"赔偿请求人和赔偿义务机关对自己提出的主张，应当提供证据"的前提下，又规定："赔偿义务机关采取行政拘留或者限制人身自由的强制措施期间，被限制人身自由的人死亡或者丧失行为能力的，赔偿义务机关的行为与被限制人身自由的人的死亡或者丧失行为能力是否存在因果关系，赔偿义务机关应当提供证据。"

从以上原告承担举证责任的三种情形看，第一、二种情形主要解决的是原告起诉是否符合法定的条件、起诉应否立案受理的问题。因此，原告此阶段的举证责任应属初步证明责任（亦即推进责任）。所谓的初步证明责任（推进责任），就是原告提供证据证明其主张构成法律争端，从而值得或者应当由法院进行审理的举证责任，即利用证据推进诉讼进行的责任，表现为原告向法院提供初步证据，启动诉讼程序。由于初步证明责任（推进责任）与被诉行政行为是否合法没有必然的因果关系，故对原告的举证责任要求要低于对被告严格的说服责任的要求。对于第三种举证责任情形，与民事诉讼的举证责任基本相同，即采取的是"谁主张、谁举证"的原则，原告承担的是说服责任。

（2）原告的举证期限。根据《适用解释》第 35 条的规定，原告应当在开庭审理前或者人民法院指定的交换证据清单之日提供证据。因正当事由申请延期提供证据的，经人民法院准许，可以在法庭调查中提供。逾期提供证据的，人民法院应当责令其说明理由；拒不说明理由或者理由不成立的，视为放弃举证权利。原告在第一审程序中无正当理由未提供而在第二审程序中提供的证据，人民法院不予接纳。如何理解本条规定的"正当事由"？所谓"正当事由"，一般是指原告或者第三人确因客观上的实际障碍而未能提供有关的证据，诸如当事人由于不可抗力或者意外事件的原因而不能在举证期限内提交证据；由于第三方的原因，使得当事人不能在举证期限内提交证据；其他因证据收集上的实际障碍而使得当事人不能在举证期限内提交证据的情况等。对于确因客观事由不能按期提供证据的，应该由原告或者第三人提出申请，且应对客观障碍的实际存在提出证据加以证明。[1]

本条还规定了行政诉讼第三人的举证期限。行政诉讼第三人的举证期限应视第三人的地位不同而有所不同。根据《行政诉讼法》第 29 条的规定，公民、法人或者其他组织同被诉行政行为有利害关系但没有提起诉讼，或者同案件处理结果有利害关系的，可以作为第三人申请参加诉讼，或者由人民法院通知参

---

〔1〕 杨临萍：《行政许可法与司法审查》，人民法院出版社 2004 年版，第 93 页。

加诉讼。前者作为第三人参加诉讼，其地位相当于原告；后者参加诉讼的第三人，可能与被告的利益一致，如行政许可案件或者行政确权的另一方，其地位相对独立，有其可保护的独立的自身利益。这两种情形下的第三人的举证期限适用《适用解释》第35条的规定。但在行政诉讼中，还存在另一种第三人，根据《适用解释》第26第2款的规定，应当追加被告而原告不同意追加的，人民法院应当通知其以第三人的身份参加诉讼。也就是说，在这种情况下，所追加的第三人，其地位与被告相同。因此，对这样的第三人的举证期限应当适用有关被告举证期限的规定。[1]

（二）对行政行为合法性审查的内容

前述已经讲了，行政诉讼的审理对象主要是被诉的行政行为，进一步地讲，就是被诉行政行为的合法性。那么合法性审查主要包括哪些内容呢？为叙述方便，以下根据不同的被诉行政行为分别论述。

1. 被诉作为的合法性审查。亦称对积极行政行为的合法性审查。根据《行政诉讼法》第70条的规定，主要审查以下方面：

（1）行政行为是否符合法定权限。任何行政权力都必须来源于法律（这里的"法律"指广义上的法律，下同）的授权，对行政机关而言，"法无授权不可为"。行政机关违背了职权法定原则，即构成超越职权。实践中，一些行政机关越权行使其他行政机关的职权，这就是典型地违反了职权法定原则。超越职权的情形主要有：

第一，超越部门管辖权（职能管辖权）。所谓部门管辖权，又称之为职能管辖权，主要是指划分各部门行政机关之间实施行政管理职权的分工和权限，如甲行政机关越权行使了乙行政机关的管理职权。

第二，超越层级管辖权。层级管辖权，是指上下级行政机关之间对某项行政管理事务管理职责上的分工和权限的划分。它是解决整个行政机关系统内部哪些行政管理事务应由哪一级行政机关处理的问题，如下级行政机关行使上级行政机关的职权。根据《土地管理法》第45条的规定，征用基本农田、基本农田以外的耕地超过35公顷的，要经国务院批准，如果省、市政府对此进行了批准，当属越权。

第三，超越地域管辖权。地域管辖权，是指同一部门、同一级别行政机关

---

[1] 最高人民法院行政审判庭：《最高人民法院行政诉讼法司法解释理解与适用》（上），人民法院出版社2018年版，第197页。

之间的行政管理权限的分工，是确定行政机关依职权实施行政管理职权的地域
范围。例如，甲市公安机关到乙市"抓赌扫黄"，就属于超越地域管辖权。

第四，超越法定事务管辖权。法定事务管辖权，是指法律、法规授予行政
机关处理某类行政管理事务可以采取的具体措施以及采取的具体措施的范围和
幅度。法律、法规规定，行政机关处理某类行政管理事务只能采取某种或者某
几种措施，行政机关实施了法律、法规规定中没有规定可以采取的措施，即属
于超越法定事务管辖权的行为。例如，某县土地局对村民朱某未经批准非法占
用土地建住宅的行为，作出责令退还非法占用的土地，并处 5000 元罚款的决
定。《土地管理法》第 78 条规定："农村村民未经批准或者采取欺骗手段骗取批
准，非法占用土地建住宅的，由县级以上人民政府土地行政主管部门责令退还
非法占用的土地，限期拆除在非法占用的土地上新建的房屋。"根据该条规定，
对这类违法行为，法律没有规定可以给予罚款的处罚。该县土地局给予朱某并
处罚款的部分，超越了法律授予其可以采取措施的范围。

（2）行政行为是否具有事实依据。行政机关作出影响相对人合法权益的行
为，必须具有事实依据，即要满足法律所确定的事实要件。而一定事实要件是
否存在，则需一系列证据加以证明，否则即意味着相关事实要件不存在或者该
事实的性质不能确定，从而导致行政行为缺乏事实或事实依据不足，构成违法。
因此，对行政行为事实的审查，要把握以下标准：一是行政行为依据的法律规
范预先设定的事实要件得到满足。二是每一个事实要件都必须有相应的证据加
以证明。三是用来证明事实的证据必须具有客观性、关联性、合法性，即证据
的"三性"。达不到以上标准的，将构成事实不清，主要证据不足。

（3）行政行为适用法律是否正确。根据《行政诉讼法》的规定，合法性审
查是以法律、法规为依据，参照规章。参照规章意味着当规章与上位阶的法律
相冲突时，不适用规章。审查时，注意行政行为适用法律是否存在以下情形：
适用法律、法规性质错误，也就是人们常说的，应当适用甲法，却适用了乙法；
适用法律、法规条文错误，如适用定性条款错误；适用了没有效力的法律规范，
包括尚未生效或者已经失效的法律规范；未适用应当适用的法条，如被诉行政
行为根本没有引用任何法律、法规、规章或者只引用了法律、法规、规章的名
称，没有引用具体条文等。存在上述情形的，即属于行政行为适用法律错误。

（4）行政行为是否符合法定程序。行政法定程序，是指行政机关在行使行
政权力，实施行政管理和服务活动中所遵循的方式、步骤、顺序和时限，以及
当事人参与行政活动程序的一种制度。该制度是确保行政行为合法、正确、公

正运行，提高行政效率，保障行政相对人的合法权益，增进相对人对政府信赖的一种制度。实践中，常见的行政程序违法的情形主要有：违反法定步骤、违反法定顺序、违反法定形式、违反法定时限、违反程序种类和程序制度（如应适用一般程序而适用简易程序；行政处罚前拒绝告知当事人的违法事实、处罚的理由和处罚的根据、拒绝听取当事人的陈述和申辩；应举行听证而未听证或作出行政行为时，未向相对人交代救济权等）。

（5）行政行为是否符合公平公正原则的要求。一般情况下，司法对行政机关作出行政行为的合理性不进行审查，这也是行政权与司法权分工、司法权不过多干预行政权使然。但如果行政行为明显不合理，违反了公平公正的原则，亦属违法行为。因此，行政行为合法性审查原则并不绝对排斥对行政行为合理性的审查，只是此合理性的审查已成为合法性审查的内容。那么，如何对行政行为违反公平公正原则进行审查呢？所谓违反公平公正原则的行政行为，通常主要是指滥用职权和明显不当的行政行为。一般将明显不当的行政行为看作滥用职权的一种特殊表现形式，因此本文将两种行为统一归为滥用职权行为予以阐述。

所谓滥用职权，是指行政机关作出的行政行为虽然在其自由裁量权的范围内，但违背或者偏离了法律、法规的目的、原则，不合理地行使自由裁量权。构成滥用职权的行政行为须具备以下三个要件：

第一，行政机关作出的行政行为不尽合理，但没有超出法定权限。"未超出法定权限"是滥用职权与超越职权的主要区别点之一。行政机关所作出的行政行为如果超出法律、法规规定的权限，则属于超越职权。因此，行政机关只有在法律、法规规定的职权范围内作出的行政行为，才有可能出现不合理地行使自由裁量权的问题。

第二，行政机关的行政行为违背或偏离了法律法规的目的、原则。这是构成滥用职权的实质要件之一。

第三，行政机关的行政行为必须是不合理的。这里的"不合理"是指行政机关作出的行政行为在具有一般智力水平和知识的人看来是违反了社会公认的公平、正义规则。换言之，滥用职权中的不合理主要是指行政行为的明显不合理。"不合理"的主要表现形式有：行政处罚显失公正，处罚畸轻畸重；行政行为目的不良，考虑了不应考虑的因素或者应考虑的因素未考虑；违反比例原则，造成行政相对人不必要的损失。例如，行政机关强制拆除违法建筑时，经完全有条件拆除后将可以再使用的材料，一概予以损毁等，即属于这类"不合理"

的情形。

2. 被诉不作为的合法性审查。亦称对消极行政行为的合法性审查。被诉不作为实践中存在着依职权应主动作为和依相对人申请应作为两种类别。这里主要是指依相对人申请应作为的情形。对此，合法性审查应从以下方面入手：

（1）原告是否依法提出了申请。如果原告没有提出申请，则不产生被告对原告的特定职责。

（2）原告是否具备法定的条件。如果原告不具备法定的申请条件，被告当然没有履行原告申请的义务。

（3）被告是否具有该项法定职责。这里要正确理解"法定职责"的范围。不能仅将其理解为法律、法规或者规章所赋予的职责，还要从行政管理的多样化和行政目的来看，行政机关通过制定规范性文件或者公开承诺、行政协议等为自己设定的义务，同样也是履行法定职责的范畴。

（4）被告是否说明理由。例如，对相对人的行政许可申请不予受理或者不予许可的理由是否告知。

（5）被告不作为是否有法定的阻却事由。例如，行政许可申请人隐瞒有关情况或者提供虚假材料申请行政许可的，行政机关不予受理或者不予许可。此外，资源有限、政策变更、重大公共利益等也可能成为不能满足行政许可申请人的申请。

（6）被告是否有未履行或者拖延履行职责的事实存在。这里涉及履行职责的期限问题。实践中，履行法定职责的期限主要有以下几种情况：一是法律、法规、规章明确规定。二是法律、法规、规章没有明确规定，而是由行政机关内部规章、制度来规定。三是法律、法规、规章等规范性文件作出了规定，但行政机关为提高工作效率、优化服务，在政务公开中对外承诺的期限，如办营业执照，企业登记需在7个、5个工作日内完成等。四是其他未明确规定的。一般而言，行政机关履行职责期限的确定，可以从以下方面考虑：法律、法规、规章或其他规范性文件有规定的从其规定，但政务公开对承诺短于法律等规范性文件规定的期限的，从承诺期限；法律、法规等规定没有规定的，按《行政诉讼法》的规定，一般履职期限为2个月。行政机关未在上述期限内作出行政行为的，属不作为或迟延作为。

（三）行政行为合法性审查的范围

人民法院审理民事案件，根据"不告不理"原则，主要围绕与当事人诉讼请求有关的事实和理由进行审查。行政案件则不同，对被诉行政行为合法性审查，不受原告诉讼请求和理由的限制，进行全面审查。也就是说，一旦被诉行政行为确定之后，人民法院对被诉行政行为的审查是全面的、彻底的，不仅要对原告提出质疑的部分进行审查，对原告未提出质疑的部分也要主动进行审查。即使原告提出的质疑不成立，但只要被诉行政行为存在原告质疑之外的其他违法情形，原告的诉讼请求也可能得到法院的支持。比如先前所述，根据《行政诉讼法》第 70 条的规定，对被诉行政行为合法性的审查，主要包括被诉行政行为认定事实的主要证据是否充分，适用法律、法规、规章以及其他规范性文件是否正确，是否违反法定程序或者违反正当程序原则，是否超越职权，是否存在滥用职权或者明显不当等情形。实践中，有的原告起诉的理由是被诉行政行为事实不清、证据不足，据此请求撤销被诉行政行为。但人民法院经审查，原告主张的被诉行政行为事实不清，证据不足的理由并不成立，且被诉行政行为在权限、适用法律上也符合合法的要件，处理结果上亦无明显不当和滥用职权，而是被诉行政行为的程序违反法律规定。此种情况下，尽管原告的诉讼理由不能成立，但原告所持撤销被诉行政行为的请求仍可能得到法院的支持。这就是人民法院审理行政案件，对被诉的行政行为进行全面审查的要义所在。

需注意的是，全面审查被诉行政行为的合法性虽然是法官审理行政案件心中的一条主线，但并非要对被诉行政行为合法性构成要件的所有方面，钜细无遗地进行全盘审查，也不需要在裁判文书中对各个要件都予以论述。实际审理案件过程中，应当结合案件实际，主要针对当事人各方争议的、与被诉行政行为合法性相关联的焦点问题进行审查。对于各方无争议，且明显不存在违法情形的相关要件，无需进行审理和评判。相反，对于与被诉行政行为合法性相关联，当事人各方虽未提出异议，但经法官审查认为可能存在违法的要素，则应当依职权主动进行审查。

五、诉讼活动的展现——开庭审理

开庭审理是诉讼程序特别是第一审诉讼程序的必经阶段。在这一阶段，不仅《行政诉讼法》的各项原则和制度得到最大程度的展现，而且程序的进行将最终形成诉讼结果。开庭审理是行政诉讼的中心环节，是整个诉讼活动的最基本和最主要的程序，也是人民法院行使行政审判权力和当事人行使诉讼权利、履行诉讼义务最集中且最重要的阶段。[1]

---

〔1〕　江必新、梁凤云：《行政诉讼法理论与实务》（下卷），北京大学出版社 2009 年版，第 775 页。

（一）庭审准备

"不打无准备之仗"，开庭前的准备工作是十分重要的，如果准备不充分，法官心中无数，必然导致开庭审理走过场或者流于形式，影响庭审的效果和质量。因此，法官必须重视开庭前的准备工作。具体地讲，庭审前的准备工作除一些程序性、事务性的工作外，重点还包括以下内容：

1. 组成合议庭。

2. 熟悉案情，主要是熟悉当事人起诉和答辩的主张及意见。

3. 根据案件审理的需要，对当事人进行必要的指导和释明。例如，原告的诉讼请求不明确的，应当进行释明，要求原告明确其诉讼请求。特别是行政行为指向不明的，要求原告指明其所诉的行政行为。又如原告起诉的被告明显不适格的，应当告知原告变更被告。如果原告坚持原诉讼请求或者不变更被告的，人民法院可以选择不开庭，径行裁定驳回起诉。对需要一并解决民事争议的，建议当事人一并提起民事诉讼。

4. 追加当事人或者通知必要的当事人参加诉讼。

5. 全面掌握与被诉行政行为行政管理领域相关的法律规范，掌握法律规范对行政行为合法的构成要件，以及与该行政管理领域相关的其他专业知识。

行政案件的类型多样，几乎覆盖了行政管理的所有领域。而行政管理领域的宽泛性决定了法官知识的局限性。因此，在开庭审理前，法官应针对被诉行政行为所涉及的行政管理领域的相关知识做必要的了解和准备。

6. 确定举证期限和组织当事人进行证据交换。证据交换主要适用于一些案情比较复杂、证据比较多的案件。案情简单、证据少的案件不一定组织证据交换。对在证据交换中当事人无异议的事实和证据可以记录在卷，在往后的庭审中，法官对这类证据说明后，不再组织质证，即可作为定案的事实依据（当然这些无异议的证据，也必须是经审查具有证据效力的，才能作为定案的依据）。对于有异议的证据，可以记录在卷，并记录异议的理由，待庭审中再组织当事人质证。

7. 合议庭庭前准备合议（预备庭）。

（1）合议庭成员了解、熟悉案情。

（2）确定当事人争议的焦点和庭审的重点。

（3）明确合议庭成员的分工。

（4）确定开庭时间。

8. 通知开庭、制作准备庭审提纲等。如果是涉及不动产的案件，最好查看现场。

（二）庭审模式

"当事人主义"和"职权主义"是世界各国诉讼庭审的两种模式。两种模式各有特点。法制发达的国家并非全实行当事人主义，法制不发达的国家，也并非全实行职权主义。一个国家采取何种形式的诉讼模式，必须考虑该国的法律文化传统、经济基础和基本国情等综合因素。只有这样，才能建立符合国情的诉讼模式。当事人主义的模式曾一度比较流行，因此"抗辩式"成为庭审方式改革的一个代名词。实践证明，这种方式与我国的行政审判国情不能相适应。在我国的行政诉讼中，原告与被告由于客观上存在着知识结构的差异以及事实上的不平等，因此，完全采用当事人主义的抗辩式诉讼模式实际上是强者与弱者的对抗，不具有公平性，难以体现对行政行为进行合法性审查的立法目的。为了弥补原告在庭审能力上的不足，强调法官的职权作用也是非常必要的。

（三）庭审的重心

行政诉讼的审理对象是行政行为的合法性。因此，庭审活动的重心应是对被诉行政行为的合法性进行审查，而不是对原告是否违法进行审查，即是对被告进行审理，而非对原告。

（四）对被诉行政行为审查的方法和步骤

以作出行政行为为例，庭审中首先要固定被诉的行政行为，明确行政争议。固定的方式有两种：一种是让行政机关当庭宣读行政决定，然后让原告质证是不是这个决定；另一种是由被告简单陈述被诉行政行为的内容，在此基础上进行审查。

1. 对行政行为的职权依据的审查。先由被告举证，证明涉诉事项属于其主管或为其管辖的范围。这主要是由被告提出法律、法规等依据。如果能以一般常识进行判断的，只要简单地举出法律依据，当事人无异议就行了。对一些有交叉执法的，当事人有异议的，则需进行相互的质辩。

2. 对行政行为认定事实的审查。被告对当庭陈述的事实（行政行为载明的事实）进行举证。

3. 适用法律的审查。这是指在作出行政行为时适用的法律，而不是作出之后找出的法律。首先，要求被告举证证明其适用的法律条款、项目，当庭宣读。其次，要对法律规范的有效性进行审查。最后，是否与更高层次的法律规范相冲突。

4. 执法程序的审查。首先是看法律、法规、规章或者规范性文件如何规定。然后，由被告举证执法程序是否符合规定的要求。

5. 执法的目的与适当性。上述五个方面审查，庭审时并不是每一项都必须审查。如果各方当事人没有争议，且明显不存在违法情形的相关要件，庭审中可以对此不再审查。庭审中，主要围绕法庭归纳的争议焦点进行审查。此外，对行政行为的合法性审查，上述五个方面只是基本方面，还包括其他可能与行政行为合法性有关的案件事实。例如，房屋征收案件中，征收部门事实征收的情况，已与被征收人签订补偿安置协议的情况、房屋搬迁拆除的情况，都有可能影响对案件的最终处理，而这些情况都是发生在房屋征收决定作出之前。因此，需要在庭审中查明。

此外，需要强调的是，在行政案件庭审过程中，行政行为合法性固然是庭审的重心，但也不排除在庭审过程中，对涉及原告起诉条件的相关事实进行审查。实践中，也时常遇到涉及原告起诉条件的相关事实，如被诉行政行为是否存在、原告与行政行为是否有利害关系、被诉行政行为的作出主体是谁、原告的起诉是否超过起诉期限等。仅凭立案审查阶段或者庭审前的调查询问难以查清这些情况，需要通过开庭审理进行进一步的核实认定。在这种情况下，就会出现对原告起诉条件的审查与对被诉行政行为的实体审查均需通过开庭审理才能完成的情况。但在庭审的安排上，进入法庭调查后，应先审查涉及原告起诉条件的相关事实，如果能够认定原告的起诉不符合法定起诉条件的，实体审查部分可以不再进行。反之，庭审应继续对实体部分进行审查。此外，原告主张的行政赔偿的损害事实等，这也是行政赔偿的案件庭审中的重心。

（五）举证、质证的方式

根据行政案件举证责任的特点，庭审中，待证事实举证责任在谁，则由谁先举证。而后再由另一方当事人提供反证进行质辩。例如，在对原告起诉条件审查时，应先由原告举证，但如被告认为原告起诉超过起诉期限，则由被告举证；对被诉行政行为合法性审查时，先由被告举证；对原告主张的行政赔偿损害事实进行审查时，先由原告举证等。在当事人举证的基础上，合议庭组织当事人对证据进行辨别、承认或反对并陈述理由。举证、质证的方式，可以一证一质，也可以一组一组质证，这需要根据案件的具体情况来定。质证主要从以下方面进行：关联性、合法性、真实性以及证据的证明力。需注意的是：

1. 在庭前交换中，无异议的证据在庭审中当庭说明情况可以直接认定，有异议的需再质证（先前已述）。

2. 涉及秘密的证据是不需要公开进行质证。这些证据可以在交换证据和不公开审理中质证，对不能出示的交合议庭记录在案。

被告拒不到庭时，除庭审前证据交换无争议的外，其他证据不能作为定案的证据。因为，未经质证的证据不能作为定案的证据。

（六）认证的方式

在举证、质证的基础上，合议庭当庭认定证据的"三性"，为综合认定案件的事实奠定基础。认证的时间可以根据质证的情况而定，可以在质证之后就认证，也可以在当事人发表综合辩论前进行综合认证。案情简单的可以一次认证，案情复杂的可以分段认证。

但需说明的是，当庭认证并不是当即认证。质证后能够在庭审中认定的，可以当即认定。如果当下把握不准的，可以在庭后经合议庭评议进行认定。但认定情况应当在判决书中载明。

如果在庭审中认证错了怎么办？①庭审结束前发现的，应当重新认定。②庭审结束后宣判前发现的，在裁判文书中更正并说明理由或者再次开庭重新质证。③有新的证据材料，可以推翻已认定的证据的，应再次开庭质证、认证。

（七）法庭辩论

根据笔者的体会，原庭审的架构即将法庭调查和法庭辩论完全分开，不尽科学。事实上，在开庭过程中，法庭调查和法庭辩论，往往你中有我，我中有你，两者很难分开，导致在辩论阶段，当事人的辩论意见多为重复性的意见，实属没有必要。因此，从提高庭审效率和庭审的针对性考虑，法官在开庭审理过程中，要根据案件的具体情况，灵活掌握庭审阶段的内容安排，不必恪守原有传统的模式。

（八）依法调解

根据《行政诉讼法》第60条的规定，人民法院在审理行政赔偿、补偿以及行政机关行使法律、法规规定的自由裁量权的案件中，在遵循当事人自愿、合法且不得损害国家利益、社会公共利益和他人合法权益的原则下，可以进行调解。促进行政争议实质化解是《行政诉讼法》的立法目的和宗旨之一，而调解是实现这一目的和宗旨最有效的途径和手段。因此，人民法院在审理行政案件过程中，应该将调解贯穿于可适用调解案件审理的过程中，尽可能地有效结案。在庭审中，通过审理有利于当事人重新认识纠纷，正确看待纠纷的过程。庭审的有序推进和辨法析理的深入，为当事人了解、吸纳对方的意见提供了较好的机会，此时，合议庭在庭审中应适时地将庭审变为沟通、协商和交流的平台，为当事人之间依法、平等协商对话创造条件，尽可能通过调解化解纠纷。

第三节 法官如何作出行政诉讼的裁判

判决类型的设定不仅应和诉讼请求具有关联性，还应符合切实解决纠纷的立法本意。2014 年，修改后的《行政诉讼法》对此在判决的方式上给予了积极的回应，即将行政诉讼判决方式进行改造，实现判决方式类型化。行政诉讼判决方式类型化有利于促进行政诉讼立法宗旨的实现。

根据现行《行政诉讼法》的规定，行政诉讼判决方式的类型主要有以下六种：[1]

一、驳回原告诉讼请求判决

当事人发动诉讼，并不总是能如愿以偿。《行政诉讼法》第 69 条规定：行政行为证据确凿，适用法律、法规正确，符合法定程序的，或者原告申请被告履行法定职责或者给付义务理由不成立的，人民法院判决驳回原告的诉讼请求。该判决的形式代替了修改前的《行政诉讼法》规定的维持的判决形式。

注意适用该条作出驳回原告诉讼请求判决的实质条件，要与《行政诉讼法》第 70 ~ 79 条规定的判决行政机关败诉的判决方式适用条件相联系。

（一）关于对"行政行为证据确凿，适用法律、法规正确，符合法定程序"的理解

这部分规定主要适用于行政机关作出的行政行为。被诉行政行为证据确凿，适用法律、法规正确，符合法定程序，但是，存在《行政诉讼法》第 70 条规定的超越职权、滥用职权或者明显不当情形的，应当适用《行政诉讼法》第 70 条规定，判决撤销被诉行政行为；如果进一步审查存在《行政诉讼法》第 74 条规定的判决确认为违法情形的，则应当判决确认违法；被诉行政行为存在重大且明显违法符合《行政诉讼法》第 75 条规定的无效判决适用条件的，则应当判决确认无效。因此，并不是简单依据《行政诉讼法》第 69 条规定审理后，就可以判决驳回原告诉讼请求。

（二）关于对"原告申请被告履行法定职责或者给付义务理由不成立"的理解

这部分主要是用于行政机关不履行法定职责和给付义务的行为。对于这两

---

[1] 该节的部分内容参照了最高人民法院第一巡回法庭分党组成员、副庭长郭修江的授课内容。

类案件而言，同样要坚持全面审查被诉行政行为的合法性原则，不能仅是原告申请履责或者给付义务的实体诉讼请求不成立，就判决驳回原告的诉讼请求。

如果原告申请行政机关履行法定职责或者给付义务，行政机关答复结果正确，但存在主要证据不足、适用法律法规错误、违反法定程序、超越职权等情形，或者行政机关判决时已经履责的，人民法院应当判决确认答复行为以及之前的不履责行为违法甚至无效，造成损失的还应当承担行政赔偿责任。

二、撤销或者部分撤销，或撤销重作判决

《行政诉讼法》第 70 条规定：行政行为有下列情形之一的，人民法院判决撤销或者部分撤销，并可以判决被告重新作出行政行为：主要证据不足；适用法律、法规错误；违反法定程序；超越职权；滥用职权；明显不当。第 71 条规定：人民法院判决被告重新作出行政行为的，被告不得以同一事实和理由作出与原行政行为基本相同的行政行为。《适用解释》第 89 条规定：复议决定改变原行政行为错误，人民法院判决撤销复议决定时，可以一并责令复议机关重新作出复议决定或者判决恢复原行政行为的法律效力。《适用解释》第 90 条第 1款规定：人民法院判决被告重新作出行政行为，被告重新作出的行政行为与原行政行为的结果相同，但主要事实或者主要理由有改变的，不属于《行政诉讼法》第 71 条规定的情形。第 2 款规定：人民法院以违反法定程序为由，判决撤销被诉行政行为的，行政机关重新作出行政行为不受《行政诉讼法》第 71 条规定的限制。第 3 款规定：行政机关以同一事实和理由重新作出与原行政行为基本相同的行政行为，人民法院应当根据《行政诉讼法》第 70 条、第 71 条的规定判决撤销或者部分撤销，并根据《行政诉讼法》第 96 条的规定处理。

撤销判决的适用条件，实际上是判断行政行为违法的法定条件。但是，并非行政行为违法，就一定要判决撤销。如果行政行为违法同时符合确认违法、确认无效判决适用条件的，应当判决确认违法或无效。

（一）关于部分撤销的适用条件

鼓励部分判决，判决内容应当尽可能精准。行政诉讼的目的在于化解而不是扩大矛盾和纠纷。下列情形可以使用部分撤销判决：①多个相互关联的被诉行政行为，部分正确，部分违法；②一个被诉行政决定包含两个或两个以上的行政行为，其中部分行政行为违法，部分合法；③被诉行政行为中的部分内容违法、部分内容合法。对合法部分的起诉判决驳回原告诉讼请求，对违法部分的起诉判决予以撤销。

（二）关于撤销重作的适用条件

尽可能限制撤销重作判决的适用，防止程序空转，在实质上化解行政争议。即便是确需撤销重作，也要尽可能为行政机关重新作出行政行为指明方向、限定条件和方式。下列情形下可以使用撤销重作判决：①被诉行政行为主要证据不足，判决撤销后违法行为人的违法嫌疑未被排除，需要行政机关进一步作出处理的；②判决撤销被诉行政行为后，受行政诉讼变更权限制，需要行政机关另行作出处理的；③撤销复议决定，相关行政争议需要复议机关重新作出复议决定予以解决的。

人民法院生效判决主文仅仅是撤销被诉行政行为，未判决被告行政机关重新作出行政行为的，行政机关根据判决对说理部分的理解，重新作出行政行为，只要重新作出的行政行为与判决说理不冲突，人民法院不宜轻易否定重新作出的行政行为。这种情况下，实际问题在于人民法院生效判决遗漏重新作出行政行为判项。如果二审发现一审遗漏限期重新作出行政行为判项的，应当予以补充判决。

三、限期履行法定职责判决

《行政诉讼法》第72条规定：人民法院经过审理，查明被告不履行法定职责的，判决被告在一定期限内履行。

《适用解释》第91条规定：原告请求被告履行法定职责的理由成立，被告违法拒绝履行或者无正当理由逾期不予答复的，人民法院可以根据《行政诉讼法》第72条的规定，判决被告在一定期限内依法履行原告请求的法定职责；尚需被告调查或者裁量的，应当判决被告针对原告的请求重新作出处理。《适用解释》第98条规定：因行政机关不履行、拖延履行法定职责，致使公民、法人或者其他组织的合法权益遭受损害的，人民法院应当判决行政机关承担行政赔偿责任。在确定赔偿数额时，应当考虑该不履行、拖延履行法定职责的行为在损害发生过程和结果中所起的作用等因素。

司法权不能替代行政权。但是，对行政机关不履行法定职责案件，人民法院应当尽可能作出清楚明了的履行特定义务的判决，避免仅是简单地作出限期履行法定职责而不对履责内容作出限定的判决。

（一）关于对被告行政机关违法不履行法定职责引起行政赔偿的理解

只有不履行、拖延履行法定职责与损失之间存在直接的、具体的因果联系时，行政机关才承担相应的赔偿责任。不能将行政机关未尽一般意义的监管职责所造成社会治安状况恶化、假冒伪劣产品充斥市场，致市民或普通消费者损害，也纳入不履责行政赔偿范围。

（二）判决被告限期履责没有实际意义的，判决确认违法

《行政诉讼法》第 74 条第 2 款第 3 项规定，"被告不履行或者拖延履行法定职责，判决履行没有意义的"，人民法院判决确认违法。"判决履行没有意义"是指因客观情况发生变化继续履行没有必要，继续履行将会损害国家利益、公共利益或他人合法权益，或者没有继续履行可能的情形。例如，被告在诉讼过程中，履行了法定职责，满足了原告的诉讼请求的，只需判决确认被告不履行法定职责违法，无需再判决被告限期履责。

四、给付判决

《行政诉讼法》第 73 条规定：人民法院经过审理，查明被告依法负有给付义务的，判决被告履行给付义务。《适用解释》第 92 条规定：原告申请被告依法履行支付抚恤金、最低生活保障待遇或者社会保险待遇等给付义务的理由成立，被告依法负有给付义务而拒绝或者拖延履行义务的，人民法院可以根据《行政诉讼法》第 73 条的规定，判决被告在一定期限内履行相应的给付义务。

给付判决主要是针对行政机关不履行金钱或财物给付义务而作出的限期履行金钱给付义务的判决方式。人民法院应当作出明确具体给付数额或标的物的判决，不能简单地判决行政机关限期履行给付义务。给付判决主要适用下列案件：行政机关不依法履行支付抚恤金、最低生活保障待遇或者社会保险待遇以及行政赔偿、行政补偿等金钱给付、返还财物案件。行政机关不依法履行行为义务案件不适用给付判决，应当适用履行判决。

（一）给付判决与限期履行法定职责判决的关系

理论上，给付判决脱胎于履行判决。不履行金钱给付和财物的交付义务，原本也应当属于履行判决的一部分。由于金钱给付和给付财物，与行为义务的履行确有较大区别，为使两者的界线更加清晰、各自适用条件更加明确，法律将行为义务的履行规定为履行判决，金钱及财物的交付履行规定为给付判决。

（二）不履行金钱给付义务行政补偿、行政赔偿案件不适用确认违法判决

1. 原告请求判决被告行政机关限期履行金钱给付义务的，金钱给付义务是种类物而非特定物的给付，人民法院应当明确判决给付的具体数额。因拖延履行支付义务造成损失的，可以一并判决支付利息。

2. 被告行政机关不履行特定物的交付义务，被告行政机关不能交付特定物

或者因拖延履行交付义务造成实际损失的，则应当判决不能交付或拖延履行交付义务行为违法并判决承担行政赔偿责任。

（三）关于履行法定职责和给付义务的起诉可以迳行裁定驳回的情形

根据《适用解释》第 93 条的规定，主要有以下两种情形：

1. 原告请求被告履行法定职责或者依法履行支付抚恤金、最低生活保障待遇或者社会保险待遇等给付义务，原告未先向行政机关提出申请的，人民法院裁定驳回起诉。

2. 人民法院经审理认为原告所请求履行的法定职责或者给付义务明显不属于行政机关职权范围的，可以裁定驳回起诉。

例如，最高人民法院在（2017）最高法行申 1467 号再审申请人明某某、曾某某诉武汉市武昌区人民政府不履行法定职责一案行政裁定中就认为：《行政诉讼法》第 12 条第 1 款规定："人民法院受理公民、法人或者其他组织提起的下列诉讼：……⑥申请行政机关履行保护人身权、财产权等合法权益的法定职责，行政机关拒绝履行或者不予答复的。"据此，公民、法人或者其他组织可以针对行政机关不履行法定职责的行为向人民法院提起行政诉讼。本案即为再审申请人认为武昌区政府未履行查处职责而提起的履行职责之诉。但是，提起履行职责之诉对于原告来讲，需具有实体法上的请求权基础；对于被告来讲，需具有相应的法定职责。本案中，再审申请人认为武昌区政府具有查处城中村改造建设中违法强拆行为的法定职责，从而向武昌区政府提出查处申请，系因为其认为《武汉市人民政府办公厅关于进一步加快城中村改造建设工作的意见》（武政办〔2009〕36 号）和《武汉市人民政府关于进一步加快城中村和旧城改造等工作的通知》（武政〔2009〕37 号）中均规定区人民政府是城中村改造建设的责任主体。对此，本院认为，上述两份规范性文件虽然明确规定了城中村改造建设工作的责任主体为区人民政府，但是，从上述两份文件对武汉市各区人民政府在城中村改造建设中的具体职责规定来看，这里所谓的"主体责任"，其具体内容是组织推进落实包括拆迁安置补偿工作在内的城中村改造的各项建设工作。上述文件并没有对区人民政府就违法拆除行为如何查处，查处的内容、程序、措施等作出明确规定。在法律规范均没有明确授权的情况下，武昌区政府不具备对涉案事项进行查处的法定职责，再审申请人向武昌区政府提出的申请亦缺乏相应的请求权基础。原告是否具有请求权基础、被告是否具有相应的法定职责，固然可以在实体审理中查明，但在事实情况和法律状况非常明显的情况下，可以迳行裁定驳回起诉，没有必要因为一个不具实体法上请求权基础的申请而使一个明显不具有法定职责的行政机关卷进诉讼当中。因此，一、二审法院分别裁定驳回起诉与上诉并无不当，再审申请人的再审理由不能成立。

五、确认违法判决

《行政诉讼法》第74条第1款规定：行政行为有下列情形之一的，人民法院判决确认违法，但不撤销行政行为：①行政行为依法应当撤销，但撤销会给国家利益、社会公共利益造成重大损害的；②行政行为程序轻微违法，但对原告权利不产生实际影响的。第2款规定：行政行为有下列情形之一，不需要撤销或者判决履行的，人民法院判决确认违法：①行政行为违法，但不具有可撤销内容的；②被告改变原违法行政行为，原告仍要求确认原行政行为违法的；③被告不履行或者拖延履行法定职责，判决履行没有意义的。

（一）确认违法不撤销保留效力判决的适用情形

1. 行政行为存在《行政诉讼法》第70条规定的应当判决撤销的违法情形，但撤销会给国家利益、社会公共利益造成重大损害。

2. 国家利益是一个国家中全体社会成员的共同利益、长远利益。这种情况下不予撤销是出于利益考量的结果。例如，在关于不动产类的案件中，撤销被诉行政行为往往给国家造成重大的财产损失，不如采用确认违法判决后，对原告进行赔偿的方式更为合理。因此，此种情形亦属于《行政诉讼法》第74条第1款第1项规定的"撤销会给国家利益造成重大损害"，应当依法判决确认违法的情形。

3. 公共利益是国家内部社会部分成员的共同利益。《物权法》第106条规定的对"善意第三人"合法权益的保护，目的在于维护社会交易的安全性，属于"公共利益"的范畴。撤销被诉行政行为将会对"善意第三人"的合法权益造成损害，属于《行政诉讼法》第74条第1款第1项规定的"撤销会给公共利益造成重大损害"，应当依法判决确认违法的情形。

4. 行政行为程序轻微违法，但对原告权利不产生实际影响，确认违法判决的情形。《适用解释》第96条规定：有下列情形之一，且对原告依法享有的听证、陈述、申辩等重要程序性权利不产生实质损害的，属于《行政诉讼法》第74条第1款第2项规定的"程序轻微违法"：①处理期限轻微违法；②通知、送达等程序轻微违法；③其他程序轻微违法的情形。

过去，一直都把此类程序轻微违法的情形视为行政行为的瑕疵，而依照原《若干解释》第56条第1款第4项的规定，判决驳回原告诉讼请求。现《行政诉讼法》这样规定，意味着对行政行为的监督更加严格，只要被诉行政行为存在违法，哪怕是极其轻微的程序违法且未对原告合法权益产生实际影响的，也应当依法判决确认被诉行政行为违法不撤销，保留效力。从有利于实质化解行政争议、防止程序空转、浪费司法和行政资源，有利于当事人服判息诉的角度考虑，只要是不属于违反"听证、陈述、申辩等重要程序性"的，均应当属于"程序轻微违法"的情形，不限于《适用解释》第96条列举的情形。

（二）不需要撤销或者判决履行确认违法判决的情形

1. 行政行为违法，但不具有可撤销内容。这主要是指行政机关的事实行为。事实行为已经实施完毕，又不具有可撤销的行政决定，只能判决确认违法。

2. 被告改变原违法行政行为，原告仍要求确认原行政行为违法的。被告自我纠错，原告不同意撤诉，原行政行为已经被纠错后的行政行为替代，不再具有法律效力，原告请求继续审查原行政行为合法性的，法院只能作出确认违法判决。

3. 被告不履行或者拖延履行法定职责，判决履行没有意义的。

需要注意的问题：

1.《行政诉讼法》规定的判决方式，是法官作出判决时的选项之一，无需受限于原告的诉讼请求。原告请求撤销被诉行政行为，法官审理后认为符合确认违法判决适用条件的，无需原告变更诉讼请求，法官可以直接判决确认被诉行政行为。当然，因为判决撤销被诉行政行为可以返还原物，恢复原状；而判决确认违法不撤销保留被诉行政行为的效力，则只能金钱赔偿。为及时解决纠纷，判决确认违法前，应当向原告释明一并提起行政赔偿诉讼。

2. 注意区分两种不同法律效果的确认违法。根据《行政诉讼法》第74条第1款的规定，判决确认违法不撤销，保留被诉行政行为的法律效力，对根据该行政行为又作出的行政行为，应当认可又作出行政行为权利来源的合法性，通常应当判决驳回原告请求撤销后一个行政行为的诉讼请求。根据《行政诉讼法》第74条第2款判决确认违法的，判决对被诉行政行为的法律效力是持否定态度的，无论是事实行为被确违法，还是行政机关执行纠错后被确认违法，还是判决履行没有实际意义，都是否定了被诉行政行为的效力。由该行政行为衍生出来的其他行政行为，均失去了合法的基础。

六、确认无效判决

《行政诉讼法》第75条规定：行政行为有实施主体不具有行政主体资格或

者没有依据等重大且明显违法情形，原告申请确认行政行为无效的，人民法院判决确认无效。第76条规定：人民法院判决确认违法或者无效的，可以同时判决责令被告采取补救措施；给原告造成损失的，依法判决被告承担赔偿责任。

无效判决属于撤销判决和确认违法的进一步发展。只有具备"重大且明显违法"的情形，才能够判决确认被诉行政行为无效。但是，如何把握"重大且明显违法"，仍需审判实践进一步探索。《适用解释》第99条规定：有下列情形之一的，属于《行政诉讼法》第75条规定的"重大且明显违法"：

1. 行政行为实施主体不具有行政主体资格。这是指内设机构或者受委托组织以自己名义作出的、明显违法的行政行为，或者行政机关作出的明显超越职权的行政行为。但是，行政机关一般越权行为，或内设机构、受委托组织以自己名义作出的、事后得到委托机关追认的一般违法行为，不属于"重大且明显违法"。

2. 行政行为没有法律规范依据。这是指行政机关恣意妄为作出的、明显缺乏事实和法律根据的违法行政行为，或者行政机关作出行政行为适用的规范性文件完全不合逻辑、明显与上位法相抵触。但行政行为一般适用法律错误，不属于"重大且明显违法"。

3. 行政行为的内容客观上不可能实施。这是指行政机关作出的完全不合常理，无法实施或实施将导致重大违法甚至犯罪的违法行政行为。

4. 其他重大且明显违法的情形。这是指行政机关作出的其他不合常理、违背逻辑的重大且明显的违法行政行为。

需要注意的问题：

1. 人民法院判决确认行政行为无效，不受原告诉讼请求和理由的限制。《适用解释》第94条第1款规定：公民、法人或者其他组织起诉请求撤销行政行为，人民法院经审查认为行政行为无效的，应当作出确认无效的判决。

2. 《适用解释》第162条规定：公民、法人或者其他组织对2015年5月1日之前作出的行政行为提起诉讼，请求确认行政行为无效的，人民法院不予立案。该条只解决了对新修改的《行政诉讼法》正式实施即2015年5月1日之前作出的行政行为请求确认无效提起诉讼，人民法院不予立案的问题。但对2015年5月1日以后作出的行政行为提起诉讼，请求确认无效的，是否受起诉期限的限制，目前，没有明确的规定。在《适用解释》实施之前，实践中通常的做法是认为请求判决确认行政行为无效，应当在法定期限内起诉。但根据《适用解释》第94条第2款的规定：公民、法人或者其他组织起诉请求确认行政行为无

效，人民法院审查认为行政行为不属于无效情形，经释明，原告请求撤销行政
行为的，应当继续审理并依法作出相应判决；原告请求撤销行政行为但超过法
定起诉期限的，裁定驳回起诉；原告拒绝变更诉讼请求的，判决驳回其诉讼请
求。笔者认为，结合《适用解释》第94条第2款的规定和第162条的规定看，
对2015年5月1日以后作出的行政行为提起诉讼，请求确认无效的，不受起诉
期限的限制。理由：一是如受起诉期限的限制，不应以2015年5月1日为时间
节点予以限制；二是《适用解释》第94条第2款的规定，强调了可撤销行政行
为受起诉期限的限制；三是由无效行政行为自始无效决定。

3. 慎用无效判决。法官应当慎用无效判决，只有符合"重大且明显违法"
适用条件时，才可以判决被诉行政行为无效。

七、变更判决

《行政诉讼法》第77条第1款规定：行政处罚明显不当，或者其他行政行
为涉及对款额的确定、认定确有错误的，人民法院可以判决变更。第2款规定：
人民法院判决变更，不得加重原告的义务或者减损原告的权益。但利害关系人
同为原告，且诉讼请求相反的除外。

变更判决突破了司法权不得替代行政权的限制，有利于行政争议的实质性
化解。但是，司法变更权在行政审判中是有限的，只有法律明文规定的情形下，
人民法院才享有对行政行为的司法变更权。变更判决适用以下三种情形：

1. 行政处罚明显不当。修改后的《行政诉讼法》用"明显不当"替代原规
定的"显失公正"，但实质内容并无改变。所谓"明显不当"，是指行政机关滥
用自由裁量权，行政处罚违反"过罚相当"原则，处罚明显过重或过轻的情形。

2. 行政赔偿、行政补偿案件直接涉及款额，人民法院审理认为赔偿、补偿
款额不正确的，可以直接判决予以变更。

行政赔偿、补偿案件，只要数额计算不正确、存在违法漏项或增项情况，
人民法院即享有司法变更权，不需要遵循"明显不当"的限制。

3. 其他行政行为涉及对款额的确定、认定确有错误。

涉及土地、房产等面积计算的数字错误，也属于可以直接改判的范畴。

需要注意的问题：

1. 认定处罚明显不当需慎重。认定"行政处罚明显不当"要有事实根据，
不能以司法裁量权代替行政裁量权。

2. 不得因被处罚人起诉加重处罚。"上诉不加刑"原则，适用于行政处罚

案件。但是，受害人起诉的除外。

3. 款额表述的笔误可以直接补正。款额计算错误不涉及事实认定和法律适用错误，仅仅是计算错误或者笔误的，行政机关可以通过补正解决，无需适用变更判决。

八、行政协议案件的判决方式

《行政诉讼法》第 78 条第 1 款规定：被告不依法履行、未按照约定履行或者违法变更、解除本法第 12 条第 1 款第 11 项规定的协议的，人民法院判决被告承担继续履行、采取补救措施或者赔偿损失等责任。第 2 款规定：被告变更、解除本法第 12 条第 1 款第 11 项规定的协议合法，但未依法给予补偿的，人民法院判决给予补偿。

（一）起诉签订、单方变更、解除行政协议行为的判决方式

1. 签订、单方变更、解除行政协议行为主要事实证据充分、适用法律法规正确、符合法定程序，不存在超越职权、滥用职权、明显不当情形的，判决驳回原告诉讼请求，协议约定内容继续履行。

2. 签订、单方变更、解除行政协议行为违法，但是符合《行政诉讼法》第 74 条第 1 款规定情形的，判决确认违法，保留协议行为的效力，协议约定内容继续履行，造成直接损失的，判决予以行政赔偿。

3. 签订、单方变更、解除行政协议行为违法，且不符合第 74 条第 1 款规定的，判决撤销签订、单方变更、解除政协议行为，协议约定内容不再继续履行，造成直接损失的，判决予以行政赔偿。

4. 签订、单方变更、解除行政协议行为存在重大且明显违法情形，判决签订、单方变更、解除行政协议行为无效，协议约定内容不再继续履行，造成直接损失的，判决予以行政赔偿。

（二）起诉不依法履行、未按约定履行行政协议行为的判决方式

1. 起诉不依法履行、未按约定履行行政协议行为，理由不能成立的，判决驳回原告诉讼请求。

2. 不依法履行、未按约定履行行政协议行为违法，判决确认违法，并责令限期履行法定或约定的义务，造成直接损失的，判决予以行政赔偿。

3. 不依法履行、未按约定履行行政协议行为违法，但存在《行政诉讼法》第 74 条第 2 款第 3 项规定的"判决履行没有意义"情形的，判决确认违法，法定或约定义务不再继续履行，造成直接损失的，判决予以行政赔偿。

九、复议机关为共同被告的判决方式

《行政诉讼法》第79条规定：复议机关与作出原行政行为的行政机关为共同被告的案件，人民法院应当对复议决定和原行政行为一并作出裁判。

复议决定维持原行政行为，复议机关与作出原行政行为的机关为共同被告，被诉行政行为实际上包括原行政行为和复议决定，人民法院应当对两个行政行为分别进行审理和判决。根据《行政诉讼法》和《适用解释》第136条的规定，可采取以下判决方式：

（一）原行政行为与复议决定处理结果完全一致下的裁判

1. 原行政行为及复议决定均合法的（包含经复议决定修正后合法的），一并判决驳回原告要求撤销原行政行为和复议决定的诉讼请求。

2. 原行政行为与复议决定均违法应予撤销的（包含经复议决定修正后仍然不合法的），一并判决撤销原行政行为及复议决定。判决一并撤销原行政行为及复议决定的，可以根据具体案情判决原行政机关重新作出行政行为。撤销诉讼属于形成诉讼，是否判决重作应当考虑原行政机关是否存在重新作出行政行为的必要。

3. 原行政行为合法而复议决定违法情况下的分别处理原则。判决撤销复议决定或确认违法，同时判决驳回原告针对原行政行为的诉讼请求。一是复议决定违反法定程序但实体正确，无需予以撤销，更没有必要判决复议机关重新作出复议决定，只需确认复议决定违法，驳回原告针对原行政行为的诉讼请求即可。二是复议决定改变原行政行为认定的事实、理由或依据错误。判决撤销复议决定，驳回原告对原行政行为的诉讼请求，复议决定造成当事人直接损失的，判决复议机关行政赔偿。

4. 原行政行为不符合复议或者诉讼受案范围等受理条件，复议决定维持原行政行为的，人民法院应当裁定一并驳回对原行政行为和复议决定的起诉。

（二）原行政行为与复议决定处理结果不完全一致下的裁判

确认原行政行为无效、变更、违法的，复议决定如何裁判？确认原行政行为无效的，复议决定并非无效，因此对复议决定应当采用撤销判决。变更原行政行为时，复议决定无需变更，因此也应判决予以撤销。确认原行政行为违法的，对复议决定应优先适用撤销判决，但某些情况下也可以确认违法。例如：原行政行为的实体部分经复议决定修正后合法，但程序违法需要确认，即复议决定未纠正原行政行为的程序违法问题，如果简单撤销复议维持决定，可能导

致法律关系不清晰。

（三）义务之诉、给付之诉中原行政机关负有义务而不作为、复议机关不予纠正的情形

义务主体是原行政机关而非复议机关，若原告的诉讼请求成立，可以判决原行政机关履行法定职责或者给付义务，应当同时判决撤销复议决定。[1]

十、行政赔偿判决

根据《国家赔偿法》和《行政赔偿规定》，公民、法人或者其他组织申请国家赔偿的，既可以在不服行政行为提起诉讼时一并提出，也可以单独提出。无论以哪一种方式提出，符合起诉条件的，《行政赔偿规定》第 28 条规定，一并提出的，人民法院应当分别立案，根据具体情况可以合并审理，也可以单独审理。《行政诉讼法》没有对行政赔偿的判决形式作出规定。根据《行政赔偿规定》第 33 条的规定，被告的行政行为违法但尚未对原告合法权益造成损害的，或者原告的请求没有事实根据或者法律依据的，人民法院应当判决驳回原告的赔偿请求。反之，行政行为违法且给公民、法人或者其他组织的人身权、财产权造成损害的，应当依法判决赔偿。

《国家赔偿法》第 33 条、第 34 条、第 36 条对人身权、财产权受到损害的赔偿范围和标准作出了明确规定。行政赔偿在赔偿程序上适用《行政诉讼法》，但在赔偿范围和标准上要适用《国家赔偿法》的规定。在人身损害赔偿方面，行政赔偿除赔偿医疗费、护理费、误工费、残疾生活辅助具费、康复费、继续治疗费用、丧葬费以及伤残补助金、死亡赔偿金、被扶养人生活费等直接损失外，致人精神损害，造成严重后果的，还应当支付相应的精神损害抚慰金。在财产损害方面，能够恢复原状的恢复原状；不能恢复原状的，按照损害程度给付相应的赔偿金，并返还原物，财产灭失的，给付相应的赔偿金；物品已经拍卖或者变卖的，给付拍卖或者变卖所得的价款，变卖价款明显低于财产价值的，应当按照物品的市场价值给予相应的赔偿金；违法吊销许可证和执照、责令停产停业的，赔偿停产停业期间必要的经常性费用开支；责令返还金钱或者支付款额的，还应当支付银行同期存款利息；造成其他损失，按照直接损失给予赔偿。

---

[1]　该部分参见最高人民法院行政审判庭法官于泓的授课内容。

实践中注意的几个问题：

1. 违法建筑是否赔偿。违法建筑因不属于合法财产，不受法律保护，因而不属于国家赔偿的范围。但是建筑材料本身系当事人的合法财产，行政机关在对违法建设实施强制拆除的过程中，若违反法定程序及采取的手段、方式不适中、不正当，导致建筑材料受到明显不合理、过度毁损的，应当根据建筑材料的合理价值、违法强制拆除行为造成的合理损失等因素承担相应的赔偿责任。最高人民法院在（2017）最高法行申 3854 号再审申请人郭某某诉北京市朝阳区人民政府行政复议一案中裁定认为：关于十八里店乡政府实施的强制拆除是否对再审申请人的合法权益造成损害的问题，依照《国家赔偿法》第 2 条的规定，公民、法人和其他组织的合法权益受到损害是取得国家赔偿的基本前提。再审申请人的财产权是否受到十八里店乡政府强制拆除行为的侵犯是判断其应否取得行政赔偿的要件。违法建设不属于再审申请人的合法财产权益，对违法建设的拆除自然不会产生国家赔偿。但建设本身违法并不意味着建筑材料亦随之变成非法财物。建筑材料属于当事人的合法财产。行政机关在对违法建设实施强制拆除的过程中，若违反法定程序及采取的手段、方式不适中、不正当，导致建筑材料受到明显不合理、过度毁损的，应当根据建筑材料的合理价值、违法强制拆除行为造成的合理损失等因素承担相应的赔偿责任。再审申请人坚持主张十八里店乡政府实施破坏性暴力拆除，并提交违法破坏性强制拆除录像（附房屋内被侵犯相邻权的相关照片及拆除现场建筑材料被毁损的照片）为证。再审申请人提交的该视听资料亦属确定其享有所有权的建筑材料是否受到明显不合理、过度毁损的相关证据。一、二审法院未对此证据的关联性、合法性、真实性等进行深入审核认定，且十八里店乡政府是否超出《限期拆除违法建筑通知书》规定的范围实施强制拆除亦涉及赔偿责任问题，故一、二审法院对再审被申请人作出不予支持再审申请人行政赔偿请求的 183 号复议决定予以认可，亦构成认定事实的主要证据不足。……裁定本案指令北京市高级人民法院再审。[1]

2. 征收过程中的违法强拆如何赔偿。在房屋或者土地征收过程中，被征收人依法享有补偿的权利。那么，在征收过程中，行政机关违法强制拆除被征收人房屋的，是通过行政赔偿还是行政补偿获得救济，以及如何处理两者的关系，是实践中的难题。同样，最高人民法院作出的（2017）最高法行再 101 号再审

---

[1] 最高人民法院在（2017）最高法行申 3854 号再审申请人郭某某诉北京市朝阳区人民政府行政复议一案，载中国裁判文书网，http://wenshu.court.gov.cn/，最后访问时间：2019 年 6 月 22 日。

申请人许某某诉被申请人金华市婺城区人民政府房屋行政强制及行政赔偿一案的判决书作出了很好的阐释。该判决认为：行政补偿是指行政机关实施合法的行政行为，给行政相对人合法权益造成的损失，由国家依法予以补偿的制度。行政赔偿是指行政机关实施违法的行政行为，侵犯行政相对人合法权益，由国家依法予以赔偿的制度。在国有土地上房屋征收过程中，征收及与征收相关联的行政行为违法造成损失的赔偿问题，较为复杂。其中，既有因违法拆除给权利人物权造成损失的赔偿问题，也有因未依据《国有土地上房屋征收与补偿条例》（以下简称《征收与补偿条例》）第 17 条和当地征收补偿政策进行征收补偿而给权利人造成的应补偿利益的损失问题，甚至还包括搬迁、临时安置以及应当给予的补助和奖励的损失问题。尤其是在因强制拆除引发的一并提起的行政赔偿诉讼中，人民法院应当结合违法行为类型与违法情节轻重，综合协调适用《国家赔偿法》规定的赔偿方式、赔偿项目、赔偿标准与《征收与补偿条例》规定的补偿方式、补偿项目、补偿标准，依法、科学地确定赔偿项目和赔偿数额，让被征收人得到的赔偿不低于其依照征收补偿方案可以获得的征收补偿，确保产权人得到公平合理的补偿。同时，人民法院在确定赔偿义务机关和赔偿数额时，要坚持有权必有责、违法须担责、侵权要赔偿、赔偿应全面的法治理念，对行政机关违法强制拆除被征收人房屋，侵犯房屋所有权人产权的，应当依法责令行政机关承担行政赔偿责任，而不能让产权人因侵权所得到的赔偿低于依法征收所应得到的补偿。

　　通常情况下，强制拆除被征收人房屋应当依据已经生效的补偿决定，而补偿决定应当已经解决了房屋本身的补偿问题。因此，即使强制拆除行为被认定为违法，通常也仅涉及对房屋内物品损失的赔偿问题，而不应涉及房屋本身的补偿或者赔偿问题。但本案在强制拆除前，既无征收决定，也无补偿决定，许某某也未同意先行拆除房屋，且至今双方仍未达成补偿安置协议，许某某至今未得到任何形式的补偿，强制拆除已构成重大且明显违法，应当依法赔偿。对许某某房屋损失的赔偿，不应再依据《征收与补偿条例》第 19 条所规定的《房屋征收决定》公告之日被征收房屋类似房地产的市场价格，即 2014 年 10 月 26 日的市场价格，而应按照有利于保障许某某房屋产权得到充分赔偿的原则，以婺城区人民政府在本判决生效后作出赔偿决定时点的涉案房屋类似房地产的市场价格为基准确定。同时，根据《国家赔偿法》第 36 条第 8 项有关对财产权造成其他损害的，按照直接损失给予赔偿的规定，许某某在正常征收补偿程序中依法和依据当地征收补偿政策应当得到的利益损失，属于其所受到的直接损失，也应由婺城区人民政府参照补偿方案依法予以赔偿。因此，本案存在行政赔偿项目、标准与行政补偿项目、标准相互融合的情形，一审法院判决第 2 项责令婺城区人民政府参照《征收补偿方案》对许水云进行赔偿；二审法院判决认为应当通过后续的征收补偿程序获得救济，并据此驳回了许某某的行政赔偿请求，均属对《国家赔偿法》《征收与补偿条例》等相关规定的错误理解，应予纠正。[1]

十一、相关民事争议一并审理的判决方式

在审理涉及行政许可、登记、征收、征用和行政机关对民事争议所作的裁决的行政诉讼中，当事人申请一并解决民事争议的，可以一并审理，分别裁判。

《行政诉讼法》第 61 条第 1 款规定，在涉及行政许可、登记、征收、征用和行政机关对民事争议所作的裁决的行政诉讼中，当事人申请一并解决相关民事争议的，人民法院可以一并审理。一并审理民事争议制度是《行政诉讼法》赋予人民法院行政审判的特殊权力，其目的就在于彻底有效化解争议。行政案件越来越多的是涉及当事人重大民事权利的案件，表面上是被诉行政行为的合法性问题，而实质的争议则是行政行为参与的民事权利归属问题。对当事人申请一并解决民事纠纷的，人民法院应当根据当事人的申请，对相关民事纠纷依法作出裁判，并根据基础民事纠纷裁判结果，在对被诉行政行为进行合法性审查的基础上，一并对行政案件依法作出判决。如果当事人对基础民事争议另行提起民事诉讼的，人民法院应当中止行政案件的审理，民事案件终审判决后恢复审理，并依据终审民事判决结果作出行政判决。

但是，《行政诉讼法》对当事人各方均不申请一并审理，也不另行起诉解决民事纠纷的情形下，人民法院应当如何处理，未作明确规定。实践中，一些法官认为，当事人不申请一并审理，也不另行起诉解决民事争议的，民事争议相关事实和法律效力问题属于另一个法律关系，不属于行政诉讼的审理范围，人民法院可以仅对被诉行政行为的程序性问题进行审查，并据此作出判决。笔者认为这种观点是错误的，不符合《行政诉讼法》第 6 条关于全面审查被诉行政行为合法性的基本原则。根据合法性审查原则，人民法院审理行政案件，对涉及被诉行政行为合法性的相关民事争议事实及其法律效力问题，亦应当予以审查认定，只有对不涉及行政行为合法性的履行争议不予审查认定。举例说明，

---

〔1〕　(2017) 最高法行再 101 号再审申请人许某某诉被申请人金华市婺城区人民政府房屋行政强制及行政赔偿一案，载中国裁判文书网，http://wenshu.court.gov.cn/，最后访问时间：2019 年 6 月 22 日。

甲、乙双方签订房屋买卖合同，甲依据合同将涉案房屋变更登记至自己名下。乙提起行政诉讼，请求撤销变更登记行为。理由是双方的房屋买卖合同是甲伪造的。行政诉讼中，甲或乙对房屋买卖合同纠纷一并或另行提起民事诉讼，人民法院应当一并就民事、行政争议案件进行审理和判决，或者中止行政案件审理等待民事终审判决结果。如果甲、乙双方均不申请一并解决民事争议，根据合法性审查原则，人民法院对与被诉行政行为合法性直接相关联的事实，必须予以全面审查并作出法律判断。上例中的变更登记行为是否合法，直接的事实根据是甲、乙双方是否存在一份真实有效的房屋买卖合同，对这一基本事实，人民法院必须审查认定。但是，对甲、乙双方房屋买卖合同是否存在乙方未全部支付价款，是否按期交房，是否需承担违约责任等履行争议，与变更登记行为的合法性无关，不属于行政诉讼的审查范围，如果行政机关依据一份有效性存疑的合同作出变更登记，将因证据不足、事实不清而被撤销。而甲、乙之间是否存在合法有效的房屋买卖关系，既可在提起行政诉讼时申请一并审理，也可另行提起民事诉讼，行政案件的判决结果，对之后的民事履行争议诉讼不具有拘束力。

第六章 政府的复议及诉讼

党的十八届四中全会明确提出："要健全预防化解社会矛盾机制，完善调解、仲裁、行政裁决、行政复议、诉讼等制度的有机衔接，建立一套相互协调的多元化纠纷解决机制。"中共中央、国务院提出："要加强行政复议工作，健全行政复议案件审理机制，加大公开听证审理力度，纠正违法或不当行政行为。提高行政复议办案质量，增强行政复议的专业性、透明度和公信力。"2015 年修订的《行政诉讼法》扩大了行政诉讼的受案范围，明确了不可诉行为，2018 年 2 月 8 日正式实施的《适用解释》规定，行政复议机关在复议程序中依法收集和补充的证据可以作为人民法院认定复议决定和原行政行为合法的依据，这些规定进一步强化了行政复议的功能作用及行政诉讼对行政复议的监督，同时对行政复议办案质量及审理机制等都提出了更高要求。

政府的行政复议和应诉作为行政执法监督的重要内容，是保证行政执法工作合法、合理、高效的重要手段。提高政府的行政复议和应诉的能力，增强程序意识，采取最有效措施以最大限度地防范行政执法风险。

第一节 政府在行政复议中应注意的问题

一、行政复议期限的把握与复议制度的理解

（一）行政复议申请期限

行政复议申请应当自申请人知道或应当知道作出具体行政行为之日起 60 日内提出，但法律规定超过 60 日的除外，即特别法规定多于 60 日的适用特别法，特别法规定少于 60 日的，适用 60 日。（2018）最高法行申 657 号 S 某、江苏省泰州市人民政府再审审查与审判监督一案涉及行政复议期限的判断问题。

再审申请人 S 某因诉江苏省泰州市人民政府（以下简称泰州市政府）行政复议决定一案，不服江苏省高级人民法院（2016）苏行终 704 号行政判决，向最高院申请再审。经查，S 某于 2016 年 5 月 18 日以泰州市政府作出的（2016）泰行复第 35 号《泰州市人民政府行政复议决定书》（以下简称 35 号《行政复议决定》）违法，侵犯其合法权益为由，向江苏省泰州市中级人民法院起诉，请求依法撤销 35 号《行政复议决定》，并责令泰州市政府重新作出复议决定。

一审法院查明，江苏省靖江市人民政府（以下简称靖江市政府）因旧城区改造，于 2013 年 9 月 20 日作出靖政发（2013）143 号《市政府关于毛家厅 1、2 号地块房屋征收的决定》（以下简称 143 号《房屋征收决定》），所有权人为 Z 某，位于江苏省靖江市靖城街道 ×× 号的房屋在征收范围内。因被征收人 Z 某未能与房屋征收部门达成补偿协议，靖江市政府于 2014 年 5 月 14 日作出靖征补决（2014）1 号《靖江市人民政府房屋征收补偿决定书》（以下简称 1 号《房屋征收补偿决定》）。因被征收人在规定的期限内未履行搬迁义务，靖江市政府于 2014 年 11 月 6 日向江苏省靖江市人民法院（以下简称靖江市法院）申请审查，靖江市法院于 2014 年 12 月 25 日进行听证，S 某作为 Z 某的代理人参加了听证。后靖江市法院作出（2014）泰靖非诉行审字第 0042 号行政裁定书，裁定对靖江市政府作出的 1 号《房屋征收补偿决定》，准予强制执行。Z 某与 S 某原系夫妻关系，双方于 2015 年 6 月 30 日协议离婚，并约定上述房屋产权归 S 某所有。S 某于 2015 年 12 月 7 日向靖江市政府申请政府信息公开，要求依法公开毛家厅旧城改造项目关于 1、2 号地块房屋的征收决定，2016 年 1 月 18 日靖江市政府告知其已在市政府门户网站上主动公开，可自行查阅。S 某认为靖江市政府作出的 143 号《房屋征收决定》涉嫌严重违法，于 2016 年 3 月 3 日向泰州市政府提起行政复议，泰州市政府于 2016 年 5 月 4 日作出 35 号《行政复议决定》，认为 S 某申请行政复议超过复议期限，决定驳回 S 某的行政复议申请。S 某不服，遂提起本案诉讼。

《行政复议法》第 9 条规定，公民、法人或者其他组织认为具体行政行为侵犯其合法权益的，可以自知道该具体行政行为之日起 60 日内提出行政复议申请。本案中，S 某曾作为 Z 某的代理人，于 2014 年 11 月 25 日参加了靖江市法院组织的听证，在听证中，靖江市政府的代理人当庭宣读了申请执行书及房屋征收决定书。同时，靖江市政府申请执行的 1 号《房屋征收补偿决定》中已将 143 号《房屋征收决定》的文号、名称及主要内容予以表述。S 某作为被申请执行人的代理人，应当知道被执行房屋征收决定的内容。故泰州市政府认定 S 某至少于 2014 年 11 月 25 日，在参加法院组织的听证中，已知道靖江市政府作出的 143 号《房屋征收决定》，据此认定 S 某于 2016 年 3 月 3 日提起行政复议，已超过 60 日的法定申请期限正确。一审法院认为，泰州市政府根据《行政复议法》的相关规定，驳回 S 某的行政复议申请，并无不当。S 某虽于 2016 年 1 月 18 日通过政府信息公开申请获取 143 号《房屋征收决定》，但根据《行政复议法实施条例》第 15 条第 1 款第 6 项的规定，行政复议申请期限自证据材料证明其知道具体行政行为之日起计算。现有证据能证明，S 某至少于 2014 年 11 月 25 日应当知道 143 号《房屋征收决定》，故 S 某主张其于 2016 年 1 月 18 日通过政府信息公开申请才知道 143 号《房屋征收决定》的观点，不予采纳。S 某不服一审判决，向江苏省高级人民法院上诉，江苏省高院认为，《行政复议法实施条例》第 15 条第 1 款第 2 项规定，载明具体行政行为的法律文书直接送达的，自受送达人签收之日起计算行政复议申请期限。本案中，泰州市政府提供的 144 号《房屋征收决定通告》及送达回执可以证明，靖江市政府于 2013 年 9 月 20 日作出 144 号《房屋征收决定通告》告知被征收人 143 号《房屋征收决定》的内容，同时告知被征收人提起行政复议申请和提出行政诉讼的期限，该通告于同日已经向涉案房屋所有权人 Z 某直接送达。S 某与 Z 某于 2015 年 6 月 30 日才协议离婚，故其于 2013 年 9 月 20 日应当知道 143 号《房屋征收决定》的内容，其于 2016 年 3 月 3 日向泰州市政府提出行政复议申请，已经超过法定期限。《行政复议法》第 31 条规定，行政复议机关应当自受理申请之日起 60 日内作出行政复议决定；但是法律规定的行政复议期限少于 60 日的除外。据此，二审法院于 2017 年 8 月 14 日作出（2016）苏行终 704 号行政判决：驳回上诉，维持原判。

　　S 某向最高院申请再审，请求撤销一、二审判决。主要事实和理由为：①向 Z 某送达涉案房屋征收决定，不意味着再审申请人 S 某已知道该决定，况且本案送达程序存在违法情形。听证程序不能代替送达程序，不能认为再审申请人参加了听证，即已知道房屋征收决定的内容。②泰州市政府未提供证据证明复议程序符合《行政复议法》第 28 条、《行政复议法实施条例》第 32 条的规定。

　　复议申请期限是指复议申请人认为其合法权益受到行政行为侵害，向相关复议机关提出复议申请，请求保护其合法权益的法定期限。如果当事人超出法定复议申请期限提出复议申请，则难以获得复议救济。复议申请期限制度的设立旨在促使行政相对人及时行使复议权利，以维护行政法律关系之安定。因此，《行政复议法》第 9 条规定，公民、法人或者其他组织认为具体行政行为侵犯其合法权益的，可以自知道该具体行政行为之日起 60 日内提出行政复议申请。本案中，被申请人泰州市政府于 2013 年 9 月 20 日向涉案房屋所有权人 Z 某送达了 144 号《房屋征收决定通告》，而该通告载明了 143 号《房屋征收决定》的内容及提起复议的期限。再审申请人 S 某当时与 Z 某尚未离婚，二审法院据此认定再审申请人于当时已知晓 143 号《房屋征收决定》的内容并无不当。此外，再审申请人于 2014 年 11 月 25 日作为 Z 某的代理人参加靖江市法院组织的涉案房屋是否准予强制拆除的听证会，143 号《房屋征收决定》已于听证会中出示，一审法院据此推定再审申请人当时已知悉 143 号《房屋征收决定》的内容亦无不当。因此，再审申请人于 2016 年 3 月 3 日向泰州市政府提出行政复议申请，明显已经超过了《行政复议法》第 9 条规定的复议申请期限。泰州市政府于 2016 年 3 月 7 日收到 S 某的复议申请后，于同年 5 月 4 日作出复议决定，程序合法。再审申请人在本案再审申请审查程序中以泰州市政府未提供相关证据为由，主张泰州市政府作出的 35 号《行政复议决定》不符合《行政复议法》第 28 条、《行政复议法实施条例》第 32 条的程序规定，不足以成为本案启动再审程序的理由。关于涉案房屋强制拆除的非诉审查程序，以及涉案项目评估是否违法，补偿是否到位等问题，均不属本案审查范围。据此，一审法院判决驳回再审申请人的诉讼请求，二审法院予以维持并无不当。

对于行政复议被申请人答复期限的规定，根据《行政复议法》第 23 条第 1 款的规定，行政复议机关负责法制工作的机构应当自行政复议申请受理之日起 7 日内，将行政复议申请书副本或者行政复议申请笔录复印件发送被申请人。被申请人应当自收到申请书副本或者申请笔录复印件之日起 10 日内，提出书面答复，并提交当初作出具体行政行为的证据、依据和其他有关材料。

对于行政复议决定作出后，行政复议机关若未告知公民、法人或者其他组织起诉期限的，按照 2018 年《适用解释》第 64 条规定，适用"行政机关作出行政行为时，未告知公民、法人或者其他组织起诉期限的，起诉期限从公民、法人或者其他组织知道或者应当知道起诉期限之日起计算，但从知道或者应当知道行政行为内容之日起最长不得超过 1 年"的规定。

（二）行政复议制度的把握

1. 一级复议制度。行政复议的复议申请只能向法定行政机关提出，该机关的复议决定一经作出并送达，即发生法律效力，公民、法人或者其他组织不能再向作出行政复议的机关的上级机关提出复议申请，这样的行政复议制度称为一级行政复议制。根据最高法的判例（杨吉全诉山东省政府行政复议案），对于明显违反、甚至是一再违反一级复议制度的申请，行政复议机关可以在口头释明之后不作任何处理；申请人对此不服提起行政诉讼的，人民法院可以不予立案，或者在立案之后裁定驳回起诉。

例外情形，如《行政复议法》第 14 条规定，国务院作出最终裁决的多级复议形式，对于国务院部门或者省、自治区、直辖市人民政府作出的行政复议决定不服的，可以向人民法院提起行政诉讼；也可以向国务院申请裁决，国务院作出裁决后就不能再向法院提起行政诉讼。

2. 书面审理制度。根据《行政复议法》第 22 条规定，行政复议机关原则上采用书面审查制度，这意味着复议审查一般以申请人与被申请人提交的有关材料为依据，不再进行当面调查和对质辩论，直接作出行政复议决定。因此，作为被申请人的行政机关必须按照法定时限及时提交当初作出具体行政行为的全部证据依据和其他材料，否则行政复议机关将难以根据书面材料作出合法、合理的行政复议决定。

例外情形：①申请人提出要求的；②案件的主要事实不清楚，如案件的事实与证据之间没有内在的必然联系；③行政复议机关认为需要向当事人了解、核实有关情况；④行政复议机关对于被申请人的具体行政行为所依据的规范性文件是否有效难以把握但又须对此作出判断的；⑤通过书面审查不能正确解决行政纠纷的其他情况，如有关山林土地权属纠纷的案件，不实地调查、听取意见，就很难作出正确的复议决定。需要注意的是，如果申请人要求向行政复议机关陈述意见，不管行政复议机构是否认为有必要，都应当听取申请人的意见。

3. 依法复议不调解制度。行政争议中的一方当事人是行政机关，行政机关的职权不同于一般的权利，行政机关对其没有处分权，既不能超越职权，也不能放弃职权。超越是越权违法，放弃是失职违法。因此，行政复议审查对象的特点决定了复议没有调解的余地。行政行为合法适当就必须维持，不维持就不是依法行事；同样，行政行为违法、失当，就必须撤销，不撤销也是不依法行事。

例外情形：①公民、法人或者其他组织对行政机关行使法律、法规规定的自由裁量权作出的具体行政行为不服申请行政复议的；②当事人之间的行政赔偿或者行政补偿纠纷。当事人经调解达成协议的，行政复议机关应当制作行政复议调解书。调解书应当载明行政复议请求、事实、理由和调解结果，并加盖行政复议机关印章。行政复议调解书经双方当事人签字，即具有法律效力。

4. 复议不停止执行。行政行为不因当事人申请行政复议而停止执行。申请人提出复议申请后，行政行为在未经复议机关变更或撤销之前，仍具有相应法律效力，申请人应当无条件地予以执行。因此，一般情况下，行政行为在未被有权机关依法撤销前都应当推定为合法（即"效力先定性"），作为被申请人的行政机关在行政复议过程中仍需继续执行作出的行政行为，申请人必须首先服从，但可以通过申请行政复议或提起行政诉讼寻求救济。行政机关一旦作出行政行为，即有自身执行的合法性和必要性，除需要申请人民法院强制执行的情形外，行政行为的执行不需要得到其他单位和个人的批准。例外：①被申请人认为需要停止执行的。主要有以下情形：发现行政行为的依据违法，如所依据的法律规范与上位法相抵触或者所依据的法律规范已经失效或被废止；发现行政行为属于本行政机关工作人员超越职权或滥用职权所为的；发现作出行政行为所认定的事实有误或者事实已经发生变化的；发现实施行政处罚忽略了从轻、减轻或免予处罚等法定情节的；管理相对人的违法事实出现新情况，或者需要进行鉴定才能确定其行为性质的。②行政复议机关认为需要停止执行的。③申请人申请停止执行，复议机关认为其要求合理，决定停止执行的。申请人申请停止执行行政行为要承担相应的举证责任，要向复议机关举证证明如果不停止执行将给其造成不可挽回的损失，而停止执行不会给行政管理秩序和社会共同利益带来危害。行政复议机关经过审查，如果认为申请人要求合理、举证充分，可以决定停止执行该行政行为。④法律规定停止执行的。法律规定，因提起行政复议申请而停止执行的行政行为一般仅限于限制人身自由的行政处罚。

　　关于行政复议期间能否停止执行停工的通知问题。A 镇政府引进物流基地建设项目，计划占用耕地 50 亩。为尽快投入运营，镇政府在未办理用地手续情况下，允许该项目强行占用耕地，运土施工。县国土资源局发现后，随即向该项目下发了《责令停止土地违法行为通知书》（以下简称《通知书》）。该项目负责人不服，向市国土资源局申请行政复议，市国土资源局予以立案。案件审查中，县国土资源局派专人督促该项目立即停止施工，拆除地面建筑设施。而该项目负责人认为，应待复议结果作出后，再根据《通知书》是否合法，决定应否继续执行。县国土资源局认为，《通知书》未被认定为合法之前，应属合法有效，应继续履行。

　　问题：其一，行政复议期间，国土资源部门作出的行政行为是否应该停止执行？其二，行政复议期间，当事人申请停止执行行政机关作出的行政行为的，行政机关应如何处理？由于我国行政法理论坚持行政权优先和公共利益至上原则，行政行为具有行政约束力和执行力。为确保行政效率，我国《行政复议法》

确立了以不停止执行为原则，以停止执行为例外的原则。因此，本案中县国土资源局作出的《通知书》以不停止执行为原则，以停止执行为例外是正确的。另《行政处罚法》第 45 条对于行政复议申请不停止执行也作出了明文规定："当事人对行政处罚决定不服申请行政复议或者提起行政诉讼的，行政处罚不停止执行，法律另有规定的除外。"因此，本案中的《通知书》一般情况下不应因行政复议申请的提出而停止执行。本案中，若停止执行《通知书》，就会有更大面积的耕地遭到损失，甚至难以复垦；反之，则可能影响项目投产速度。但两者比较而言，后者损失要小得多。因此，县国土资源局不停止执行《通知书》的做法成立。

5. 禁止不利变更制度。有以下几个规则：①该原则的适用仅限定于本案。即该原则禁止的是行政复议争议的主要标的，即原行政行为的主文，至于理由的变更则不在其列。在刑事诉讼过程中，也允许在原判认定事实清楚、证据充分，只是认定罪名不当的案件中，在不加重原判刑罚的情况下，可以改变罪名。②该原则适用的范围仅限为行政复议申请人，不包括因为行政复议决定而受不利影响的其他人。③该原则适用的复议决定仅限定在撤销和变更决定中。④该原则的适用以对具体行政行为的不服为主，但不限于此。⑤必须在行政复议申请人表示不服的范围之内。如果在行政复议申请范围之外，则不受该原则的限制。

对于禁止不利变更制度，申请人李某原为某中外合资企业合同工，2014 年 3 月被聘到该公司企管部工作，工资标准 3500 元/月，试用期为 3 个月，期间工资按 80% 执行。试用期满后，公司将其调入综合管理部工作。同年 9 月，公司鉴于其本人工作表现，决定予以辞退。李某以该公司未按 3500 元/月的工资标准发放和未给其办理社保为由，向市劳动局投诉，要求对该公司予以查处，保护其本人合法权益。市劳动局调查后，对该公司进行了处罚，同时责成该公司妥善处理李某反映的有关情况。申请人认为市劳动局对公司处罚过轻，向市人民政府申请行政复议。市人民政府经审查后对该公司作出了加重处罚的变更复议决定。该公司对此提出异议：根据禁止不利变更原则的要求，复议机关的复议决定不应加重处罚。试问，本案复议机关的复议决定是否违反"禁止不利变更"原则？由于行政复议禁止不利变更原则要求复议机关在复议审查基础上作出的变更复议决定与原具体行政行为相比，不能使申请人处于更为不利的境地，其主要功能价值在于消除申请人行使复议申请权的后顾之忧，从而积极利用行政复议手段维护自己合法权益。这里所禁止的"不利变更"，针对的是行政复议案件中的申请人，而不是其他当事人。此外，在被申请复议行政行为的利害关系人同时申请行政复议情况下，不受该制度约束。本案中，复议机关作出的不利变更是对该公司的不利变更，而该公司不是复议申请人，相反，这种不利变更显然对申请人李某是有利变更。

二、行政复议案件审理范围

当前，随着公民权利意识的提高，通过法律途径保护自己合法权益成为社会普遍共识，而行政复议作为解决行政争议的法律途径之一，越来越多地被公民使用。行政复议案件呈现出案件类型新颖、涉案领域广泛、案情复杂等特点，行政复议案件数量亦呈现井喷式上升趋势，行政复议机构面临并将长期面临力量配备不足，且高素质专业人才严重匮乏的局面，案多人少、力量薄弱成为新常态。把握行政复议审理范围，有助于科学、合理调配和高效运用有限的行政复议资源，以更好地维护行政相对人的合法权益。行政复议的审理范围，即行政复议机关受理行政争议案件的范围，从不同角度可以对其有不同的理解和表述。对行政相对人来说，行政复议审理范围是指对哪些行政行为不服，有权向复议机关提出申请，请求复议机关保护其合法权益和提供救济的范围。对于行政机关而言，则是指其行政行为接受复议机关复议审查监督的范围。对于复议机关来说，则是受理行政复议案件的范围。行政复议受案范围直接关系到行政复议机关的监督范围和相对人行政救济的范围，所以《行政复议法》对此专章作了明确规定。

（一）纳入行政复议范围的政府行政行为

1. 对行政处罚不服。《行政复议法》第 6 条第 1 项规定，对行政机关作出的警告、罚款、没收违法所得、没收非法财物、责令停产停业、暂扣或者吊销许可证、暂扣或者吊销执照、行政拘留等行政处罚决定不服的。该条以行政处罚规定的 6 种处罚种类和其他行政处罚行为为依据规定了对行政处罚不服的可以申请行政复议。所谓行政处罚，是指行政机关和法律、法规授权的组织，对违反法律、法规、规章的公民、法人或者其他组织实施制裁的具体行政行为。行政处罚的种类很多，形式多样。《行政复议法》主要列举了对行政处罚的六类处罚形式不服的，可以申请复议。

2. 对行政强制不服。行政强制分为三类：一类是限制人身自由的，如强制隔离等；另一类是限制行使财产权的，如查封、扣押、冻结等；还有一类是强制执行的，如责令退还所收费用等。此项规定授予了行政相对人对行政机关行政强制措施不服可以申请复议的权利。行政强制措施是指行政机关为了预防、制止或控制危害社会行为的发生，依法采取的对有关对象的人身、财产和行为自由加以限制，使其保持一定状态的手段，包括强制戒毒、强制遣送、拘留等限制人身自由的措施和查封、扣押、冻结等限制财产流通的强制措施。行政相对人对上述两类行政强制措施不服的，均可以申请行政复议。2015 年修订的《行政诉讼法》（已修正）规定对于行政强制执行不服的也属于人民法院受案范围，故在行政复议中也应属于复议受案范围。

3. 对行政不作为不服。行政不作为主要包括以下三种情况：一是行政相对人认为符合法定条件申请行政主体颁发许可证或执照，而后者拒绝颁发或不予答复的；二是申请行政主体履行保护人身权、财产权的法定职责，行政机关拒绝履行或不予答复的；三是认为行政主体没有依法发给抚恤金的。

4. 认为行政机关侵犯合法的经营自主权。我国《全民所有制工业企业法》以及集体企业、私营企业和外商投资企业等方面的法律、法规，都明确规定了企业或其他经济组织依法享有生产、销售等经营活动自主权，明确规定企业自主经营，自负盈亏，独立核算。任何单位、个人不得非法干预、侵犯企业经营自主权。行政机关在行政管理过程中，具体行政行为违法侵犯了企业经营自主权的，被管理方可以申请行政复议。

5. 认为行政机关变更或者废止农业承包合同，侵犯其合法权益。改革开放以来，我国农民与所属的集体经济组织签订了大量的承包合同，如土地承包、森林承包、草原承包、水面承包、荒山承包等。行政机关如果在行政管理过程中违法干预，强迫当事人变更或废止合同的，将直接影响到公民、法人或其他组织，特别是广大农民的利益。对于行政机关上述行政行为，合同当事人认为其侵犯自己的合法权益的，可以依照《行政复议法》申请复议。

6. 认为行政机关违法集资、征收财物、摊派费用或者违法要求履行其他义务。行政机关的职权中，行政机关除了可以赋予行政相对人某种权利或剥夺某种权利外，还有权力对行政相对人科以某种义务或免除某种义务。行政机关对行政相对人要求履行某种义务时，必须具有法律上的明确依据，并按照法律规定的程序进行。如果法律、法规没有关于行政相对人履行某项义务的规定，行政机关强行要求其履行，实质上就是对行政相对人权益的侵犯。此外，即使法律、法规对行政相对人有履行某项义务的规定，但是如果行政机关违反法律规定的条件或程序要求行政相对人履行义务，行政相对人也可以申请行政复议。

7. 对行政机关作出的关于确认土地、矿藏、水流、森林、山岭、草地、荒地、滩涂、海域等自然资源的所有权或者使用权的决定不服。这类案件的复议通常称为行政确权案件的复议，主要指公民、法人或其他组织之间因土地、矿藏、水流、山岭、草原、荒地、滩涂、海域等自然资源的所有权或者使用权争议，由行政机关依法处理而确定权益归属的行为，具体包括：对林木、林地权属争议的处理；对土地权属争议的处理；对水事争议的处理；对草原权属争议的处理；对水面、滩涂权属争议的处理。公民、法人或其他组织认为行政机关在上述事项的行政处理中侵犯自己合法权益的，可以申请行政复议。

8. 对行政机关作出的有关许可证、执照、资质证、资格证等证书变更、中止、撤销的决定不服。许可证、执照、资质证、资格证等是公民、法人或其他组织经过申请，依法获得的从事某项活动的法律凭证。行政机关不得任意变更、中止或者撤销。公民、法人或者其他组织对行政机关变更、中止、撤销、许可证等行为，认为侵犯自己的合法权益时，可对其申请行政复议。对此项受案范围应作较为宽泛的理解。实践中以及法律、法规、规章的规定中，还包括行政机关对许可证的废止、终止、确认无效等具体行政行为，对废止、终止或确认无效等具体行政行为也可以申请复议。

9. 认为行政机关的其他具体行政行为侵犯其合法权益。当事人认为除上述具体行政行为外，其他具体行政行为违法，侵犯其合法权益的，也可以依照《行政复议法》的规定向行政复议机关申请复议。此项实际上是一项概括性规定，属于兜底式条款。列举式事项规定的优点是清楚明晰，但缺点是不可能穷尽，因此必须有一项兜底条款，将所有侵犯相对人合法权益的具体行政行为纳入行政复议范围。对该项规定应作这样的理解：其一，可以申请复议的行为必须是具体行政行为，凡是行政相对人认为侵犯了其合法权益，侵权行为又属于具体行政行为的，均可以申请行政复议；其二，该项中的"其他合法权益"是指除上述十项行为侵犯行政相对人的人身权、财产权外，还包括其他受法律保护的合法权益。其中，既包括人身权、财产权，也包括劳动权、受教育权、休息权、环境权、出版、言论、集会、结社、宗教信仰等政治性权利。如果具体行政行为侵犯了行政相对人受法律保护的这些合法权益，相对人也有权申请行政复议。

（二）行政复议的排除事项

1. 不服行政机关作出的行政处分或者其他人事处理决定。《行政复议法》第 8 条第 1 款规定："不服行政机关作出的行政处分或者其他人事处理决定，依照有关法律、行政法规的规定提出申诉。"《行政复议法》之所以将行政处分和人事处理决定排除在行政复议之外，主要是因为我国现行有关法律、行政法规已规定了对行政处分和人事处理决定的救济途径，如果再作为行政复议事项，则必然会出现复议机关与行政监察部门的职权交叉和重叠，不利于纠纷的真正解决。

2. 不服行政机关对民事纠纷作出的调解和其他处理。《行政复议法》第8条第2款规定："不服行政机关对民事纠纷作出的调解或者其他处理，依法申请仲裁或者向人民法院提起诉讼。"复议机关之所以不能受理行政机关对此类民事纠纷的调解或处理，是因为这类调解处理行为是行政机关针对平等主体之间的民事纠纷居间作出的行政行为，而这类纠纷原本可以由仲裁机关或人民法院处理，只是先由行政机关调解和处理可以起到过滤和提高效率的作用。但如果当事人不愿调解或者对行政处理不服，仍要由仲裁机关或法院来解决，所以不必经过行政复议程序。

（2016）鲁行终1067号案件涉及是否属于行政复议的受案范围问题。上诉人李某等诉山东省人民政府（以下简称省政府）行政复议一案，不服济南市中级人民法院于2016年5月10日作出的（2016）鲁01行初35号行政判决，向山东省高院提起上诉。经查，李某等9名原告系临沂市兰山区沙沟崖村村民，在该村拥有房屋及承包的农用地。2014年底，因临沂铁路物流中心项目需占用原告所在村集体土地，原告通过申请政府信息公开得知临沂市人民政府（2014）第34号征收土地公告（以下简称34号征地公告）。原告不服该公告，于2015年9月24日向被告省政府申请行政复议，请求撤销该公告。2015年9月28日，被告收到复议申请并依法予以受理。2015年11月12日，被告作出决定延期通知书，将行政复议决定延期至2015年12月27日前作出。2015年12月17日，被告作出鲁政复驳字（2015）527号《驳回行政复议申请决定书》（以下简称527号复议决定）。原告对527号复议决定不服，诉至法院。根据《行政复议法实施条例》第28条的规定："行政复议申请符合下列规定的，应当予以受理：……②申请人与具体行政行为有利害关系。"第48条规定："有下列情形之一的，行政复议机关应当决定驳回行政复议申请：……②受理行政复议申请后，发现该行政复议申请不符合《行政复议法》和本条例规定的受理条件的。……"本案中，临沂市人民政府作出的34号征地公告，是征收土地后的公示告知程序，告知的是389号批复的文号、时间、内容、征收土地位置及用途、土地征收补偿安置方案、交付土地等情况有关内容，该公告对原告的实体权利、义务并不产生直接影响；同时，原告等人对389号批复不服，已于2015年5月向省政府提起行政复议，省政府对389号批复进行复议审查并于2015年8月4日作出鲁政复决字（2015）297－2号行政复议决定，原告等人提起行政复议的权利并未受到影响。被告根据上述行政法规规定，认定原告提出的行政复议申请不符合法律规定的受理条件，并据此驳回原告的行政复议申请，并无不当。因此，一审法院驳回了原告的诉讼请求。

李某等9名上诉人不服，上诉至山东省高院，其事实和理由为：①原审法院认定事实不清，适用法律错误。临沂市人民政府作出的34号征地公告确定了具体的征地范围、面积，上诉在该征地范围内持有房屋所有权证、果园承包合同，该征地公告对上诉人权利、义务产生影响，是对上诉人权利、义务产生实际影响的行为，属于行政复议受案范围。②相关政府部门在就建设项目占地情况、补偿费用、相关审批手续等信息并没有作出合理解释的情况下，要求与上诉人解除果园承包合同，拆除上诉人房屋，上诉人通过申请政府信息公开才得知34号征地公告，因此该征地公告程序违法，严重侵害了上诉人的合法权益。被上诉人在复议过程中未对征地公告的合法性进行审查，适用法律错误。本案争议的焦点问题是临沂市人民政府作出的34号征地公告是否属于行政复议案件的受案范围。从该征地公告的内容看，该公告是对省政府作出的389号批复的文号、时间、内容、征收土地位置及用途、土地征收补偿安置方案、交付土地等情况进行的告知，是389号批复作出后的公示告知程序，因此该公告对上诉人的实体权利、义务并不产生直接影响，且上诉人针对公告中所涉及的省政府389号批复已经另行提起行政复议，行使了救济权利。故被上诉人以不属于行政复议申请受理条件为由驳回上诉人的行政复议申请，并无不当。故上诉人的上诉理由不能成立，山东省高院遂驳回上诉，维持原判决。

三、复议中被申请人准备证据

根据《行政复议法》第24条的规定，行政复议被申请人在行政复议过程中原则上应提交作出行政行为时的证据、依据和其他有关材料，不得在行政复议过程中得自行向申请人和其他有关组织或者个人收集证据，同样也不能委托律师或者其他人自行向申请人或者其他有关组织和个人收集证据。所收集的证据不能作为证明其具体行政行为合法的有效证据。

例外情形：如果被申请人在作出具体行政行为时已经收集证据，但因不可抗力等正当事由不能提供的，以及复议申请人或第三人在复议过程中提交了其在被申请人作出具体行政行为过程中没有提出的反驳理由或者证据的，应当允许被申请人收集证据。复议申请人或第三人在复议过程中提交了其在被申请人作出具体行政行为过程中没有提出的反驳理由或者证据的情形下，被申请人收集的证据只能用于证明否定申请人或第三人的反驳理由和证据，间接证明原具体行政行为的合法性。原具体行政行为是否合法还是应当依据被申请人向行政复议机关提交的在作出具体行政行为时收集的证据和依据。

四、行政复议执行的相关问题

（一）行政复议执行的主体

行政复议决定执行是行政复议活动中的一个重要程序，它是指行政复议的申请人或者申请人拒不履行行政复议机关作出的已发生法律效力的行政复议决定时，有关国家机关责令或者强制其履行的活动。

根据执行主体、被执行人和执行时间的不同，行政复议决定执行的种类可以分别划分为：复议机关或原作出具体行政行为机关的强制执行；人民法院强制执行；对被申请人强制执行或对申请人强制执行；先行执行或行政复议决定生效后执行。

行政复议决定强制执行法律关系主体是指在行政复议法律关系过程中享有权利以及承担义务的组织或者个人，主要包括执行组织、执行当事人、执行参加人以及执行异议人。

1. 执行组织。即执行机构或者执行主体，是指在执行中享有权利以及承担义务的组织。执行主体在执行过程中处于主导地位，决定执行和负责执行措施的实施。行政复议决定强制执行主体是指根据法律、法规规定具有强制执行权的组织。根据法律、法规规定，行政复议决定强制执行主体包括行政机关和人民法院。我国采取双轨制，即除人民法院是执行主体外，拥有强制执行权的行政机关也可以成为执行主体。在行政法上，所有的行政机关都有一定的行政职权，但并非所有行政机关都拥有强制执行权。所以，能够成为执行组织的行政机关只能是法律赋予拥有强制执行权的行政机关。

《行政复议法》第33条规定："申请人逾期不起诉又不履行行政复议决定的，或者不履行最终裁决的行政复议决定的，按照下列规定分别处理：①维持行政行为的行政复议决定，由作出具体行政行为的行政机关依法强制执行，或者申请人民法院强制执行；②变更具体行政行为的行政复议决定，由行政复议机关依法强制执行，或者申请人民法院强制执行。"

根据上述规定，依法强制执行主体包括行政机关和人民法院。行政机关依是否具有行政强制执行权，可分为有强制执行权的行政机关和无强制执行权的行政机关。行政机关强制执行，必须有法律、法规的明确授权。根据现行法律、法规的规定，只有公安、工商、税务、海关等少数几个行政机关对某些行政行为享有自行强制执行权。这些行政机关对本机关作出的生效的行政复议决定可以强制执行。行政机关作为依法强制执行主体可以分为原行政机关和行政复议机关，即行政机关作为执行主体包括两种情况：①维持行政行为的行政复议决定，由作出行政行为的行政机关依法强制执行；②变更行政行为的行政复议决定，由行政复议机关依法强制执行。

　　由于我国大多数行政机关没有强制执行权，遇有当事人不履行生效的行政复议决定时，应当在规定期限内向人民法院提出强制执行申请。人民法院作为执行主体包括两种情况：无论是维持行政行为的行政复议决定，还是变更行政行为的行政复议决定，只要法律、法规没有赋予行政机关行政强制执行权，就需要申请人民法院强制执行，人民法院应当依法受理。法律、法规规定既可以由行政机关依法强制执行，也可以申请人民法院强制执行，行政机关申请人民法院强制执行的，人民法院可以受理，通常称为司法协助。若行政机关本身没有行政强制执行权，则必须借助于司法机关的执行权来执行行政复议决定，从而实现行政管理的目标。若行政机关本身具有强制执行权而申请人民法院强制执行的，一般认为只有在行政机关强制执行权存在障碍的情况下，才可以申请人民法院强制执行。

　　根据《行政强制法》第53条的规定，行政机关申请人民法院强制执行其行政行为，应当自被执行人的法定起诉期限届满之日起3个月内提出，逾期申请的，除有正当理由外，人民法院不予受理。

　　执行组织主持整个执行过程，在法律上负责审查执行的申请，决定执行立案，决定选择执行措施，制订执行方案，组织执行活动的实施，并按规定收取执行费用，接受案外人的异议并进行审查，依法决定执行的中止、终结，并宣布执行完毕等。

　　2. 执行当事人。执行当事人是指在行政复议决定强制执行过程中享有权利以及承担义务的，除了执行机构以外的组织或者个人。人民法院为执行主体时，执行当事人是指执行申请人与被申请执行人；行政机关为执行主体时，执行当事人是指执行人与被执行人。执行当事人是行政管理中的管理者和被管理者。注意一点：在行政机关为执行主体时，不能称其为执行申请人与被申请执行人，而应是执行人与被执行人。作为原争议一方当事人的行政机关是执行人，同时又是执行机关。

3. 执行参与人。执行参与人是指除执行当事人以外的其他参与执行过程的国家机关、企业、社会组织或者个人。执行参与人参加到执行程序的原因是他们对执行中涉及的财产转移、交付承担相应的义务。具体而言，执行参与人主要有以下三种：

第一种：如果执行涉及被申请执行人或被执行人的存款、劳动收入的，那么该存款或劳动收入所在的机构（如银行、信用社或工作单位等），就有义务协助执行主体执行这部分财产。这些机构就是执行参与人。

第二种：如果执行涉及物件或票证等的，那么掌握或保护这些物件、票证的单位或个人，有义务按通知内容交出这些物件、票证等。他们就是执行参与人。

第三种：如果执行涉及财产手续登记或变更的，那么主管登记的机关或部门就有义务协助完成执行过程，从而成为执行参与人，如房产变卖执行中的房产管理机关等。

4. 执行异议人。执行异议人是指在执行过程中，当事人以外的对执行标的提出不同意见，主张全部或者部分权利的主体。执行异议人针对执行标的提出权利主张，通常执行异议主张是停止执行的法定事由，通过审查决定是否继续执行。行政机关作为执行主体时，当事人以外的主体可以向行政机关提出执行异议，行政机关应当自收到书面异议起 15 日内审查，理由成立的，裁定中止对该标的的执行；理由不成立的，继续执行。人民法院作为执行主体时，可根据《民事诉讼法》第 227 条的规定："在执行过程中，案外人对执行标的提出异议的，人民法院应当自收到书面异议起 15 日内审查，理由成立的，裁定中止对该标的的执行；理由不成立的，裁定驳回。案外人、当事人对裁定不服，认为原判决、裁定错误的，依照审判监督程序办理；与原判决、裁定无关的，可以自裁定送达之日起 15 日内向人民法院提起诉讼。"

5. 行政复议决定强制执行法律关系指向的对象。执行对象是指执行根据所确定的，并由执行组织的执行行为所指向的客体。执行对象必须以执行根据，即以发生法律效力的行政复议决定书所确定的义务为基础。在原行政机关作为执行组织的案件中，被执行人是公民、法人或其他组织的，则直接可以执行；在行政复议机关和人民法院作为执行组织的案件中，必须是执行申请人在其执行申请中明确要求以被申请执行人履行的义务为前提，若行政复议决定书没有可执行的内容，不成为执行的对象

行政复议决定强制执行对象分三类：一类是物。这既包括财物，又包括其

他物件，如缴纳税款、退还证件等。二类是行为。这是指为完成执行义务实施的特殊行为，这一行为本应由义务人自动履行，由于拒不履行而引起强制执行，其所执行的对象就是该特定行为，如强制服兵役等。三类是人身。在行政复议中人身作为执行对象只发生在公民作为被执行人的情形。

（二）行政复议决定强制执行的程序、措施及救济

1. 行政复议决定强制执行程序。行政复议决定强制执行程序是指在行政复议决定执行的过程中迫使被执行人履行义务，实现其行政法律关系内容的法定阶段、过程与步骤。虽然在我国还没有关于行政机关为执行机关时统一的执行程序规定，有些单行法律规定的执行程序不尽完善。在实践中，主要参照法院为执行机关时法律规定的执行程序。依据执行主体的不同，行政复议决定执行程序可以分为行政机关执行程序和法院执行程序。

行政复议决定生效后，负有义务的当事人必须在规定的期限内履行行政复议机关设定的义务，行政复议决定如果遭到拒绝履行，可以申请有关部门强制执行。

（1）行政复议决定强制执行决定作出。行政复议决定强制执行决定是指行政机关依法作出的，决定对当事人采取行政强制的行政行为。它是实施强制执行的直接依据，也是强制执行的首要环节。

第一，作出行政复议强制执行决定的条件。作出行政复议强制执行决定必须符合事实条件和法律条件。事实条件是指行政复议强制执行决定作出必须以当事人逾期不起诉又不履行行政复议决定或者不履行最终裁决的行政复议决定为前提。法律条件是指强制执行决定只能由法律、法规赋予行政复议决定强制执行权的行政机关作出。

第二，作出行政复议强制执行决定的程序。行政机关作出行政复议强制执行决定之前，必须对当事人逾期不起诉又不履行行政复议决定或者不履行最终裁决的行政复议决定的情况进行调查。如果确属当事人无故拒绝履行义务时，行政机关可以作出行政复议强制执行决定。

第三，行政复议强制执行决定形式和内容。行政复议强制执行决定只能以书面形式作出，并应送达当事人。行政复议强制执行决定内容应包括：当事人应履行的义务；采取行政复议强制执行的事实和依据；执行的机关、人员和时间；执行的方式、方法；行政机关首长签章和作出行政强制执行决定的日期。

（2）告诫。告诫是指当事人不履行其法定的义务时，行政机关向义务人发出通知，要求和督促其自动履行义务的一种措施。告诫是以当事人不履行法定义务为前提的，告诫应以书面形式进行，其内容是应当履行的义务以及履行期

限、要求履行的依据、不履行的法律后果以及告诫的日期。

（3）行政复议决定强制执行实施。当告诫期满后，当事人仍然拒绝履行行政机关依法作出的行政处理决定中要求履行的义务时，行政强制执行决定即产生效力。行政强制执行实施应包括：①执行时间应合理选择；②执行开始，负责执行的人员应出示证件和执行文书，说明情况；③当事人不在场时，执行人应邀请其亲属或者单位的工作人员到场作为见证人，见证人应签字；④强制执行完毕后应作出记录；需要有关单位协助执行的，应通知；⑤如果遇到当事人妨害执行的，可以采用法律规定的手段；⑥属于代履行的，在执行后，执行机关应当向当事人收取费用。

执行机关在实施执行措施时，负责执行的人员应向义务人出示证明身份的证件和执行文书，并说明有关情况。应当履行义务的公民、法人或其他组织的法定代表人不在场时，执行人员应邀请公民的亲属或有关单位的工作人员到场作为执行见证人，并在执行记录上签字。执行完毕后，执行人员应制作执行笔录。执行笔录内容包括：①执行机关、执行负责人、执行依据；②被执行人的姓名、职业、住所，或被执行组织名称、法定代表人姓名、职务；③执行的时间、地点；④执行的内容、方式；⑤义务履行情况和执行标的物现状；⑥执行实施的基本情况；⑦执行见证人的姓名、单位；⑧执行负责人、被执行人、证人签字；⑨制作执行笔录时间。

人民法院执行程序：人民法院强制执行的主要依据是《行政诉讼法》的规定，强制执行包括以下程序：

（1）申请。这里的申请既可以是复议申请人向人民法院申请强制执行，也可以是没有强制执行权的行政机关向人民法院申请强制执行，没有复议申请人或行政机关的申请，人民法院不可以实施行政复议决定强制执行。

行政机关作为申请人涉及的问题：一是行政机关应作广义的理解，即包括行政机关，也包括法律、法规授权组织；二是申请执行的行政行为是法院具有强制执行权的行政行为，如果存在法律明确规定，对于行政行为只有行政机关具有强制执行权的，则不可以申请法院执行；三是行政机关申请强制执行的行政行为一般是可以诉讼的行政行为，如果行政行为属于行政诉讼范围之外的内部行为，法院则不受理；四是行政机关申请强制执行时，必须向人民法院提交申请执行书、行政复议决定书以及其他必须提交的材料。申请执行书应当说明执行的理由和事实，写明执行的法律文书的年号、案号、申请执行的标的、对象等。行政机关还应预交执行费用并积极地配合。

按照《行政强制法》第 55 条的规定，应当提供以下申请材料：

第一，强制执行申请书。行政强制执行申请书属于格式文本，一般需要写明以下几方面内容：标题、申请人和被申请人、申请事项、事实和理由、附件、申请人签章。

第二，行政决定书及作出决定的事实、理由和依据，即证明被申请执行的行政行为合法的材料。行政决定书是指行政机关在行政管理的过程当中针对行政相对人的行为依法作出的行政处理的法律文书。

第三，当事人的意见及行政机关催告情况。当事人的意见是指行政相对人在行政决定过程中进行的陈述和辩解。行政机关的催告也是行政机关申请人民法院强制执行的必经程序。《行政强制法》第 54 条规定：行政机关申请人民法院强制执行前，应当催告当事人履行义务。催告当事人履行义务的时间是 10 日。

第四，申请强制执行标的情况。此处的执行标的一般分为动产和不动产。两者的区别目的主要是涉及人民法院管辖的问题。这里申请强制执行标的的情况主要包括标的名称、性质、现实状况以及目前所在的地点。

第五，法律、行政法规规定的其他材料。行政机关申请人民法院强制执行需要提交的材料除了上述四种类型外，其他法律、行政法规如果规定行政机关还需要提交其他材料的，那么行政机关也应当提交给人民法院。如果行政机关在作出行政决定前进行鉴定的，在申请人民法院强制执行时应当一并提交鉴定结论。

向人民法院申请执行的，行政机关申请人民法院强制执行其行政行为的，由申请人所在地的基层人民法院受理；执行对象为不动产的，由不动产所在地的基层人民法院受理。基层人民法院认为执行确有困难的，可以报请上级人民法院执行；上级人民法院可以决定由其执行，也可以决定由下级人民法院执行。《行政强制法》第 54 条规定："行政机关申请人民法院强制执行前，应当催告当事人履行义务。催告书送达 10 日后当事人仍未履行义务的，行政机关可以向所在地有管辖权的人民法院申请强制执行，执行对象是不动产的，向不动产所在地有管辖权的人民法院申请强制执行。"这里的不动产是指依自然性质或法律规定不可移动的土地、土地定着物、与土地尚未脱离的土地生成物、因自然或者人力添附于土地并且不能分离的其他物。据此，我们认为，申请法院强制执行的管辖包括八种情况：

第一，专门人民法院、人民法院的派出法庭不受理非诉行政执行案件。

第二，非诉行政执行案件原则上由执行申请人所在地的基层人民法院管辖。

第三，国务院各部门、省级人民政府申请执行的案件，海关行政机关申请执行的案件，以及重大涉外或者重大涉港、澳、台的案件，中级人民法院辖区内重大复杂的案件，以及其他基层人民法院不适宜执行的案件由中级人民法院受理。

第四，执行对象为不动产的，由不动产所在地的基层人民法院管辖。这是由于不动产在执行过程中不能移动，为了便于人民法院事后的执行，避免法院异地执行带来的人力物力财力的浪费，所以规定涉及不动产的强制执行案件由不动产所在地人民法院受理。

第五，执行申请人申请人民法院强制执行行政行为，基层人民法院认为执行有困难的，可以报请上级人民法院受理。上级人民法院可以决定自己执行，也可以决定由下级人民法院执行。

第六，两个以上人民法院对案件都有管辖权的，执行申请人可以选择其中一个人民法院申请执行。执行申请人分别向两个以上有管辖权的人民法院申请强制执行的，由最先立案的人民法院管辖。两个以上人民法院对同一非诉执行案件同时立案的，报请其共同的上级人民法院指定管辖。

第七，人民法院对非诉行政执行案件的管辖权发生争议的，由争议的人民法院协商确定管辖，协商不成的，报共同的上一级人民法院指定管辖。

第八，人民法院发现所受理的非诉行政执行案件不属于本院管辖的，应当移送至有管辖权的人民法院处理，受移送的法院不得再自行移送。

（2）审查。人民法院收到申请执行材料后，在法定期限内，对有关文书、材料进行审查、对案情进行了解，并决定是否立案执行。依据《行政强制法》第56条的规定：人民法院接到行政机关强制执行的申请，应当在5日内受理。行政机关对人民法院不予受理的裁定有异议的，可以在15日内向上一级人民法院申请复议，上一级人民法院应当自收到复议申请之日起15日内作出是否受理的裁定。

审查立案的主要事项有：①申请人资格是否适当。即申请执行人是否是生效法律文书确定的权利人或其继承人、权利承受人。②申请或者移送执行的法律文书是否已经生效。③生效的法律文书是否具有给付内容。④执行标的和被执行人是否明确。⑤义务人是否在生效法律文书确定的期限内未履行义务。⑥其他需要审查的事项。

（3）裁定。人民法院经过非诉行政行为的合法性审查之后，应当作出准予执行或者不准予执行的裁定。

第一，准予执行裁定。法院经过合法性审查，认为行政行为认定事实基本清楚，适用法律正确，符合基本行政程序的规定，应当作出准予执行的裁定。

第二，不准予执行裁定。存在下列情形之一的，裁定不准予执行：①明显缺少事实根据；②明显缺少法律依据；③超越法定职权作出的；④属于无效行政行为的；⑤存在明显违法和损害被执行人的合法权益的。

（4）告诫程序。人民法院作出行政复议决定强制执行决定后，应向被执行人发出行政复议决定强制执行通知书，命令其在规定的时间能够履行义务。如果被执行人仍然拒绝履行义务，人民法院对其实施强制执行。

（5）强制执行。实施行政复议决定强制执行，法院在实施强制措施执行之前，应做好有关的准备，包括办理强制执行手续，填写强制执行的文书，通知有关部门、人员到场，制定执行的方案等。执行是由法院执行庭负责执行还是行政审判庭负责执行，通常是各级法院依据自己的具体情况确定。

（6）执行结束。执行完成，人民法院应当将案卷材料整理归档，并结清各种手续、清单以及费用，书面通知申请强制执行的行政机关，宣告执行程序结束。

（7）行政复议强制执行的期限。申请人对终局的行政复议决定不服，不能向人民法院提起行政诉讼。依法不属于行政诉讼范围的行政复议决定，当事人也不能向人民法院提起行政诉讼。除这两种情况外，申请人对行政复议决定不服的，可以在收到行政复议决定之日起 15 日内，或者在法律、法规规定的其他期限内，向人民法院提起行政诉讼。如申请人逾期不起诉又不履行行政复议决定的，就要承担被强制执行的法律后果。

《行政强制法》仅对没有强制执行权的行政机关申请人民法院强制执行的期限作出了规定，而没有对公民、法人或其他组织作为申请人的法定申请期限作出规定。因此，可以理解为申请人是行政机关的，申请执行的期限为 3 个月；申请人是公民的，申请执行的期限为 1 年；申请人是法人或者其他组织的，申请执行的期限为 180 日。申请执行的期限从法律文书规定的履行期间最后 1 日起计算；法律文书中没有规定履行期限的，从该法律文书送达当事人之日起计算。逾期申请的，除有正当理由外，人民法院不予受理。

2. 行政复议决定强制执行措施。行政复议决定强制执行措施是指行政机关或者人民法院运用国家强制力，对拒不履行已经发生法律效力的行政复议决定所设定义务的当事人依法强制其履行义务所采取的措施。按照不同的划分标准，行政复议决定强制执行措施可以分为不同种类。

按照被执行对象的不同，行政复议决定强制执行分为：对申请人执行采取的措施和对被申请人执行采取的措施。

（1）对申请人执行采取的措施。对申请人强制执行采取的措施有：

第一，强制拘留。这是指强行限制被执行人的人身自由。

第二，强制划拨或扣缴。这是指将被执行人的款项从存款机构账户内划出，并直接划入执行组织所指定账户的强制执行措施。

第三，扣留、提取。这是指对被执行人的劳动收入直接从发放或存放处扣留与提取的执行措施，如对公民所在工作单位发出协助执行通知书，从其工资中逐月扣除等。它是适用于被执行人有合法收入的一种执行措施。这里的收入主要包括被执行人的工资、奖金、稿酬、农副业收入、股息或红利等。

第四，冻结。这是指封存被执行人在金融储蓄机构等有关单位的账户，禁止其提取或转移一定数额的款项，是对被执行人的存款依法不准被执行人动用的一种措施。其目的是促使被执行人履行义务。如果存款被冻结后被执行人仍不履行义务，冻结则为划拨、提取做好了准备。可见，冻结并不导致被执行人存款的所有权转移。

第五，查封、扣押、拍卖、变卖和收购被执行人应当履行义务部分的财产。针对查封、扣押的执行措施，被执行人是公民的，应当通知被执行人或者他的成年家属到场；被执行人是法人或者其他组织的，应当通知其法定代表人或者主要负责人到场。拒不到场的，不影响执行。被执行人是公民的，其工作单位或者财产所在地的基层组织应当派人参加。《行政强制法》第46条第3款设定了一种例外情形："没有行政强制执行权的行政机关应当申请人民法院强制执行。但是，当事人在法定期限内不申请行政复议或者提起行政诉讼，经催告仍不履行的，在实施行政管理过程中已经采取查封、扣押措施的行政机关，可以将查封、扣押的财产依法拍卖抵缴罚款。"该法之所以设定这一例外情形，主要是考虑到查封、扣押的时限要求。根据该法第25条的规定，查封、扣押的最长期限不得超过60日；同时根据该法第28条的规定，查封、扣押的期限已经届满的，行政机关应当及时解除查封、扣押的决定。因此，没有执行权的行政机关若需要申请法院强制执行，可能会出现行政机关因查封、扣押期限已经届满而不得不解除查封、扣押决定的情况，但此时法院又尚未进入实际执行阶段，从而导致被查封、扣押的财物逃脱。所以才设定了上述例外情形。

第六，强制交付。这是指以强制方法实际交付特定物给执行申请人的措施。

一般必须是特定物才有交付的必要。交付的形式可以是当事人双方当面交付，也可由执行组织转交。

第七，强行拆除。这是指对建筑物及其附属物的执行措施，用于对违章建筑的拆除。

第八，强制迁出房屋或者强制退出土地。这是指对人及物品违法占据建筑物或者其他场所，如工厂、农田、建筑工地等情形的强制措施，包括人及物品的搬迁。

第九，强行销毁。这是指将被执行人拥有的违法的有形物品予以损毁，如盗版音像制品、侵犯专利权或侵犯商标权的产品等。

（2）对被申请人执行采取的措施。

第一，责令限期履行。根据《行政复议法》第32条的规定，被申请人不履行或者无正当理由拖延履行行政复议决定的，行政复议机关或者有关上级行政机关可以责令其限期履行。

第二，对直接负责的主管人员和其他直接责任人员依法给予行政处分，构成犯罪的，由司法机关依法追究刑事责任。

第三，在规定期限内仍不履行的，进行罚款。在规定期限内不履行的，从期满之日起，对该行政机关负责人按日处50元～100元的罚款。另外，将行政机关拒绝履行的情况予以公告。

第四，具有金钱给付义务内容的，强制划拨。对应当归还的罚款或者应当给付的款额，通知银行从该行政机关的账户内划拨。

按照强制执行方法的不同，行政复议决定强制执行分为：间接强制执行和直接强制执行。

（1）间接强制执行。间接强制执行是指行政强制主体通过间接的手段而非直接地促使行政复议申请人履行或者达到履行义务的状态的强制措施。间接强制执行可以分为代执行和执行罚。

代执行是指行政复议申请人不履行法定的义务，行政复议机关委托他人或者由本机关代为履行，而向行政复议申请人征收代为履行费用的一种执行措施。代执行必须具备的条件为：行政复议申请人负有作为义务；行政复议申请人义务是他人可以代为履行的作为义务；代执行的机关可以是行政机关或者行政机关以外的第三人；代执行实施前，应先以书面形式对行政复议申请人进行告诫。代执行是一种比较缓和的执行方式，可以避免行政复议强制执行机关与行政复议申请人当面接触，减少矛盾和冲突，及时达到法定的目的，但是代执行只适用于可以代为履行的义务。

执行罚是指行政复议申请人不履行法定的义务，而又不能由他人代为履行时，行政复议强制机关科以金钱给付义务，以促使其履行义务的强制措施。执行罚的条件为：执行罚一般适用于不作为义务或者不可以替代的作为义务；执行罚主要通过滞纳金的形式表现，其数额必须由法律、法规规定；执行罚的数额从行政复议申请人应履行义务之日起，按日计算，可以反复适用。根据法律、法规的规定，执行罚已经在税务、海关、环保、审计等行政部门运用。

（2）直接强制执行。直接强制执行是指行政复议申请人不履行法定的义务，行政复议机关对其人身、财产实施强制，直接强制行政复议申请人履行义务的一种执行措施。直接强制执行具体适用要求为：直接强制执行主体必须是具有行政强制执行权的强制执行机关；一般是在以间接强制执行的措施或者采取间接的措施难以达到目的时才采用；必须严格按照法律规定的形式；遵循适度原则。直接强制执行可以分为对人身和对行为的强制：对人身的强制，通常是限制行政复议申请人的人身自由；对财产的强制，通常是对义务人的财产，采取强制划拨、强制扣款、强制收缴、强制拆除等方式。

3. 行政复议决定强制执行的救济。行政复议决定强制执行案件可能会因执行错误而导致赔偿问题，因而必须提供行政复议决定强制执行的救济制度。

行政复议决定强制执行的行政机关，依据行政复议决定种类的不同而不同。依据《行政复议法》的规定，维持的行政行为是由作出行政行为的行政机关依法强制执行；而变更行政行为的行政复议决定，由行政复议机关依法强制执行，行政复议决定强制执行的主体包括原行政机关和行政复议机关。

依据《行政复议法》的规定，维持行政行为的行政复议决定，由作出行政行为的行政机关依法强制执行；变更行政行为的行政复议决定，由行政复议机关依法强制执行。所以，行政复议强制执行的实施主体包括作出行政行为的行政机关和作出变更行政行为的行政复议机关。区分的标准是行政复议机关作出维持还是变更行政复议决定。通常认为，行政复议机关作出的复议决定是维持行政行为的，仍然是最初作出行政行为的行政机关的行为，由其执行，而改变行政行为的复议决定，认为是行政复议机关重新作出的行政行为，应由行政复议机关执行。

行政复议决定强制执行赔偿的情形：

（1）作出行政行为的行政机关赔偿。作出行政行为的行政机关执行的行政复议决定是行政复议机关维持的，并且该行政行为存在错误或者违法，由于是原作出行政行为的行政机关执行，所以，应由作出行政行为的行政机关承担赔偿责任。

（2）作出变更行政行为的行政复议机关赔偿。变更行政行为的行政复议机关执行行政复议决定是错误的，应具体分析。变更行政复议决定主要包括扩大相对人承担责任的范围或者缩小相对人承担责任的范围。依据《国家赔偿法》的规定，经复议机关复议，最初造成侵权行为的行政机关为赔偿义务机关，但复议机关的复议决定加重损害的，复议机关对加重的部分履行赔偿义务。依据该条的规定，行政复议机关只针对其加重部分承担行政赔偿责任。行政复议机关改变行政行为的，存在违法或者错误，行政复议机关执行的，行政复议机关只针对加重部分承担赔偿责任。由于行政复议机关改变并且加重了行政复议行政行为的内容并且执行错误而应承担赔偿责任。行政复议机关改变行政行为的，存在违法或者错误，行政复议机关执行的，行政复议机关针对非加重部分，即维持或者缩小行政行为部分不承担赔偿责任，而是由作出行政行为的行政机关承担赔偿责任。理由是行政复议机关的行政复议决定只要没有加重行政相对人的责任就不承担赔偿责任；不论是行政复议机关的维持决定还是变更缩小原行政行为的决定，均由最初作出行政行为的行政机关承担赔偿责任。

改变行政行为的行政复议机关在执行过程中，即使是变更行政行为缩小了相对人承担责任的范围，只要是执行中存在错误的，其也应承担赔偿责任。承担责任是由于行政复议机关是执行机关而存在错误，而不是由于行政行为存在过错或者违法。

4. 行政复议强制执行文书的制作。强制执行申请书是行政复议申请人对复议决定逾期不起诉又不履行，或者不履行最终裁决的复议决定时，请求人民法院强制执行复议决定所使用的法律文书。

当行政复议申请人在行政复议决定作出后，于法定期限内既不向人民法院起诉又不履行复议决定，或者不履行最终裁决的行政复议决定，而行政机关又没有强制执行权时，行政机关可以向人民法院申请强制执行该复议决定。行政机关向人民法院申请强制执行行政复议决定的，应向人民法院提交强制执行申请书。

行政复议强制执行申请书的首部应写明申请执行人和被申请执行人的基本情况，包括申请执行人的姓名、职务、被申请执行人的姓名、住址、工作单位、法人的名称、法定代表人的姓名、职务等。

申请书的正文部分应写明针对什么行政复议案，复议机关何时作出什么样的复议决定。执行申请书尾部应写明致送的人民法院的名称、申请执行的日期，并加盖申请执行机关的印章。另外，在申请书上的附项里，应写明提交的复议决定书的份数及其他有关材料的份数。格式如下：

强制执行申请书

申请执行人：

法定代表人：　　　　职务：

被申请执行人：

法定代表人：　　　　职务：

　　＿＿＿＿＿＿＿＿＿＿申请复议案＿＿＿＿于＿＿年＿＿月＿＿日作出＿＿＿＿决定。根据《中华人民共和国行政复议法》第 33 条规定，现申请强制执行。

　　此致

申请执行人：

（印章）

＿＿＿＿＿＿人民法院

＿＿＿年＿＿＿月＿＿＿日

附：1. 复议决定书 1 份；

　　2. 有关材料＿＿＿份。

第二节　政府行政应诉中应注意的问题

一、行政应诉制度

在实践中，应完善行政应诉制度，积极配合人民法院的行政审判活动，支持人民法院依法独立行使审判权。对人民法院受理的行政案件，行政机关要依法积极应诉，按规定向人民法院提交作出具体行政行为的依据、证据和其他相关材料。对重大行政诉讼案件，行政机关负责人要主动出庭应诉，尊重并自觉履行人民法院的生效判决、裁定，认真对待人民法院的司法建议。

各级行政机关要树立法治意识和全局观念，自觉接受人民法院的司法监督，维护法律的尊严。在行政诉讼过程中，作为被告的行政机关，要按照《行政诉讼法》的要求，按时提交答辩状和提供当初作出具体行政行为的证据、依据和其他有关材料；行政机关当被告的，单位主要领导或分管领导要争取亲自出庭；因故不能出庭的，应当委托熟悉法律和相关业务的本机关工作人员出庭应诉，必要时可委托律师与本机关工作人员共同代理参与诉讼。为增加行政机关工作人员的依法行政意识，从案件中总结经验教训，行政机关要避免把行政诉讼案件完全委托给律师办理，而本机关工作人员不参与诉讼的现象。要依法履行人民法院生效的行政判决，对不履行或无正当理由拖延履行行政判决的，要追究有关人员的责任。

在行政诉讼案件中，作为被告的行政机关和法律、法规、规章授权的组织，应积极参加诉讼，履行举证职责，参加开庭审理，发表质证、辩论意见等，并承担相应的法律后果的活动。行政应诉的原则为：①合法、及时；②以事实为根据、以法律为准绳；③坚持有错必纠，保障法律、法规的正确实施。

二、行政应诉的主体

行政机关收到人民法院行政应诉通知书等材料后，应当及时确定行政应诉承办单位或者机构，并移送相关材料。行政应诉承办单位或机构应当草拟答辩状，整理证据、依据及其他材料，提出委托代理人和出庭应诉人员名单，在法定期限内将相关材料提交人民法院。行政机关办理行政应诉案件，可以通过咨询、论证等方式听取律师、专家学者和法律顾问的意见。

（一）行政应诉承办机构

1. 承办机构确定原则。谁主管谁应诉、谁主办谁出庭。

2. 承办机构。县级以上行政机关作为被告的行政诉讼案件，具体承办应诉工作的机构按以下情况区分：

（1）不服行政复议决定提起行政诉讼的，由本级政府法制机构和原行政行为作出机关共同负责应诉工作；

（2）未经行政复议的案件，原行政行为的承办行政机关或者机构负责应诉工作，本级政府法制机构予以协调、指导。

其他行政机关作为被告的行政诉讼案件，依照前款规定办理。

（3）作出原行政行为的行政机关和行政复议机关是共同被告的案件，作出原行政行为的行政机关负责原行政行为的应诉工作，行政复议机关负责行政复议决定的应诉工作。

（4）行政复议机关和作出原行政行为的行政机关为共同被告的，应当共同应诉，对原行政行为合法性共同承担举证责任；行政复议机关对复议程序的合法性承担举证责任。

（二）行政应诉中的出庭人员

1. 行政机关负责人出庭。

（1）出庭人员。行政机关负责人出庭应诉的，可以另行委托 1～2 名诉讼代理人。行政机关负责人不能出庭的，应当委托行政机关相应的工作人员出庭，不得仅委托律师出庭。行政机关负责人，包括行政机关的正职、副职负责人以及其他参与分管的负责人。涉及重大公共利益、社会高度关注或者可能引发群体性事件等案件以及人民法院书面建议行政机关负责人出庭的案件，被诉行政机关负责人应当出庭。被诉行政机关负责人出庭应诉的，应当在当事人及其诉讼代理人基本情况、案件由来部分予以列明。行政机关负责人有正当理由不能出庭应诉的，应当向人民法院提交情况说明，并加盖行政机关印章或者由该机关主要负责人签字认可。行政机关拒绝说明理由的，不发生阻止案件审理的效果，人民法院可以向监察机关、上一级行政机关提出司法建议。

（2）出庭人员相关资料。行政机关负责人出庭应诉的，应当向人民法院提交能够证明该行政机关负责人职务的材料。行政机关委托相应的工作人员出庭应诉的，应当向人民法院提交加盖行政机关印章的授权委托书，并载明工作人员的姓名、职务和代理权限。行政机关负责人和行政机关相应的工作人员均不出庭，仅委托律师出庭的或者人民法院书面建议行政机关负责人出庭应诉，行政机关负责人不出庭应诉的，人民法院应当记录在案和在裁判文书中载明，并可以建议有关机关依法作出处理。

2. 委托行政机关相应的工作人员出庭。行政机关负责人不能出庭的，应当委托行政机关相应的工作人员出庭，不得仅委托律师出庭；行政机关相应的工作人员：指该行政机关具有国家行政编制身份的工作人员以及其他依法履行公职的人员；被诉行政行为是地方人民政府作出的，地方人民政府法制工作机构的工作人员，以及被诉行政行为具体承办机关的工作人员，可以视为被诉人民政府相应的工作人员。

行政机关委托诉讼代理人参加诉讼的，根据案情确定委托权限，行政机关工作人员参加诉讼，外聘委托的代理人为一般代理；确需特别代理的，应明确代理人的具体权限；行政机关变更诉讼代理人及其代理权限等事项的，应当及时书面告知人民法院；行政机关的诉讼代理人应当认真研究案件涉及的证据、依据及其他有关材料，提出应诉工作方案，在答辩期内拟定答辩状、证据目录等应诉材料，做好出庭应诉的准备工作。对重大复杂案件的应诉意见，办理行政应诉工作的部门或者机构应当征求本部门或者本机构的法制机构意见后集体研究决定。

3. 指定出庭人员。未经行政复议的案件，作出原行政行为的行政机关按照下列情形指定应诉机构和出庭人员参加行政诉讼活动：各级人民政府作为行政应诉机关的，指定承办原行政行为有关事项的部门或者机构作为应诉机构，原主管或主办相关事项的负责人或者工作人员作为出庭人员。其他行政机关作为行政应诉机关的，指定承办原行政行为有关事项的机构作为应诉机构，原主管或主办相关事项的负责人或者工作人员作为出庭人员。

经行政复议的案件，行政复议机关和作出原行政行为的行政机关按照下列情形指定应诉机构和出庭人员参加行政诉讼活动：对于行政复议机关作为行政应诉机关的案件，其中，各级人民政府作为行政应诉机关的，指定政府法制机构作为应诉机构，原主管或者主办行政复议案件的负责人或者工作人员作为出庭人员；其他行政机关作为行政应诉机关的，指定原办理行政复议案件的机构作为应诉机构，原主管或者主办行政复议案件的人员作为出庭人员。对于作出原行政行为的行政机关作为行政应诉机关的案件，各级行政机关参照前款规定指定应诉机构和出庭人员。

（三）行政应诉主体出庭要求

1. 行政机关负责人、行政机关的诉讼代理人出庭应诉，应当做到：

（1）着装庄重整齐，言语举止得体；

（2）遵守司法程序和法庭纪律；

（3）尊重法官和其他当事人；

（4）遵守工作纪律，保守秘密；

（5）在法庭陈述时说明被诉行政机关主体是否适格，被诉行政行为认定事实是否清楚，证据是否确凿，适用依据是否正确，程序是否合法，内容是否适当；

（6）在法庭调查阶段，如实回答审判人员和其他行政诉讼参加人的提问，如实陈述案件事实；出具的相关证据、依据和有关材料必须客观真实；在举证、质证当中，针对证据的真实性、合法性和关联性发表意见；

（7）在法庭辩论阶段，对案件争议焦点表明观点，阐明的理由具有说理性和逻辑性。

2. 证人出庭作证。

（1）人民法院应当告知其如实作证的义务以及作伪证的法律后果；

（2）证人因履行出庭作证义务而支出的交通、住宿、就餐等必要费用以及误工损失，由败诉一方当事人承担。

3. 执法人员出庭说明。原告或者第三人要求相关行政执法人员出庭说明的，法院可以准许。执法人员出庭说明的主要目的和意义在于督促行政执法人员严谨规范执法。虽然法律并未直接规定违反法律、法规的法律后果，但要求执法人员出庭说明本身，就是一种对行政执法活动的有效监督。需要明确的是，行政机关向人民法院提供的有关行政执法证据，并不能当然被采信。人民法院对行政机关所提供的证据的审查就包括审查证据的合法性和真实性，执法人员出庭说明情况有利于人民法院全面、客观地审查核实证据，进而准确地认定案件事实。需要注意的是，"执法人员"并不限于被告的执法人员。

（1）对现场笔录的合法性或者真实性有异议时可以申请执法人员出庭说明。制作现场笔录的目的是固定现场情况，防止行政相对人事后翻供。现场笔录具有以下五个特征：①由法定的制作主体制作，制作主体是行政执法人员，其他单位和个人不能替代。②制作时间是在行政执法活动过程中。③制作的地点是案件发生的现场。④制作应当符合程序，现场笔录应当记载时间、地点、事件等内容，并由执法人员和当事人签字。⑤现场笔录的内容是行政执法人员对自己现场所见所闻、检查检验等案件事实的记载。一般情况下，当现场笔录由1名执法人员制作时，为了增强法官的内心确信，法院应当允许执法人员出庭说明情况。

（2）对扣押的财产的品种或者数量有异议时可以申请执法人员出庭说明。《行政强制法》第24条规定，行政机关决定实施查封、扣押的，应当制作并当场交付查封、扣押决定书和清单。如果清单上没有行政相对人的签字，或虽有相对人的签字，但清单本身对财产的情况，特别是品种记载不清晰，双方当事人说法不一时，执法人员出庭说明情况是很有必要的。

（3）对检验的物品取样或者保管有异议时可以申请执法人员出庭说明。在行政检查或者其他行政执法活动中，经常需要对物品进行抽样检验。在检验过程中，执法人员按照法定的程序和方法进行取样和保管，是保障检验结果正确的前提。因此，当对检验的物品取样或者保管有异议时，应当允许当事人询问。

（4）对执法人员身份的合法性有异议时可以申请执法人员出庭说明。行政机关作出行政行为时具有相应的法定职权，这是判断行政行为合法性的一个重要条件。若行政机关执法人员身份不合法，可能导致行政行为被确认违法。

4. 行政应诉出庭保证书。人民法院认为有必要的，可以要求当事人本人或者行政机关执法人员到庭，就案件有关事实接受询问。在询问之前，可以要求其签署保证书。保证书应当载明据实陈述、如有虚假陈述愿意接受处罚等内容。当事人或者行政机关执法人员应当在保证书上签名或者捺印。负有举证责任的当事人拒绝到庭、拒绝接受询问或者拒绝签署保证书，待证事实又欠缺其他证据加以佐证的，人民法院对其主张的事实不予认定。

三、行政应诉流程

（一）确定主管部门

行政机关的收文机构或者人员收到人民法院的行政应诉通知书，应当在 2 个工作日内根据公文运转程序确定主管或主办被诉行政行为的部门或者机构，负责办理行政应诉事项。

（二）诉前准备材料

1. 起草答辩状等其他相关材料：办理行政应诉事项的部门或者机构应当在法定期限内及时起草答辩状，准备证据及其目录、依据及其他材料，提出委托诉讼代理人或者出庭应诉人员名单，报被诉行政机关负责人审批后在法定期限内提交人民法院。

2. 准备答辩意见：被诉行政机关应当针对原告的诉讼请求和事实理由提出答辩意见，并说明作出被诉行政行为的事实依据、法律和政策依据、履行的法定程序。同时，提供据以作出被诉行政行为的证据和所依据的规范性文件。

3. 被诉行政机关收到人民法院的应诉通知书后，办理行政应诉工作的机构应当准备答辩材料，制作法定代表人身份证明，提出委托代理人人选，制作授权委托书。经批准后，在规定期限内送达人民法院。

答辩材料应当包括以下内容：①答辩状；②作出行政行为的证据、依据；③其他需要提交的材料。办理行政应诉工作的机构在向人民法院提交答辩状、证据、依据及其他材料的同时，应当将答辩状抄送被诉行政机关的法制工作机构。

（三）提供证据及法律适用依据

1. 被告对作出的行政行为负有举证责任，应当提供作出该行政行为的证据和所依据的规范性文件。

2. 被告不提供或者无正当理由逾期提供证据的，视为没有相应证据。但是，被诉行政行为涉及第三人合法权益，第三人提供证据的除外。

3. 在诉讼过程中，被告及其诉讼代理人不得自行向原告、第三人和证人收集证据。

（四）裁判文书处理

办理行政应诉工作的部门或者机构在收到人民法院的裁判文书后，应当根据情况分别作出以下处理：

认为应当上诉的，在 3 日内提出上诉建议报被诉行政机关，经批准后按规定程序办理；裁判文书有履行内容或者需要作进一步处理的，3 日内提出履行或者处理的意见报被诉行政机关；裁判文书没有履行内容或者不需要作进一步处理的，报送或者定期报送被诉行政机关。办理行政应诉工作的部门或机构的工作人员应当在行政诉讼活动全部结束后，将应诉档案进行收集整理，立卷装订归档，交被诉行政机关保存。

（五）履行

行政机关应当自觉履行人民法院发生法律效力的判决、裁定和调解书，不得拒绝履行或者拖延履行。

人民法院向行政机关制发司法建议书的，行政机关应当按照有关规定处理，并自收到司法建议书之日起 3 个月内将处理情况书面回复人民法院。

四、行政应诉中的证据准备

在证据的准备方面，既要注重实体上的合法证据，又要注重程序上的正确证据，主要体现在证据的"三性"，即合法性、真实性、关联性。除此之外，还要注重提供证据的形式和证明效力。

（一）提供证据的形式

1. 申请延期提供证据。

（1）被告申请延期提供证据的，应当在收到起诉状副本之日起 15 日内以书面方式向人民法院提出。人民法院准许延期提供的，被告应当在正当事由消除后 15 日内提供证据。逾期提供的，视为被诉行政行为没有相应的证据。

（2）当事人申请延长举证期限的，应当在举证期限届满前向人民法院提出书面申请；申请理由成立的，人民法院应当准许，适当延长举证期限，并通知其他当事人。申请理由不成立的，人民法院不予准许，并通知申请人。

2. 责令提供证据。

（1）对当事人无争议，但涉及国家利益、公共利益或者他人合法权益的事实，人民法院可以责令当事人提供或者补充有关证据。

（2）对于案情比较复杂或者证据数量较多的案件，人民法院可以组织当事人在开庭前向对方出示或者交换证据，并将交换证据清单的情况记录在卷；当事人在庭前证据交换过程中没有争议并记录在卷的证据，经审判人员在庭审中说明后，可以作为认定案件事实的依据。

（3）当事人申请调查收集证据，但该证据与待证事实无关联、对证明待证事实无意义或者其他无调查收集必要的，人民法院不予准许。

（4）原告或者第三人确有证据证明被告持有的证据对原告或者第三人有利的，可以在开庭审理前书面申请人民法院责令行政机关提交；申请理由成立的，人民法院应当责令行政机关提交，因提交证据所产生的费用，由申请人预付。行政机关无正当理由拒不提交的，人民法院可以推定原告或者第三人基于该证据主张的事实成立；持有证据的当事人以妨碍对方当事人使用为目的，毁灭有关证据或者实施其他致使证据不能使用的行为的，人民法院可以推定对方当事人基于该证据主张的事实成立，并可依照《行政诉讼法》第59条的规定处理。

（二）证据的种类及不同证据具备的特点

1. 书证：可提供非原件；提供有关部门保管的书证非原件必须盖章；提供专业资料文献应附说明。

2. 物证：可以是原物的复制件或证明该物证的照片录像等；数量较多的种类物可以只提供一部分。

3. 视听资料：可提供复制件；应注明制作方法、时间、制作人、证明对象等；声音资料应附有文字记录。

4. 电子数据：可以在虚拟空间内无限制快速传播。

5. 证人证言：证人基本情况；证人签名或盖章、注明日期；附有证明证人身份的文件。

6. 当事人的陈述：谈话笔录，要求询问人、被询问人签名或者盖章。

7. 鉴定意见：要有鉴定人签名和鉴定部门盖章。

8. 勘验笔录：法院可以依当事人申请或者依职权勘验现场；勘验人必须出示法院的证件，并邀请当地基层组织或者当事人所在单位派人参加；当事人或者其成年亲属应当到场，拒不到场的，不影响勘验的进行，但应当在勘验笔录中说明情况；勘验笔录，由勘验人、当事人、在场人签名。

9. 现场笔录：由执法人员和当事人签名，当事人拒签或不能签的应注明原因，有其他人在场的可由其签名；一般提供书面现场笔录即可，但当事人对现场笔录的合法性或真实性、执法人员身份的合法性有异议时，执法人员应出庭。

以上证据经法庭审查属实，才能作为认定案件事实的根据。

（三）非法手段取得证据的情形

非法手段取得证据情形有：①严重违反法定程序收集的证据材料。事实上，行政机关在收集证据时应当依据什么样的法定程序，并没有统一的规定。我们可以把"法定程序"理解为：行政机关调查取证时所必须遵守的，防止调查权恣意行使侵犯基本人权并可能导致不公正的事实认定的，由相关法律、行政法规及部门规章等规范性文件所规定的调查取证的程序。②以违反法律强制性规定的手段获取且侵害他人合法权益的证据材料。获取手段违法且要同时构成侵害他人合法权益，只有同时具备这两个条件，才不能作为定案依据。③以利诱、欺诈、胁迫、暴力等手段获取的证据材料。这是对"非法手段"的不完全列举。定案证据贵在真实性，能够客观、全面、准确地反映案件事实，而通过非法手段取得的证据既丧失了证据的真实性，也可能因取得的手段不正当违反公序良俗，背离社会主义核心价值。非法手段取得证据的后果是：以非法手段取得的证据，不得作为认定案件事实的根据；不能作为认定被诉行政行为合法的证据（但可证明被诉行政行为违法）。

（四）举证责任承担

在行政赔偿、补偿案件中，因被告的原因导致原告无法就损害情况举证的，应当由被告就该损害情况承担举证责任。

对于各方主张损失的价值无法认定的，应当由负有举证责任的一方当事人申请鉴定，但法律、法规、规章规定行政机关在作出行政行为时依法应当评估或者鉴定的除外；负有举证责任的当事人拒绝申请鉴定的，由其承担不利的法律后果。

当事人的损失因客观原因无法鉴定的，人民法院应当结合当事人的主张和在案证据，遵循法官职业道德，运用逻辑推理和生活经验、生活常识等，酌情确定赔偿数额。

五、行政应诉监督与追责

行政应诉工作作为评价政府部门依法行政的重要指标，应该将该项工作纳入政府部门依法行政考核和目标绩效考核。各级行政机关向上一级行政机关报告年度行政应诉的情况主要包括：行政应诉案件情况、生效法律文书履行情况以及行政机关负责人出庭应诉情况、政府部门上下级之间对行政应诉工作的协调、指导、监督情况。

（一）行政应诉监督

县级以上人民政府应当建立行政应诉工作信息通报制度。县级以上人民政府法制工作机构应当于每年 3 月 31 日前向本级人民政府和上一级人民政府法制工作机构报告上一年度行政应诉工作情况。

（二）行政应诉追责

1. 行政机关及其工作人员违反规定，有下列情形之一的，对直接负责的主管人员和其他责任人员进行行政问责：

（1）无正当理由，不按时出庭应诉或者中途退庭的；

（2）不按规定履行答辩、举证等法定义务，导致行政诉讼案件败诉的；

（3）收到人民法院的法律文书后未在规定期限内转交办理行政应诉工作的部门或者机构，造成不良后果的；

（4）拒绝履行或者无正当理由拖延履行人民法院发生法律效力的判决、裁定和调解书的；

（5）不依法及时处理司法机关司法建议，不整改本机关存在的违法行政问题的；

（6）其他妨碍行政诉讼活动的。

2. 行政机关工作人员或参加行政应诉的诉讼代理人员有下列情形之一的，依法追究相关责任：

（1）无正当理由不按时出庭应诉或未经法庭许可中途退庭的；

（2）因故意或重大过失不履行举证等法定义务导致败诉的；

（3）对人民法院的裁判文书未在规定期限内转交委托的行政机关或者机构，造成不良后果的；

（4）拒绝办理或者拖延办理人民法院发生法律效力的裁判文书的。

3. 行政诉讼中，法院可以依法提出司法建议的情形有：

（1）行政机关负责人有正当理由不能出庭应诉但拒绝说明理由的，不发生阻止案件审理的效果，法院可以向监察机关、上一级行政机关提出司法建议；

（2）法院一并审查规范性文件，法院认为规范性文件不合法的，可以在裁判生效之日起 3 个月内，向规范性文件制定机关提出修改或者废止该规范文件的司法建议；

（3）被告经传票传唤无正当理由拒不到庭，或未经法庭许可中途退庭的，法院可以向监察机关或者被告的上一级行政机关提出依法给予其主要负责人或者直接责任人员处分的司法建议。

（4）行政机关拒绝履行判决、裁定、调解书的，第一审人民法院可以向监察机关或者行政机关的上一级行政机关提出司法建议。

第三节 行政机关应对行政公益诉讼

一、行政公益诉讼的法律关系处理

2017 年 6 月 27 日，第十二届全国人民代表大会常务委员会第二十八次会议通过了关于修改《行政诉讼法》的决定，对《行政诉讼法》第 25 条增加一款作为第 4 款，即"人民检察院在履行职责中发现生态环境和资源保护、食品药品安全、国有财产保护、国有土地使用权出让等领域负有监督管理职责的行政机关违法行使职权或者不作为，致使国家利益或者社会公共利益受到侵害的，应当向行政机关提出检察建议，督促其依法履行职责。行政机关不依法履行职责的，人民检察院依法向人民法院提起诉讼"。该条款的修改表明制度建设上我国行政诉讼制度更加完善，检察机关的监督职能进一步拓展，我国依法行政的实践，法治政府的步伐又向前迈进了一步。[1] 2018 年 3 月 2 日施行的最高人民法院、最高人民检察院《关于检察公益诉讼案件适用法律若干问题的解释》将行政公益的内容作了详细的规定。

（一）行政公益诉讼的客体

行政公益诉讼的客体是社会公共利益，涉及生态环境和资源保护、食品药品安全、国有财产保护、国有土地使用权出让等领域。

（二）行政公益诉讼的主体

公益诉讼起诉人：人民检察院。《行政诉讼法》第 25 条承认了人民检察院的诉讼主体地位。《最高人民法院、最高人民检察院关于检察公益诉讼案件适用法律若干问题的解释》第 4 条明确规定，人民检察院以公益诉讼起诉人身份提起公益诉讼，依照《民事诉讼法》《行政诉讼法》享有相应的诉讼权利，履行相应的诉讼义务，但法律、司法解释另有规定的除外。

被告：行政公益诉讼的被告是生态环境和资源保护、食品药品安全、国有财产保护、国有土地使用权出让等领域行使职权或者负有行政职责的行政机关，

---

〔1〕 黄学贤："行政公益诉讼回顾与展望——基于'一决定三解释'及试点期间相关案例和《行政诉讼法》修正案的分析"，载《苏州大学学报（哲学社会科学版）》2018 年第 2 期。

以及法律、法规、规章授权的组织。

二、行政公益诉讼的举证责任要求

《人民检察院提起公益诉讼试点工作实施办法》第 45 条规定，人民检察院提起行政公益诉讼，对下列事项承担举证责任：①证明起诉符合法定条件；②人民检察院履行诉前程序提出检察建议且行政机关拒不纠正违法行为或者不履行法定职责的事实；③其他应当由人民检察院承担举证责任的事项。

1. 对于"符合起诉条件"，首先，要主体适格。2017 年 6 月修订的《行政诉讼法》确立了检察机关作为行政公益诉讼的主体资格，检察机关需要提出证据证明自己具有行政公益诉讼的具体资格。其次，有明确的被告，即需要指出被告是具体哪一个行政机关或授权组织。再次，需要有具体的诉讼请求以及相应的事实依据。具体的诉讼请求是检察机关提出需要通过法院审判的内容，基于法院"不告不理"原则，只有在明确的诉讼请求下，法院才明确对何种具体行政行为进行审查。事实依据主要包括案件事实与证据事实。案件事实主要是指国家和社会公共利益受到侵害的事实。证据事实主要是指案件事实，是客观存在的事实。最后，属于法院受案范围以及受诉法院对具体案件有管辖权。法院受理案件的范围以及管辖内容是有限的，因此，检察机关需要对相关情况进行说明。

2. 检察机关诉前程序履行情况指检察机关在起诉前对行政机关提出检察建议而行政机关仍然不纠正违法行为也不履行法定职责的情况。因此，检察机关需提交曾经向行政机关提出检察建议的回执单等证明文件，对诉前程序的履行进行证明。

三、行政公益诉讼的处理类型

（一）撤诉

《最高人民法院、最高人民检察院关于检察公益诉讼案件适用法律若干问题的解释》第 24 条明确规定，在行政公益诉讼案件审理过程中，被告纠正违法行为或者依法履行职责而使人民检察院的诉讼请求全部实现，人民检察院撤回起诉的，人民法院应当裁定准许；人民检察院变更诉讼请求，请求确认原行政行为违法的，人民法院应当判决确认违法。在行政公益诉讼审理过程中，被告纠正违法行为或者依法履行职责而使人民检察院的诉讼请求全部实现的，人民检察院可以变更诉讼请求，请求判决确认行政行为违法，或者撤回起诉。

人民法院对行政公益诉讼案件宣告判决或者裁定前，人民检察院申请撤诉的，是否准许，由人民法院裁定。审理中，被告纠正违法行为或者依法履行职责而使检察院的诉讼请求全部实现，检察院：撤诉，法院应当裁定准许；不撤：检察院变更诉讼请求，请求确认原行为违法，法院应当判决确认违法。

对行政公益诉讼的撤诉问题，必须坚持依法处分，应将处分权的依法行使和审判权依法审查相结合。当事人依法行使诉权，法院依法行使审查权，依法撤诉可以使用，但是需要关注公众感受。

（二）提起上诉或抗诉

《最高人民法院、最高人民检察院关于检察公益诉讼案件适用法律若干问题的解释》第10条规定，人民检察院不服人民法院第一审判决、裁定的，可以向上一级人民法院提起上诉。对于人民法院作出的行政公益诉讼判决、裁定，当事人依法提起上诉、人民检察院依法提起抗诉或者其他当事人申请再审且符合《行政诉讼法》第91条规定的，分别按照《行政诉讼法》规定的第二审程序、审判监督程序审理。

四、行政公益诉讼启动程序

（一）案件受理程序

人民检察院履行职责包括履行职务犯罪侦查、批准或者决定逮捕、审查起诉、控告检察、诉讼监督等职责过程中，发现负有监督管理职责的行政机关违法行使职权或者不作为，造成国家利益和社会公共利益受到侵害的线索，因公民、法人和其他社会组织没有直接利害关系，没有也无法提起诉讼的，应移送民事行政检察部门审查，提出是否对行政机关违法行为和不作为进行监督的意见，并在履行非诉监督程序后，作出是否将提起行政公益诉讼作为必要救济途径的决定。

（二）立案审查程序

人民检察院对控告检举、转办等材料进行审查，认为可能有损害国家和社会公益的违法行政行为存在，就应该立案调查。但由于行政公益诉讼涉及公共利益，无论案件胜败与否，都会给被诉行政机关产生或多或少的负面影响。因此，为了维护稳定的诉讼秩序，应把好提起行政公益诉讼的立案关口，将受案范围限定在生态环境和资源保护、国有土地使用权出让等领域。严格此类案件的立案审查标准，只有行政违法行为对国家和社会利益造成侵害，公民、法人和其他社会组织由于没有直接利害关系，没有也无法提起诉讼的，才启动行政公益诉讼的相关程序。

（三）调查取证程序

人民检察院向人民法院提起行政公益诉讼，应当有国家和社会公共利益受到侵害的初步证据。这一规定，虽然是明确提起行政公益诉讼应具有的证据条件，同时也赋予了人民检察院提起公益诉讼过程中的调查取证权。因此，人民检察院有权在法律允许的范围内向有关单位和个人调查、收集证据，包括询问作为被告的行政机关与证人；向有关的单位与个人收集书证、物证、视听资料；对现场进行勘验等。应当指出的是，人民检察院在调查取证过程中，往往要进行专门的检测和鉴定，如污染环境损害后果的检测，需要专门的机构检测，并支付相应的费用。在实务中应由谁委托，费用由谁承担等，还需要建立专门的机制。

需要说明的是，检察院享有调查、取证权并不意味着人民检察院同时负有举证的责任，诉讼中的举证责任仍应由作为被告的行政机关承担。《行政诉讼法》将举证的责任归于作为被告的行政机关，主要基于两个原因：一是作为原告的行政相对人在证据的保存与收集方面的能力远弱于作为被告的行政机关，将举证责任归于被告较为公平；二是作为被告的行政机关在作出该行政行为时，必须持有充分的事实依据以及证明该事实的证据，如果该行政机关在诉讼中不能举出上述事实及证据，说明它所作的该行政行为非法。在行政公益诉讼案件中，虽然第一项原因已不存在，但第二项原因依然存在，因而仍应由被告负担举证责任。

（四）诉前建议程序

诉前建议程序：一是能够防止滥诉、节约司法资源，二是能够采取非诉形式解决社会矛盾，有利于社会和谐。人民检察院通过调查，发现生态环境和资源保护、国有资产保护等领域负有监督管理职责的行政机关违法行使职权或者不作为，造成国家和社会公共利益受到侵害的，应当先向相关行政机关提出检察建议，督促其纠正违法行政行为或者履行职责。

根据《最高人民法院、最高人民检察院关于检察公益诉讼案件适用法律若干问题的解释》第 21 条的规定，行政机关应当在收到检察建议书之日起 2 个月内依法履行职责，并书面回复人民检察院。出现国家利益或者社会公共利益损害继续扩大等紧急情形的，行政机关应当在 15 日内书面回复。行政机关不依法履行职责的，人民检察院依法向人民法院提起诉讼。如果有关行政机关对人民检察院纠正违法行为和履行职责建议置若罔闻、不予答复，或者答复超过法定期限，以及有充分证据证明行政机关拒不纠正违法行为或者不履行法定职责，国家和社会利益仍处于受侵害状态的，人民检察院才可以提起行政公益诉讼。如果行政机关根据检察建议纠正了其行政违法行为、履行了行政职责，那么人民检察院即可终结诉讼程序，无须再启动司法救济程序。

（五）提起诉讼程序

人民检察院经过诉前建议程序，认为案件符合起诉条件，需要起诉的，应制作行政公益诉讼起诉书，提起行政公益诉讼。行政公益诉讼起诉书应包括：①公益诉讼人名称；②诉讼请求；③损害事实和起诉理由；④证据证明情况。此外，还应向受诉法院提交几种材料：一是检察建议及证明材料，二是行政机关违法行使职权或者不履行法定职责，造成国家利益、社会公共利益受到侵害的初步证据，三是依法需要提交的其他材料。

应当注意的是，并不是所有人民检察院提起行政公益诉讼的案件都必然引起人民法院作出支持诉求的判决。实践中，存在人民检察院可能撤回起诉和上诉的情形：一是人民法院审理后认为，行政公益诉讼不符合起诉条件或者行政公益诉讼请求依法不能成立，建议人民检察院撤回的；二是负有监督管理职责的行政机关在行政公益诉讼期间自行纠正违法行为或者依法履行法定职责，使受损害的国家利益、社会公共利益得以修复或者风险得以消除的。那么人民检察院撤回起诉后是否诉讼程序已经终结？提起行政公益诉讼是人民检察院以公益诉讼人的身份启动的司法救济程序，撤回起诉只表明人民检察院暂时放弃向人民法院起诉，而依据新的证据材料，人民检察院可以就同一事实再次起诉。所以，撤回起诉不是实质性的诉讼终结的决定。因此，人民检察院对于行政机关在行政公益诉讼期间自行纠正违法行为或者依法履行法定职责而撤回起诉的案件，应参照刑事诉讼中的不起诉规定，作出不起诉的决定；对于提起公益诉讼后，发现起诉条件尚不成熟或证据尚不充分撤回起诉的案件，应保留重新起诉的权利，以切实保护被侵害的国家和社会公共利益。在提起诉讼后判决以前，人民检察院认为需要变更诉求的，可以建议合议庭延期审理并及时补充或修正，不必撤回起诉。

（六）上诉程序

人民检察院基于维护国家和社会公共利益的需要，作为公益诉讼人提起行政公益诉讼，当然有权对人民法院作出的行政公益诉讼判决、裁定进行审查。人民检察院认为人民法院的行政公益诉讼判决、裁定确有错误的，应当通过作出判决、裁定的上级人民法院予以纠正。根据《人民检察院提起公益诉讼试点工作实施办法》的相关规定，人民法院审理人民检察院提起的行政公益诉讼案件作出未发生法律效力的判决、裁定，人民检察院认为确有错误的，提起行政公益诉讼的人民检察院应当提请上级人民检察院向同级人民法院提起上诉。为此，提起行政公益诉讼的人民检察院拟提请上级人民检察院提起上诉的行政公益诉讼案件，应由办案人员制作提起上诉建议书，并经集体讨论，部门负责人审核，检察长或分管检察长批准。对重大疑难案件，还应通过检察委员会讨论决定后，报上级人民检察院审查决定。

（七）审判监督程序

人民检察院虽然以公益诉讼人的身份提起行政公益诉讼，但并不排斥人民检察院法律监督者的属性。因此，人民检察院对于二审之后的判决或者裁定，仍然认为有错误存在的，可以在判决或者裁定生效后按照审判监督程序进行抗诉，要求法院再审，而不必以当事人身份申请法院再审。当然，抗诉引起再审的次数应当有所限制，这样既可以保持人民法院裁判的权威性，也不至于造成人民检察院滥用抗诉权的可能。

（八）诉讼后果承担问题

除上述程序设计外，在实践中还有关于诉讼后果承担的问题。由于人民检察院代表公众提起行政公益诉讼，并不享有实体上的权利与义务。因此，人民法院经过审理，认为人民检察院的起诉有事实和法律根据的，应当依法判决被告承担法律责任；如果人民法院认为人民检察院的起诉不能成立的，可驳回诉讼请求，但不能判决人民检察院承担实体上的法律责任。